刘守君不动产登记实务系列丛书

不动产登记
典型问题解析

BUDONGCHAN DENGJI
DIANXING WENTI JIEXI

刘守君 ○ 编著

西南交通大学出版社
·成都·

图书在版编目（CIP）数据

不动产登记典型问题解析/刘守君编著. —成都：西南交通大学出版社，2017.2（2022.8重印）
（刘守君不动产登记实务系列丛书）
ISBN 978-7-5643-5292-9

Ⅰ. ①不… Ⅱ. ①刘… Ⅲ. ①不动产–产权登记–中国–问题解答 Ⅳ. ①D923.25

中国版本图书馆 CIP 数据核字（2017）第 033991 号

刘守君不动产登记实务系列丛书
不动产登记典型问题解析
刘守君　编著

责 任 编 辑	孟秀芝
封 面 设 计	何东琳设计工作室
出 版 发 行	西南交通大学出版社 （四川省成都市金牛区二环路北一段 111 号 西南交通大学创新大厦 21 楼）
发行部电话	028-87600564　028-87600533
邮 政 编 码	610031
网　　　址	http://www.xnjdcbs.com
印　　　刷	四川煤田地质制图印刷厂
成 品 尺 寸	170 mm × 230 mm
印　　　张	16.5
字　　　数	290 千
版　　　次	2017 年 2 月第 1 版
印　　　次	2022 年 8 月第 7 次
书　　　号	ISBN 978-7-5643-5292-9
定　　　价	48.00 元

图书如有印装质量问题　本社负责退换
版权所有　盗版必究　举报电话：028-87600562

作者简介

刘守君，男，1969年9月出生，党校大学文化，高级经济师职称。中国注册房地产估价师和中国注册房地产经纪人资格。乐山市首批学术和技术带头人。

原全国房屋登记官考试命题专家库成员，参加2011年全国房屋登记官考试命题，参加2012年、2013年全国房屋登记官考试审题。

1993年9月至2014年5月，在犍为县房地产管理所从事房屋登记工作，现从事不动产登记研究、咨询和教学。

主要荣誉：四川省优秀人民陪审员、乐山市社会科学优秀成果三等奖、"无锡产监杯"《物权法》与房地产权属管理知识竞赛二等奖、乐山市房地产管理先进个人。

主要研究兴趣：民法物权，不动产登记。出版专著《房屋登记中的民法原理与实务》《房屋登记收件实务》《〈不动产登记暂行条例实施细则〉条文理解与适用》。有110余篇有关不动产登记的论文、案例剖析文章发表在《中国不动产》《中国房地产》《房地产权产籍》《四川房地产》等专业期刊上。

"刘守君不动产登记实务系列丛书"
修订说明

　　自 2017 年 2 月起，"刘守君不动产登记实务系列丛书"陆续出版。出版以来，因其能够让不动产登记实务人员在不长的时间内系统学习不动产登记的基础理论和操作技能，尽快熟悉、掌握不动产登记实务，以满足工作需要而深受他们的喜爱，更有清华大学、北京大学、复旦大学、中国政法大学等高校订购为馆藏图书。该丛书共 5 辑，即《不动产登记典型问题解析》《不动产登记收件实务》《不动产登记典型案例剖析》《不动产登记中的民法原理与实务》与《不动产登记典型判例解析》。其中，《不动产登记中的民法原理与实务》系根据《民法典》等最新实施或修订后实施的法律的规定撰写，现根据《民法典》等最新实施或修订后实施的法律的规定对本丛书作修订。

　　丛书第一辑《不动产登记典型问题解析》出版于 2017 年 2 月，是在笔者与全国各地不动产登记一线人员交流、探讨的上千个问题解析中，精心挑选的 130 个问题解析汇编而成。2017 年《民法总则》实施后，笔者进行了第一次修订，但只是将书中引用《民法通则》的条文调整为引用《民法总则》的条文。本次修订中，一是书中的问题或案例中，没有出现时间节点的，直接用《民法典》的条文替换原来引用的《民法总则》《物权法》《担保法》等在《民法典》实施后废止的法律的条文，同时也将书中引用的《土地管理法》等法律的条文调整为其修订后实施的条文。二是书中的问题或案例中，出现时间节点的，能调整到 2021 年 1 月 1 日

(《民法典》实施的时间节点）后的，调整后，用《民法典》的条文替换原来引用的《民法总则》《物权法》《担保法》等在《民法典》实施后废止的法律的条文；不能调整的，在原法律规定后加括号，括号内注明《民法典》与原法律的规定是否一致，或引用《民法典》中与之对应的条文。三是用新的问题解析替换了不合时宜的原第79问、第90问解析。四是更新了对一些问题的看法或认识。

丛书第二辑《不动产登记收件实务》出版于2018年4月，主要解决登记实务人员办理不动产登记时的收件问题。撰写体系上，以不动产登记簿应当记载的权利或事项为章；章内，以权利或事项的首次（设立）登记、变更登记、转移登记和注销登记为节；节内，以不同原因导致的登记为目；目内，区分不同类型的申请人（或嘱托人）启动的登记类型，以清单的方式列出申请人（或嘱托人）应当提交的登记材料。同时，对申请人该怎样提交这些材料、为什么要提交这些材料、这些材料应该具备哪些内容等相关问题，或以理由阐述，或做必要说明。本书为不动产登记实务人员的工具书。本次修订中，一是用《民法典》的条文替换原来引用的《民法总则》《物权法》《担保法》等在《民法典》实施后废止的法律的条文，同时也将书中引用的《土地管理法》等法律的条文调整为其修订后实施的条文；二是更新了对一些问题的看法或认识。

丛书第三辑《不动产登记典型案例剖析》出版于2019年2月，由笔者多年来发表在《中国房地产》《中国不动产》和《房地产权产籍》上的不动产登记实务案例剖析文章中精选的105个典型案例剖析组成。为契合不动产登记形势，在成书之际，笔者做了必要的修正，以期为读者提供一本有价值的不动产登记实务参考书。本次修订中，一是书中的问题或案例中，没有出现时间节点的，直接用《民法典》的条文替换原来引用的《民法总则》《物权法》《担保法》等在《民法典》实施后废止的法律的条文，同时也将书中引用的《土地管理法》等法律的条文调整为其修订后实施的条文。二是书中的问题或案例中，出现时间节点的，能调整到2021年1月1日（《民法典》实施的时间节点）后的，调整后，用《民法典》的条文替换原来引用的《民法总则》《物权法》《担保法》等在《民法典》实施后废止的法律的条文；不能调整的，在原法律规定后加括号，括号内注明《民法典》与原法律的规定是否一致，或引用《民法典》中与之对应的条文。三是更新了对一些问题的看法或认识。

丛书第四辑《不动产登记中的民法原理与实务》出版于2020年10月，主要解决不动产登记中必须掌握的民法知识问题。不动产登记是国家法定的登记机关依照法定程序，将申请人申请登记的不动产权利或其他相关事项记载在登记簿上的行为，即不动产登记不是对不动产权利和其他相关事项的确认，而是将申请人基于民事活动产生的不动产权利和其他相关事项依法记载在登记簿上，在保护权利人自己合法利益的同时，供与之相关的当事人查阅、知晓，抉择是否就该不动产权利或其他事项产生交易。因此，要想做好不动产登记，登记人员须具备扎实的民法基础。如前所述，本书系根据《民法典》等最新实施或修订后实施的法律的规定撰写而成。

丛书第五辑《不动产登记典型判例解析》出版于2019年11月，由笔者对人民法院生效的50个典型判例的解析组成，主要从不动产登记实务的视角，认识、思考人民法院对不动产登记实务问题的看法、裁决，为依法依规做好不动产登记提供参考、借鉴。《民法典》实施后，笔者若用新的判例重新撰写一本判例解析书，但收集人民法院基于《民法典》的规定对不动产登记案件作出的生效判例尚需时日，且本书中的判例对不动产登记实务仍有重要的参考、借鉴价值，故根据《民法典》等最新实施或修订后实施的法律的规定对本书作修订，由于该书中的判例产生于《民法典》实施前，在本次修订中，在引用原法律条文后加括号，括号内注明《民法典》与原法律的条文是否一致，或引用《民法典》中与之对应的条文，便于读者及时了解新旧法律的规定。同时，更新了对一些问题的看法或认识。

  本丛书修订后，延续了其法理分析透彻，法条阐释准确，实务处理建议具有可操作性的特点，另外，本丛书语言通俗易懂，结构严谨，理论与实务相结合，读者更易阅读，更易理解，更易使用。

刘守君

二〇二一年一月，犍为

重印说明

《不动产登记典型问题解析》一书编撰于2016年，出版于2017年2月。当时，《民法总则》尚未颁布实施。2017年10月1日，《民法总则》正式实施，值本书重印之际，笔者对书中第20问、第21问、第25问、第26问、第29问、第31问、第35问、第39问、第40问、第46问、第51问、第65问、第69问、第76问、第101问、第120问、第121问、第122问、第126问中50余处引用《民法通则》的条文调整为引用《民法总则》的条文，便于读者在阅读中及时了解法律关于不动产登记中的相关问题的最新规定，更新、丰富自己的知识。但必须要说明的是《民法通则》现时仍然适用，笔者将前述问题中引用《民法通则》的条文调整为引用《民法总则》的条文，并不改变笔者对这些问题的认识和观点。《不动产登记典型问题解析》自出版以来，深受广大不动产登记一线人员的喜爱，谢谢大家的信任与支持，也希望有更多的朋友喜欢本书，更期盼专家、学者对本书的谬误予以批评、指正。

刘守君

二〇一九年三月，犍为

前 言
PREFACE

近年来，我通过专业的网络论坛、QQ 群等方式和全国各地从事不动产登记实务的朋友们交流、探讨不动产登记理论、实务问题。通过交流、探讨，我一次次地肯定自己的既有认识，也一次次地否定自己的既有认识，在肯定与否定中，不断地修正自己对不动产登记理论、实务问题的认识，从中学到了很多新的不动产登记理论与实务知识，在充实自己的同时，体验了不动产登记的魅力，也享受了不动产登记带来的快乐。

在交流、探讨中得知，有很多从事不动产登记实务的朋友热切期盼能有一本不动产登记方面的实务问题解答书，把不动产登记中常见的问题汇集起来予以解答，带在身边，工作中遇到困难时，可以随时查阅、参考、借鉴，一是帮助解决工作中的问题；二是能直接、简捷地学习不动产登记理论和正确理解法条。鉴于此，我从与朋友们交流、探讨的上千个问题中，精心选择了其中的 130 个问题并对这些问题进行了解析，形成了您手中的《不动产登记典型问题解析》。

说这些问题是不动产登记中的典型问题，一是问的人很多，如：如何把握首次登记中的房地一并登记原则；二是问的人虽然不多，但该问题在不动产登记实务中具有代表性，如：人民法院的庭审笔录复印件可否作转移登记的证明材料。在本书的编撰体系上，我按具体的不动产登记类型，将这些问题进行了分类，便于读者查阅和关联理解。在方法上，我通过法理分析、法条阐释和实务处理建议对这些问题进行解析。解析中，虽然也引用了法学家们的经典理论，但更多的还是根据自己研习民法物权、不动产登记理论，曾经从事二十余年不动产登记实务的体会、经验以及与朋友们交流探讨中学到的新知识、提升的新认识，来说法理、讲法条、提建议。对某些问题，我将自己曾经的认识和现时的认识均呈现出来，供读者评析，也算是借助此书与朋友们做一次再交流、再探讨。

我期盼着本书的出版，能够为从事不动产登记实务的朋友们解决工作中的问题提供参考、帮助，更期盼着有更多、更好的关于不动产登记的著作问世，为不动产登记实务提供理论、经验支撑。限于我的能力和水平，对本书的谬误之处，敬请各位仁达贤翁不吝赐教。

本书能够顺利出版，得益于西南交通大学出版社的领导和编辑的大力支持，在此深表谢忱。在本书编撰过程中，得到了我亲爱的妻子范晓容女士的真情陪伴和倾心相助，谨以此书向她致敬。在本书编撰过程中，我的女儿刘默涵同学，已经进入大学毕业实习，即将结束她丰富多彩又充实的大学生活，谨以此书与之共勉，祝她快乐、健康、阳光并学业有成。

刘守君

二〇一七年一月，犍为

主要法律规范性文件缩略语

1.《中华人民共和国民法典》——《民法典》

2.《中华人民共和国城市房地产管理法》——《房地产管理法》

3.《中华人民共和国土地管理法》——《土地管理法》

4.《中华人民共和国民事诉讼法》——《民事诉讼法》

5.《中华人民共和国行政诉讼法》——《行政诉讼法》

6.《中华人民共和国公证法》——《公证法》

7.《中华人民共和国仲裁法》——《仲裁法》

8.《中华人民共和国立法法》——《立法法》

9.《中华人民共和国森林法》——《森林法》

10.《中华人民共和国公司法》——《公司法》

11.《最高人民法院关于贯彻执行〈中华人民共和国民法通则〉若干问题的意见（试行）》——《民法通则司法解释》

12.《最高人民法院关于适用〈中华人民共和国合同法〉若干问题的解释（一）》——《合同法司法解释（一）》

13.《最高人民法院关于适用〈中华人民共和国物权法〉若干问题的解释（一）》——《物权法司法解释（一）》

14.《最高人民法院关于适用〈中华人民共和国担保法〉若干问题的解释》——《担保法司法解释》

15.《最高人民法院关于贯彻执行〈中华人民共和国继承法〉若干问题的意见》——《继承法司法解释》

目 录
CONTENTS

第一部分　首次登记

第 1 问　如何把握首次登记中的房地一并登记原则/...1

第 2 问　二人分别办理用地和规划手续后又共同建成的一幢房屋，登记机构可否为其办理所有权首次登记/...4

第 3 问　登记机构可否为危房办理所有权首次登记/...7

第 4 问　登记机构办理宅基地上合法建造的房屋所有权首次登记时，是否收取房屋已经竣工的证明/...9

第 5 问　登记机构可否将联建房屋直接首次登记给各联建人/...11

第 6 问　确定房屋的不动产单元的依据是什么/...13

第 7 问　登记机构可否为有效期内的临时建筑物办理所有权首次登记/...15

第 8 问　申请登记的房屋面积与规划许可面积有差异时，登记机构是否有处置裁量权/...19

第 9 问　商业用房经私自拆改但不改变建造时的规划条件，由此申请的首次登记，登记机构可否办理/...21

第 10 问　超出规划许可的层数建造并竣工但只申请规划许可范围内的房屋所有权首次登记的，登记机构可否办理/...23

第 11 问　村民转化为城镇居民后，对农村宅基地上的既有房屋申请的首次登记，登记机构可否办理/...25

第 12 问　总建筑面积不变，但住宅和非住宅建筑面积未按规划许可建造的房屋，登记机构可否登记/...26

第 13 问　集体经济组织欲取得"五保户"遗留的未登记的宅基地使用权及地上房屋所有权，该怎样申请登记/...28

第 14 问　不计算容积率的建筑面积，登记机构可否登记/...31

第 15 问　已经竣工的一幢建筑物，权利人是否应当一次性申请所有权首次登记/...34

第 16 问　首次登记中，农村村民的自留地按何种物权类型登记/...36

第 17 问　国有建设用地使用权用途与地上建造的房屋用途不一致时，登记机构可否办理首次登记/...38

第 18 问　房屋实际建筑面积由于计算标准原因而大于规划验收凭证载明建筑面积的，登记机构可否登记/...41

第二部分　变更登记

第 19 问　权利人申请因拆除部分房屋产生的变更登记时，是否应当提交规划许可手续/...43

第 20 问　成年盲人该怎样申请房屋变更登记/...44

第 21 问　将个体工商户名下的房屋登记到投资人名下适用什么登记/...46

第三部分　转移登记

第 22 问　有限责任公司改组为股份公司产生的不动产登记，适用什么登记类型/...49

第 23 问　人民法院的庭审笔录复印件，登记机构可否用作转移登记的证据材料/...51

第 24 问　分割转让房屋产生的转移登记，登记机构可否直接办理/...53

第 25 问　受托人可否凭概括代理手续代委托人申请转让转移登记/...54

第 26 问　自己代理和双方代理中的代理人可否代当事人申请房屋转移登记/...55

目录

第 27 问　有抵押权负担的房屋，登记机构可否为当事人办理继承转移登记/...56

第 28 问　酒店可否分割销售并申请转移登记/...59

第 29 问　监护人的房屋转让给被监护人产生的转移登记，登记机构可否办理/...61

第 30 问　离婚协议可否作赠与转移登记的证明材料/...63

第 31 问　个体工商户性质的企业转让产生的房屋登记，适用何种登记类型/...64

第 32 问　继承人申请继承取得的预购商品房所有权转移登记时，登记机构是否应当收取被继承人名下的契税缴纳凭证/...66

第 33 问　代位继承人继承其他继承人放弃继承的部分产生的转移登记，登记机构可否受理/...68

第 34 问　其上有违法建筑物存在的房屋产生的买卖转移登记，登记机构可否受理/...69

第 35 问　企业的法定代表人到登记机构申请转让房屋产生的转移登记时，申请书上可否仅由其法定代表人签名，不盖企业公章/...71

第 36 问　办理小区车位出售产生的转移登记时，登记机构是否审核该销售行为满足了业主需要/...73

第 37 问　两种不同规划用途的房屋可否作为一个不动产单元申请转移登记/...75

第 38 问　继承人申请将未登记到其名下的房屋再赠与他人产生的转移登记，登记机构可否受理/...76

第 39 问　父母和未成年子女共同购买的房屋，应该登记为共同共有，还是按份共有/...79

第 40 问　委托书被取消后基于此产生的转委托书是否还有效力/...81

第 41 问　有国有股份的公司转让房屋申请转移登记时，是否应当向登记机构提交国有资产管理机关同意转让的批文/...83

第 42 问　被查封房屋的按份共有人转让其未被查封的份额产生的

转移登记，登记机构可否办理/...85

第 43 问　共同共有的两个共有人之间转移房产是否须先行申请共有性质变更产生的变更登记/...87

第 44 问　经济适用住房可否按约定登记为配偶一方单独所有/...89

第 45 问　当事人可否持执行裁定书申请房屋转移登记/...90

第 46 问　买卖不动产产生的转移登记是否必须由当事人同时申请/...92

第 47 问　按份共有人以其享有的不动产份额投资入股，该怎样申请不动产登记/...94

第 48 问　基于人民法院生效的判决书取得的房屋所有权未经登记就处分产生的登记，登记机构可否受理/...96

第 49 问　城镇居民继承"净"的农村宅基地申请的转移登记，登记机构可否办理/...98

第 50 问　基于抵债的民事调解书产生的房屋转移登记，是否必须由当事人双方共同申请/...100

第 51 问　监护人代被监护人签订的遗赠抚养协议，登记机构可否用作办理转移登记的证据材料/...102

第 52 问　按份共有的房屋可否由占份额三分之二以上的共有人申请增加共有人产生的转移登记/...103

第 53 问　婚前建造的宅基地上的房屋可否约定为与城市居民的配偶共同所有/...106

第 54 问　法院查封期间届满的最后一天为节假日的，是否需要顺延一天后才能为当事人办理转让转移登记/...107

第 55 问　房、地分别登记时代，只办理了房屋所有权转移登记的，现房屋所有权人单方申请的该房屋分摊的土地使用权转移登记，登记机构可否受理/...108

目录

第四部分　注销登记

第 56 问　登记机构错误录入登记信息，是否是注销登记的事由/…111

第五部分　抵押权登记

第 57 问　抵押房屋被查封后，登记机构可否为当事人办理抵押权转移登记/…113

第 58 问　抵押权变更登记后是否影响该抵押权的顺位/…114

第 59 问　一人有限责任公司用其房产为其股东贷款作抵押申请的抵押权登记，登记机构可否受理/…116

第 60 问　抵押合同上的被担保债权数额与主债权合同上的债权数额不一致时，登记簿应当记载哪个合同上的债权数额/…118

第 61 问　债务转让的，当事人是否申请抵押权变更登记/…120

第 62 问　登记机构可否为抵押合同中约定不得再抵押的房屋办理顺位抵押权登记/…122

第 63 问　抵押权被不当注销后可否适用更正登记予以恢复/…124

第 64 问　在建建筑物可否为他人债务履行作抵押担保/…126

第 65 问　登记机构可否办理以一次性付款的预购商品房作抵押产生的抵押权登记/…127

第 66 问　抵押权担保的债权是否可以超过抵押物的价值/…129

第 67 问　登记机构可否办理因"代偿债权"设立的抵押权登记/…132

第 68 问　登记机构可否办理因"以贷还贷"申请的抵押权登记/…134

第 69 问　债务履行期间届满后签订的展期协议，登记机构可否用作办理抵押权变更登记的证据材料/…136

第 70 问　债权确定期间可否在债权发生期间之后/…138

第 71 问　增加抵押房屋适用何种登记/…140

第 72 问　因担保典当债权的实现，当事人可否申请最高额抵押权登记/…141

第 73 问　保险公司可否作反担保抵押中的抵押权人/…144

第 74 问　异地开展贷款业务的小额贷款公司申请的房屋抵押权登记，登记机构可否办理/…145

第 75 问　民间借贷产生的债权可否作抵押权登记中的主债权/…147

第 76 问　债务履行期间届满的债权是否可以设立抵押权保障其实现/…150

第 77 问　扩建中的房屋已经登记并领取不动产权属证书的部分，可否作在建建筑物抵押的标的物/…152

第 78 问　一个一般抵押权可否同时担保两个主债权/…153

第 79 问　自然人间因借款申请抵押权登记时是否提交债权发生的证明/…155

第 80 问　债权确定期间届满后，登记机构可否办理因债权确定期间变更产生的最高额抵押权变更登记/…157

第 81 问　申请人以发生第一笔贷款的借款合同作主合同申请的最高额抵押权登记，登记机构可否受理/…159

第 82 问　登记机构办理因典当产生的抵押权登记时，是否审查当票上的当金数额符合规定与否/…162

第 83 问　因仓储合同建立的债权可否作抵押权担保的主债权/…165

第 84 问　最高额抵押权确定登记后，登记机构可否办理因债务履行期限变更产生的抵押权变更登记/…167

第 85 问　抵押权注销登记的申请人，是否必须是抵押当事人/…169

第 86 问　抵押权预告登记能否保全未来抵押权的顺位/…171

第 87 问　在建建筑物抵押权可否随被其担保的主债权转移/…173

第 88 问　抵押权担保的主债权的债务履行期间超过企业营业期间的，登记机构可否登记/…174

第 89 问　申请人申请的债务履行期限超过抵押土地使用期限的抵

押权登记，登记机构可否办理/…175

第 90 问　抵押已经停工两年的未完工房屋申请的在建建筑物抵押权登记，登记机构可否办理/…176

第 91 问　抵押房屋被查封后又解封的，当事人可否直接申请债权确定期间变更产生的最高额抵押权变更登记/…178

第 92 问　抵押权人无法联系，抵押人怎样才能注销自己房屋上的抵押权/…180

第六部分　更正登记

第 93 问　权利人申请的因互换姓名产生的登记，是否适用更正登记/…182

第 94 问　当事人基于房屋归属的民事调解书申请的更正登记，登记机构可否办理/…183

第 95 问　夫妻复婚后撤销原离婚协议中赠与儿子房屋的内容产生的登记，登记机构该怎样办理/…184

第七部分　异议登记

第 96 问　父母可否以阻止儿子卖房为由对其房屋申请异议登记/…187

第 97 问　对登记簿上失效的异议登记，登记机构该如何处理/…188

第 98 问　卖方不配合申请转移登记时，买方可否以利害关系人的名义申请异议登记/…190

第 99 问　承租人可否对出租房屋的所有权申请异议登记/…190

第八部分　预告登记

第 100 问　以按揭方式购买的商品房，当事人可否申请预购商品房最高额抵押预告登记/…193

第 101 问　未成年人因按揭购房申请的预购商品房抵押预告登记，登记机构可否办理/…194

第 102 问　房屋竣工前预告登记的权利人死亡，继承人该怎样申请不动产登记/…195

第 103 问　未经抵押权人同意，有抵押权负担的房屋因离婚产生的所有权转移预告登记，登记机构可否办理/…198

第 104 问　申请人申请转移登记时，载明预购商品房预告登记的不动产登记证明遗失，是否也应当声明作废/…199

第 105 问　商品房所有权首次登记后，登记机构可否办理预购商品房抵押预告登记的更正登记/…202

第 106 问　当事人申请的抵押土地上新建房屋的预购商品房预告登记，登记机构可否受理/…203

第 107 问　有在建建筑物的土地被查封前的预售行为不受查封的限制/…206

第九部分　协助执行

第 108 问　登记机构是否在法院的送达回证上注明其为轮候查封/…209

第 109 问　执行文书只载明查封期限，而无查封期间的，查封期间如何记载/…210

第 110 问　轮候查封转查封后查封期间如何记载/…212

第 111 问　人民法院要求登记机构办理相关登记的执行文书是否必须由执行员送达/…214

第 112 问　人民法院是否以不动产单元为基础实施查封/…216

第 113 问　受上级法院指定的法院可否裁定解除其他法院的查封/…218

第 114 问　轮候查封法院是否应当向登记机构送达不载明查封期间的裁定书和协助执行通知书/…219

第 115 问　登记机构办理基于执行文书产生的转移登记时，有无告知执行法院该房屋上有轮候查封存在的义务/…222

第 116 问　人民法院向登记机构送达解除查封的执行文书后又送达继续查封的执行文书的，登记机构该如何处理/...224

第十部分　其　他

第 117 问　离婚协议已经约定归属的预购商品房是否还是遗产/...226

第 118 问　增加共有人的登记时间，是否是共有人取得房屋所有权的时间/...228

第 119 问　当地公开发行的报刊中的"当地"和"公开"如何界定/...230

第 120 问　离婚协议变更协议是否须加盖婚姻登记专用章/...231

第 121 问　未成年人的父亲或母亲可否放弃监护资格/...233

第 122 问　祖父作未成年人的监护人时，登记机构该收取哪些监护材料/...235

第 123 问　被查封或有抵押权登记的房屋，权利人可否申请遗失补证/...237

第 124 问　律师查询不动产登记资料需要提交哪些材料/...239

第 125 问　住宅小区内的一套房屋该如何分摊土地面积/...240

第 126 问　登记机构可否撤销自己记载的不动产登记/...242

第 127 问　残疾人证书可否用作监护人资格证明/...244

第 128 问　登记簿上现时记载的权利人把自己被人民法院拍卖的房屋买下后该申请什么登记/...245

第 129 问　个人独资企业的投资人变动适用何种登记/...247

第 130 问　可以签订商品房预售合同的最后日期是什么时间/...248

主要参考书目/...251

第一部分　首次登记

第1问　如何把握首次登记中的房地一并登记原则

问：申请人申请土地使用权、地上房屋所有权首次登记时，如何把握房地一并登记原则？

笔者认为，申请人申请土地使用权、地上房屋所有权首次登记时，房地一并登记原则是指其合法取得的土地和地上合法建造的房屋竣工后，应当同时、一并申请土地使用权和地上房屋所有权首次登记。

《不动产登记暂行条例实施细则》第二条第二款规定，房屋等建筑物、构筑物和森林、林木等定着物应当与其所依附的土地、海域一并登记，保持权利主体一致。据此可知，房地一并登记，是《不动产登记暂行条例实施细则》的规定确定的不动产登记原则。在不动产登记实务中，申请人申请土地使用权、地上房屋所有权首次登记的主要情形有：

一、申请人依法取得土地使用权后，地上尚未建造房屋或合法建造的房屋竣工前，只申请土地使用权首次登记的情形

《民法典》第二百三十一条规定，因合法建造、拆除房屋等事实行为设立或者消灭物权的，自事实行为成就时发生效力。质言之，合法建造的房屋，自竣工时起，无须登记，权利人即依法、即时享有该房屋的所有权。换言之，合法建造的，但尚未竣工的房屋，当事人不能对其享有所有权，即尚未竣工的房屋不是承载所有权的客体。在不动产登记实务中，《不动产登记暂行条例实施细则》第三十三条第一款规定，依法取得国有建设用地使用权，可以单独申请国有建设用地使用权登记。该实施细则第四十条第一款规定，依法取得宅基地使用权，可以单独申请宅基地使用权登记。

该实施细则第四十四条第一款规定，依法取得集体建设用地使用权，可以单独申请集体建设用地使用权登记。据此可知，权利人依法取得土地使用权后，若地上尚未建造房屋或合法建造的房屋尚未竣工的，就没有可以申请登记的房屋所有权，但土地使用权是合法取得的，申请人可以只申请合法取得的土地使用权首次登记，登记机构将土地使用权记载在登记簿上后，向申请人颁发只载明土地使用权的不动产权属证书。

二、依法取得土地使用权后，申请人不申请土地使用权首次登记，而是待地上合法建造的房屋竣工后，同时、一并申请土地使用权和地上房屋所有权首次登记的情形

《民法典》第二百三十一条规定，因合法建造、拆除房屋等事实行为设立或者消灭物权的，自事实行为成就时发生效力。质言之，合法建造的房屋，自竣工时起，无须登记，权利人即依法、即时享有该房屋的所有权。在不动产登记实务中，《不动产登记暂行条例实施细则》第三十三条第二款规定，依法利用国有建设用地建造房屋的，可以申请国有建设用地使用权及房屋所有权登记。该实施细则第四十条第二款规定，依法利用宅基地建造住房及其附属设施的，可以申请宅基地使用权及房屋所有权登记。该实施细则第四十四条第二款规定，依法利用集体建设用地兴办企业，建设公共设施，从事公益事业等的，可以申请集体建设用地使用权及地上建筑物、构筑物所有权登记。据此可知，申请人对其合法取得的土地使用权和已经依法享有的地上房屋所有权，可以同时、一并申请首次登记，登记机构将土地使用权和房屋所有权记载在登记簿上后，向申请人颁发集土地使用权和房屋所有权于一体的不动产权属证书。

三、依法取得土地使用权后，申请人没有申请土地使用权首次登记，而是在地上违法建造的房屋竣工后，只申请土地使用权首次登记的情形

如前所述，按《民法典》第二百三十一条规定，合法建造的房屋，

第一部分 首次登记

自竣工时起，无须登记，权利人即依法、即时享有该房屋的所有权。在不动产登记实务中，《不动产登记操作规范（试行）》1.2.2 条之 2 规定，土地使用权、海域使用权首次登记、转移登记、抵押登记、查封登记的，该土地、海域范围内符合登记条件的房屋等建筑物、构筑物所有权和森林、林木等定着物所有权应当一并登记。据此可知，非法行为不生权利是民法上的基本原则[①]，故违法建造的房屋，即使其已经竣工，也不产生所有权，当事人不能对该房屋申请所有权登记，即违法建造并竣工的房屋因不符合登记条件而不具备在登记簿上登记的资格，但该房屋占用范围内的土地使用权是合法取得的，不因该违法建造的房屋的存在而转为非法，申请人申请其合法取得的土地使用权首次登记的，登记机构应当支持，在将土地使用权记载在登记簿上后，向申请人颁发只载明土地使用权的不动产权属证书。至于对违法建造行为的惩处，属于别的法律关系，登记机构无须过问。

四、土地使用权先行首次登记并领取了不动产权属证书，地上合法建造的房屋竣工后，或违法建造并竣工的房屋转为合法后，申请人只申请房屋所有权首次登记的情形

如前所述，按《民法典》第二百三十一条规定，合法建造的房屋，自竣工时起，无须登记，权利人即依法、即时享有该房屋的所有权。据此可知，违法建造并竣工的房屋在取得规划等手续而转为合法之时起，权利人也依法对其享有所有权。由于房屋占用范围内的土地使用权已经完成首次登记且权利人已经持有载明土地使用权的不动产权属证书，申请人申请其已经依法享有的地上房屋所有权首次登记时，登记机构应当将载明土地使用权的不动产权属证书作为登记材料收取，在将房屋所有权记载在登记簿上后，向申请人颁发集土地使用权和房

[①] 梁慧星：《中国民法典草案建议稿附理由：物权编》，法律出版社 2004 年版，第 179 页。

屋所有权于一体的不动产权属证书。

第 2 问 二人分别办理用地和规划手续后又共同建成的一幢房屋，登记机构可否为其办理所有权首次登记

甲、乙二人分别取得毗邻的两个地块的国有建设用地使用权，分别办理了国有建设用地使用权首次登记并领取了不动产权属证书。尔后，甲、乙又分别办理了建设工程规划许可手续，但建房时，却共同建成了一幢楼房。房屋竣工后，甲、乙持前述国有建设用地使用权证、建设工程规划许可手续等材料，共同向登记机构申请房屋所有权首次登记。问：登记机构可否为甲、乙办理房屋所有权首次登记？

笔者认为，登记机构不能为甲、乙办理房屋所有权首次登记。

一、未按规划许可手续建造的房屋竣工后，登记机构不能登记

《民法典》第二百三十一条规定，因合法建造、拆除房屋等事实行为设立或者消灭物权的，自事实行为成就时发生效力。质言之，合法建造的房屋，自竣工时起，无须登记，权利人即依法、即时取得此房屋的所有权。换言之，违法建造的房屋竣工后，当事人不能对此房屋享有所有权。《城乡规划法》第六十四条规定，未取得建设工程规划许可证或者未按照建设工程规划许可证的规定进行建设的，由县级以上地方人民政府城乡规划主管部门责令停止建设；尚可采取改正措施消除对规划实施的影响的，限期改正，处建设工程造价百分之五以上百分之十以下的罚款；无法采取改正措施消除影响的，限期拆除，不能拆除的，没收实物或者违法收入，可以并处建设工程造价百分之十以下的罚款。质言之，当事人必须按规划许可手续建造建筑物、构筑物，否则，属于应当受到惩处的违法建设行为。据此可知，本问中，甲、乙二人分别办理了用地和规划许可手续，就应当按各自的规划许可手续分别在自己享有使用权的土地上建造房屋，但是，甲、乙二人却凭其分别办理的规划许可手续共同建造了一幢房屋，故此房屋属于未按照建设工程规划许可手续的规定建

第一部分　首次登记

造而成，属于违法建筑物，竣工后，甲、乙不能对其享有所有权。《不动产登记暂行条例》第十七条第（三）项规定，申请材料不齐全或者不符合法定形式的，登记机构应当当场书面告知申请人不予受理并一次性告知需要补正的全部内容。在不动产登记实务中，《不动产登记暂行条例实施细则》第三十五条第（一）项、第（二）项规定，申请国有建设用地使用权及房屋所有权首次登记时，土地权属证书或土地权属来源证明材料、建设工程符合规划的材料是应当提交的材料。据此可知，本问中，甲、乙申请共同建造的房屋所有权首次登记时，不能提交以甲、乙名义共同办理的土地权属证书或土地权属来源证明材料、建设工程符合规划的材料，对甲、乙共同申请的房屋所有权首次登记，登记机构应当作不予受理处理，并告知甲、乙补充以甲、乙名义共同办理的土地权属证书或土地权属来源证明材料、建设工程符合规划的材料后再申请。《不动产登记暂行条例》第二十二条第（一）项规定，登记申请违反法律、行政法规规定的属于不予登记的情形。据此可知，申请人申请登记的内容应当符合法律、行政法规的规定。本问中，如前所述，甲、乙二人凭此分别办理的规划许可手续共同建造了一幢房屋，属于违反《城乡规划法》第六十四条规定的情形，甲、乙对此竣工房屋不享有所有权，即作为甲、乙共同申请登记的内容之房屋所有权不符合法律的规定，故登记机构对甲、乙申请的房屋所有权首次登记，即使已经受理的，也应当作不予登记处理。

二、登记机构对联建房屋的认定标准

本问中，登记机构可否对甲、乙二人建造的房屋作联建房屋认定，从而为其办理房屋所有权首次登记呢？在不动产登记实务中，《不动产登记暂行条例实施细则》第二条第二款规定，房屋等建筑物、构筑物和森林、林木等定着物应当与其所依附的土地、海域一并登记，保持权利主体一致。质言之，申请人申请土地及地上房屋登记时，土地使用权人和地上房屋所有权人必须同一，即房地主体同一也是《不动产登记暂行条例实施细则》的规定确立的不动产登记原则。申言之，首次登记中的房地主体同一，是指申请人提交的一份用地手续和建设工程规划手续中载明的主体同一，而非两份或两份以上的用地手续和建设工程规划手续组合后形成的主体同一。联建房屋产生的所有权首次登记也应当遵守不动产登记中的房地主体同一原则。另外，《不动产登记暂行条例实施细则》第六条规定，不动产登记簿以宗地或者宗海为单位编成，一宗地或者一宗海范围内的全部不动产单元编入一个不动产登记簿。因此，不动产登记簿以宗地为基础编制，建造在同一宗地上的房屋才可以在以该宗地为基础编制的登记簿上作记载。联建的房屋也应当处于同一宗地上。据此可知，登记机构对联建房屋的认定标准，应当以全部联建人共同取得一宗国有建设用地的使用权，并以全部联建人的名义办理的建设工程规划许可手续为准。本问中，甲、乙是分别取得一宗国有建设用地的使用权并完成了国有建设用地使用权的首次登记，又是分别办理的建设工程规划手续，因此，登记机构对甲、乙二人共同建造的房屋不能作联建房屋认定，也不能按联建房屋为其办理所有权首次登记。

三、本问的实务处理

《城乡规划法》第四十三条规定，建设单位应当按照规划条件进行建设；确需变更的，必须向城市、县人民政府城乡规划主管部门提出申请。变更内容不符合控制性详细规划的，城乡规划主管部门不得批准。城市、县人民政府城乡规划主管部门应当及时将依法变更后的规划条件通报同级土地主管部门并公示。质言之，建设工程规划手续经过规划行政主管机关的批准是可以变更的。据此可知，本问中，甲、乙可以联建房屋为由向规划行政主管机关申请规划手续变更。在不动产登记实务中，《不动产登记暂行条例实施细则》第二十七条第（四）项规定，不动产合并导致权利发生转移的，属于当事人申请转移登记的情形。《土地管理法》第二十六条第二款规定，县级以上人民政府自然资源主管部门会同同级有

第一部分 首次登记

关部门进行土地调查。土地所有者或者使用者应当配合调查，并提供有关资料。《地籍调查规程》（TD/T 1001—2012）3.2 条规定，地籍调查，针对每宗地的权属、界址、位置、面积、用途等进行的土地调查。该规程 3.4 条规定，日常地籍调查，因宗地设立、灭失、界址调整及其他地籍信息的变更而开展的地籍调查。据此可知，地籍调查属于土地调查，由县级以上人民政府自然资源主管部门负责。宗地的界址调整，属于地籍调查的范围。申言之，宗地的合并或分割势必导致宗地的界址、界线调整或变更，即宗地的合并或分割属于地籍调查的范围。因此，申请人申请因宗地的合并或分割产生的变更登记时，应当提交县级以上人民政府自然资源主管部门同意的批文，或提交经县级以上人民政府自然资源主管部门备案或鉴证的地籍测量报告。据此可知，本问中，甲、乙因已完成国有建设用地使用权首次登记，只能在取得自然资源主管部门批准的前提下，通过申请合并产生的国有建设用地使用权转移登记，才能将二宗地合二为一成为一宗地，且由甲、乙共同享有使用权而达到联建房屋用地的目的。概言之，本问中，登记机构应当告知甲、乙，以联合建房的名义申请规划手续变更和先行申请合并产生的国有建设用地使用权转移登记而完成宗地合并后，再申请联建房屋产生的所有权首次登记。

第 3 问　登记机构可否为危房办理所有权首次登记

张三持国有建设用地使用权证、建设工程规划许可证、承建房屋的建筑公司出具的竣工证明和房屋安全鉴定报告等材料申请房屋所有权首次登记，但房屋安全鉴定报告显示房屋系 C 级危房。问：登记机构可否为危房办理所有权首次登记？

笔者认为，登记机构可以为危房办理所有权首次登记。

一、合法建造并竣工的房屋，即使是危房，登记机构也可以办理所有权首次登记

《民法典》第二百三十一条规定，因合法建造、拆除房屋等事实行为

设立或者消灭物权的，自事实行为成就时发生效力。质言之，合法建造的房屋，自竣工时起，权利人无须登记即依法、即时享有该房屋的所有权。在不动产登记实务中，《不动产登记暂行条例实施细则》第三十五条规定，载明国有建设用地使用权的不动产权属证书、房屋建设符合规划的证明、房屋已经竣工的证明等材料，是申请人申请房屋所有权首次登记时应当提交的材料。据此可知，登记机构根据申请人提交的登记材料判定申请所有权首次登记的房屋是否合法建造并已经竣工，从而确定该房屋是否具备登记能力，进而确定可否对其进行登记。其中的"房屋已经竣工的材料"，笔者认为，《不动产登记暂行条例实施细则》的规定在措辞上没有用"房屋质量合格的材料"，表明"房屋已经竣工的材料"在申请房屋所有权首次登记中的作用，就是证明房屋已经建造完毕，即已经竣工，不再是在建建筑物，具备了作为所有权客体的条件。按《危险房屋鉴定标准》规定，房屋安全鉴定报告只作为权利人、相关单位或当事人排除房屋险情和安全用房等的依据。据此可知，房屋安全鉴定报告与申请人申请房屋所有权首次登记无直接的因果关系。因此，本问中，张三持国有建设用地使用权证、建设工程规划许可证、承建房屋的建筑公司出具的竣工证明和房屋安全鉴定报告等材料申请所有权首次登记的房屋，是合法建造并已经竣工的房屋，张三自房屋竣工时起已经依法享有该房屋的所有权，其对自己已经依法享有的房屋所有权申请的首次登记，登记机构应当办理。

二、登记机构若对危房作不予登记处理，无法律上和实务上的依据

笔者查阅现时有效的法律和行政法规，没有关于当事人对合法建造但质量不合格，或者合法建造但是危房的房屋不能享有所有权的规定，也没有关于此类房屋不能申请所有权登记的规定。在不动产登记实务中，从原来的《城市房屋权属登记管理办法》《房屋登记办法》，到现时实施的《不动产登记暂行条例实施细则》《不动产登记操作规范（试行）》，都没有将危险房屋规定为不予登记的情形，因此，登记机构若以申请登记的房屋是危房为由而作不予登记处理，无法律上和实务上的依据。据此可知，本问中，登记机构对张三申请所有权首次登记的房屋，不能以其是危房为由作不予登记处理。

三、允许为危房办理所有权首次登记具有积极的社会效用

笔者认为，允许危险房屋登记，便于从法律上明确房屋的权利主体，有利于危房产生后果时明确责任主体。另外，无维修改造能力的所有权人通过转让危房，自己可以获得一定的收入，有维修改造能力的人买受危房并完成转移登记后，取得危房所有权，可以进行必要的维修改造，充分发挥房屋的效用，同时，消除危房可能产生的损害后果，具有积极的社会效用。

第4问　登记机构办理宅基地上合法建造的房屋所有权首次登记时，是否收取房屋已经竣工的证明

按《不动产登记暂行条例实施细则》第四十一条规定和《不动产登记操作规范（试行）》10.1.3条之2规定，申请人申请宅基地上合法建造的房屋所有权首次登记时，房屋已经竣工的证明不是应当提交的材料。问：登记机构办理宅基地上合法建造的房屋所有权首次登记时，是否应当收取房屋已经竣工的证明？

笔者认为，登记机构办理宅基地上合法建造的房屋所有权首次登记时，应当收取房屋已经竣工的证明。

一、登记机构应当将房屋已经竣工的证明作为"其他材料"收取

《民法典》第二百三十一条规定，因合法建造、拆除房屋等事实行为设立或者消灭物权的，自事实行为成就时发生效力。质言之，合法建造的房屋自竣工时起，权利人无须登记即依法、即时享有该房屋的

所有权，换言之，合法建造的房屋自其竣工时起即成为承载所有权的客体。对此作反面解释，虽然是合法建造的但未竣工的房屋则不能成为承载所有权的客体。申言之，合法建造的但尚未竣工的房屋，当事人不得申请所有权登记，即房屋已经竣工的证明系该房屋是所有权适格客体的证据材料。因此，申请人申请宅基地上合法建造的房屋所有权首次登记时，虽然《不动产登记暂行条例实施细则》和《不动产登记操作规范（试行）》的规定均没有将房屋已经竣工的证明列为申请人必须提交的材料，但据前述《民法典》第二百三十一条规定可知，房屋已经竣工的材料是登记机构办理房屋所有权首次登记时应当收取的材料，故登记机构可按《不动产登记暂行条例实施细则》第四十一条第（五）项规定，将房屋已经竣工的证明作为与申请登记的内容密切相关的"其他材料"收取。

二、首次登记中，登记机构查看现场是对房屋已经竣工的证明的真实性进行审查

按《民法典》第二百一十二条第二款规定和《不动产登记暂行条例实施细则》第十六条第（一）项规定，登记机构办理不动产首次登记时，应当查看现场。笔者据此认为，查看现场，是登记机构在查验登记申请材料后，对登记申请材料载明的情况予以进一步核实的一种辅助审查手段，换言之，查看现场是以先行审查申请人提交的相关登记申请材料为前提的。具体到房屋竣工与否，查看现场就是对申请登记的房屋已经竣工的情况进行核实，是对申请人提交的房屋已经竣工的证明材料的真实性进行审查。

三、房屋已竣工的证明不只是指竣工验收备案表

按《建设工程质量管理条例》第三条规定，房屋的质量由建设单位、勘察单位、设计单位、施工单位、工程监理单位等负责。换言之，房屋质量是否合格与登记机构无关，故房屋已竣工的证明并非仅指其工程质

量合格的证明。在不动产登记实务中，即使登记机构收取房屋质量竣工验收证明材料，也只起区别房屋与在建建筑物的作用，并不表明只有持有质量合格证明的房屋才可以办理所有权首次登记[①]。据此可知，房屋已经竣工的证明不只是指质监单位出具的竣工验收备案表，也包括有资质的承建单位或建筑工匠出具的已竣工证明，还可以是权利人自己出具的房屋已竣工的声明、保证等。

第5问　登记机构可否将联建房屋直接首次登记给各联建人

问：有两个以上的人共同办理了用地、规划等建房手续联合新建房屋。房屋竣工后，是先首次登记给全部联建人后，再凭分割协议办理因共有人减少产生的转移登记，转移登记给各联建人，还是凭建房手续、分割协议直接将房屋首次登记给各联建人？如果直接首次登记给各联建人，是否有房地主体不一致和违反连续登记原则之嫌？

笔者认为，登记机构可以根据申请人的申请，先将房屋首次登记给全部联建人后，再凭分割协议等材料办理因共有人减少产生的转移登记，转移登记给各联建人，也可以根据申请人的申请凭建房手续、分割协议等材料直接将房屋首次登记给各联建人。笔者更倾向凭建房手续、分割协议直接将房屋首次登记给各联建人，且此举不违反房地主体一致原则和连续登记原则。

一、联建人分割联建房屋不以该房屋已经办理首次登记为前提

《民法典》第二百三十一条规定，因合法建造、拆除房屋等事实行为设立或者消灭物权的，自事实行为成就时发生效力。质言之，合法建造的房屋，自房屋竣工时起，权利人无须登记即依法、即时享有该房屋的具有法律意义的所有权。该法第三百零三条规定，共有人约定不得分割共有的不动产或者动产，以维持共有关系的，应当按照约定，但是共有

[①] 刘守君：《〈不动产登记暂行条例实施细则〉条文理解与适用》，西南交通大学出版社2016年版，第76页。

人有重大理由需要分割的，可以请求分割；没有约定或者约定不明确的，按份共有人可以随时请求分割，共同共有人在共有的基础丧失或者有重大理由需要分割时可以请求分割。因分割造成其他共有人损害的，应当给予赔偿。质言之，只要共有的是合法的财产，共有人就可以对其进行分割。因此，本问中，各联建人合法联建的房屋，自房屋竣工时起，各联建人无须登记即共同依法、及时享有该房屋的所有权，当然可以在协商一致的前提下对此共同享有所有权的房屋进行分割。分割后，由于房屋所有权之前在登记簿上没有记载，各联建人可以凭用地手续、规划手续、分割协议、分户的权籍调查成果报告等手续申请房屋所有权首次登记，以将房屋所有权直接登记在自己名下。

二、用地、规划等建房手续与分割协议组合，体现了房地主体一致原则

《不动产登记暂行条例实施细则》第二条第二款规定，房屋等建筑物、构筑物和森林、林木等定着物应当与其所依附的土地、海域一并登记，保持权利主体一致。质言之，房地主体一致是不动产登记必须遵守的原则。但是，笔者认为，房地主体一致原则，体现在新建且已经竣工的房屋上，是指用地、规划等建房手续载明的主体必须同一。据此可知，本问中，先将房屋首次登记给全部联建人后，再凭分割协议等材料办理因共有人减少产生的转移登记，转移登记给各联建人，固然遵循了房地主体一致的原则。但直接凭用地手续、规划手续、分割协议、分户的权籍调查成果报告等手续为各联建人办理首次登记时，用地手续、规划手续、分割协议组合后表明：分割取得各自房屋所有权的联建个体，也是用地、规划等建房手续上的主体之一，这些主体通过分割协议的方式，从共同的建房主体中分离出来，成为各自相对独立的建房个体，也体现了房地主体一致的原则。

第一部分 首次登记

三、各联建人分割房屋后申请的是首次登记，遵守了连续登记原则

按《不动产登记操作规范（试行）》1.2.3 条规定，连续登记原则，是指未经过首次登记将不动产权利记载在登记簿上的，不得办理其他类型的不动产登记。据此可知，本问中，如前所述，各联建人因联建原因依法对共有的未经登记的房屋进行分割，分割后直接申请的是首次登记，而非在首次登记基础上产生的变更登记、转移登记、抵押权登记等后续登记，因此，各联建人直接申请首次登记，本身就遵循了连续登记原则。当然，如果各联建人申请的是对联建房屋的用地、规划等建房手续载明的主体以外的人实施转让、赠与、抵押等处分房屋产生的登记，则须先行申请房屋所有权首次登记并被记载于登记簿上后，才能申请因处分房屋产生的转移登记、抵押权登记等后续的登记。或者首次登记后，房屋的权利或其他状况发生变化，甚至首次登记时登记簿记载的内容错误，才能申请变更登记、更正登记等后续登记。

第 6 问　确定房屋的不动产单元的依据是什么

《不动产登记暂行条例》第八条规定，不动产以不动产单元为基本单位进行登记。在不动产登记实务中，《不动产登记暂行条例实施细则》第五条第四款规定，房屋的不动产单元为幢、层、套、间。问：确定幢、层、套、间为房屋的不动产单元的依据是什么？或者说，这些房屋的不动产单元由哪个单位以什么方式确定？

笔者认为，确定幢、层、套、间为房屋的不动产单元应当由规划行政主管机关以规划许可的方式确定。

一、房屋的不动产单元以规划许可手续确定的幢、层、套、间为准

《城乡规划法》第四十条第二款规定，申请办理建设工程规划许可证，应当提交使用土地的有关证明文件、建设工程设计方案等材料。该法第四十三条第一款规定，建设单位应当按照规划条件进行建设；确需变更的，必须向城市、县人民政府城乡规划主管机关提出申请。据此可知，建设单位或个人必须按其申请建设工程规划许可证时报送给规划行政主管机关的设计方案建造房屋，即建设单位或个人必须按照经过规划许可的设计方案建造房屋，建造过程中，即使需要变更设计方案进行建造，也须经过规划主管机关的同意并取得规划许可变更手续后方可为之。申言之，按建设单位申请建设工程规划许可证时报送给规划行政主管机关的设计方案，或经过规划行政主管机关同意变更后的设计方案建造而成的房屋的幢、层、套、间，才是按照规划许可的条件建造而成的，即才是合法建造的房屋。故从法律层面上看，在不动产登记实务中，作为房屋的不动产单元的幢、层、套、间依城乡规划主管机关以规划许可的方式确定的为准。

二、不按规划许可手续建造的幢、层、套、间不能作房屋的不动产单元

如前所述，《城乡规划法》第四十三条第一款规定，建设单位应当按照规划条件进行建设。质言之，不按规划许可核定的规划条件进行建设，属于违反《城乡规划法》规定的行为。《不动产登记暂行条例》第八条规定，不动产以不动产单元为基本单位进行登记。该条例第二十二条第（一）项规定，登记申请违反法律、行政法规规定的属于不予登记的情形。在不动产登记实务中，《不动产登记暂行条例实施细则》第五条第四款规定，房屋的不动产单元为幢、层、套、间。《不动产登记操作规范（试行）》4.8.2 条之 3 规定，申请登记的不动产不符合不动产单元设定条件的，属于不予登记的情形。据此可知，作为房屋的不动产单元的幢、层、套、间，是登记簿记载的内容，必须符合法律、行政法规的规定，否则，登记机构将作不予登记处理。因此，本问中，如前所述，房屋建造的幢、层、套、间是规划许可的内容之一，如果申请人申请登记的房屋的幢、

层、套、间不是按照规划许可的设计方案建造的,则不能作房屋的不动产单元,对申请人据此申请的登记,登记机构即使已经受理的,也应当作不予登记处理。

三、登记机构应当结合经过规划审批的设计平面图审查申请登记的房屋的幢、层、套、间是否符合规划要求

在不动产登记实务中,建设工程规划许可证或其他符合规划的证明,一般不直接反映房屋建造的幢、层、套、间,此情形下,登记机构办理登记时,可以要求申请人提交盖有规划审图章的设计平面图,此平面图属于规划许可的凭证之一,也属于登记收件中与登记内容直接相关的"其他材料",登记机构可根据此"其他材料"审查申请登记的房屋的幢、层、套、间是否符合规划要求。不动产权籍调查中受托提供测绘服务的机构属于民事主体,无权确认房屋的不动产单元。

第7问 登记机构可否为有效期内的临时建筑物办理所有权首次登记[①]

临时建筑物的业主持用地、规划和竣工等手续向登记机构申请房屋所有权首次登记。问:登记机构可否为有效期内的临时建筑物办理所有权首次登记?

有观点认为,临时建筑物的特点在于临时性,其使用权限不超过2年,使用期限届满后,如无特殊情况,必须拆除,即临时建筑物的使命是阶段性的。当事人仅可按照建设工程规划批准文件的规定进行使用,不享有收益权和处分权,也就不享有所有权,因此,临时建筑物的权利本质上属于一种临时使用的权利,不属于所有权,登记机构不能为申请人办理所有权首次登记。笔者不支持此观点。

---

① 本问选入本书前以"有效期内的临时建筑物也可以申请初始登记"为题刊于《中国房地产(综合版)》2015年第8期,选入本书时有改动。

一、从法理上看，所有权与其客体共存亡

法理上，所有权虽然属于永久性的权利，但并不是说所有权是无期限的能够永续存在的权利，而是指所有权相对于地役权、土地承包经营权等有期限的物权，无法确定其存续期间。所有权的永久性，是与其客体相对应的，客体合法存在，则其承载的所有权存在；客体灭失时，其承载的所有权也随之灭失。本问中，临时建筑物的业主持有用地、规划和竣工等建造手续，表明临时建筑物这个特定的有体物在用地或规划许可的期限内存在，且这种存在因得到政府职能部门的依法批准，是一种合法的存在，故这种合法存在的特定的有体物应当具有所有权。

二、从法律规定上看，合法建造的临时建筑物自竣工时起具有所有权

关于临时建筑物，主要有两种情形：一是建筑物占地是临时性用地，建筑物也是临时建筑物。按《土地管理法》第五十七条规定，临时用地的期限一般是二年。质言之，二年内，临时用地使用人合法享有此地的使用权。换言之，二年期限届满后，临时用地使用人不再享有此地的使用权，即使占用此地，也属于非法占用。二是建筑物占地不是临时的，但建筑物是临时的。

《民法典》第二百三十一条规定，因合法建造、拆除房屋等事实行为设立或者消灭物权的，自事实行为成就时发生效力。质言之，合法建造的建筑物，自其竣工时起，无须登记，当事人即依法、即时享有该建筑物的所有权，而非法建造的建筑物虽然竣工，但因其是非法存在的，当事人不能即时享有所有权。换言之，合法建造的建筑物自其竣工时起具有所有权，非法建筑物即使已经竣工也不具有所有权，这些是法定的。据此可知，本问中，当事人虽然建造的是临时建筑物，但其持有用地、规划和竣工等合法建造手续，表明此临时建筑物是合法建造的，当事人自该临时建筑物竣工时起，也无须登记即依法、即

第一部分 首次登记

时享有此临时建筑物的所有权。《城乡规划法》第四十四条第二款规定，临时建设应当在批准的使用期限内自行拆除。据此可知，临时建筑物超过政府职能部门依法批准的存续期限时，当事人应当自行拆除，所有权随临时建筑物的拆除而消灭。若当事人没有拆除的，则此临时建筑物由合法存在转为非法存在，即其存在没有法律上的依据，申言之，临时建筑物超过政府职能部门依法批准的存续期限存在系非法存在，该临时建筑物在合法存在时享有的所有权因其转为非法存在而消灭。

《民法典》第二百四十条规定，所有权人对自己的不动产或者动产，依法享有占有、使用、收益和处分的权利。《立法法》第八十八条规定，法律的效力高于行政法规、地方性法规、规章。行政法规的效力高于地方性法规、规章。据此可知，临时建筑物的所有权人，在政府职能部门依法批准的该临时建筑物的存续期限内，对该临时建筑物依法享有占有、使用、收益和处分的权利。尽管一些地方性法规、规章、政策对临时建筑物的收益、处分权能有限制，但与法律的具体规定相抵触，按下位法服从上位法的法律适用原则，这些规定应当视为无效。简言之，在政府职能部门依法批准的临时建筑物的存续期限内，临时建筑物依法具有所有权，权利人对该临时建筑物依法享有占有、使用、收益和处分的权利。即使如前述观点所言，当事人对临时建筑物享有的也是一种临时性使用的权利。一般情形下，此临时性使用的权利，一是基于当事人间的法律行为设立的债权性质的建筑物使用权，如基于租赁关系设立的对临时建筑物存续期限内的使用权，显然，本问不是此情形；二是临时建筑物所有权人行使所有权中的使用权能，本问即此情形。

三、经当事人申请，合法的所有权应当被记载于登记簿

《不动产登记暂行条例》第二十二条规定："登记申请有下列情形之一的，不动产登记机构应当不予登记，并书面告知申请人：（一）违反法律、行政法规规定的；（二）存在尚未解决的权属争议的；（三）

申请登记的不动产权利超过规定期限的;(四)法律、行政法规规定不予登记的其他情形。"据此可知,本问中,申请所有权首次登记的临时建筑物,一是当事人是在合法取得用地手续、建设工程规划许可手续后建造并竣工的,属于合法建筑物,当事人基于此依法、即时享有所有权,不属于违反法律、行政法规规定的情形;二是如前所述,当事人持有用地、规划和竣工等合法的建造手续,申请所有权首次登记的临时建筑物权属来源证据合法、充分、有效;三是当事人申请临时建筑物所有权首次登记时,是在政府职能部门依法批准的临时建筑物的存续期限内,即申请登记的不动产权利没有超过规定期限;四是现时的法律、行政法规没有关于禁止临时建筑物申请所有权首次登记的规定。笔者据此认为,虽然申请登记的是临时建筑物所有权,但此所有权也是合法的所有权,登记机构应当予以登记。在不动产登记实务中,《不动产登记操作规范(试行)》4.8.2条规定:"经审核,符合登记条件的,不动产登记机构应当予以登记。有下列情形之一的,不动产登记机构不予登记并书面通知申请人:(1)申请人未按照不动产登记机构要求进一步补充材料的;(2)申请人、委托代理人身份证明材料以及授权委托书与申请人不一致的;(3)申请登记的不动产不符合不动产单元设定条件的;(4)申请登记的事项与权属来源材料或者登记原因文件不一致的;(5)申请登记的事项与不动产登记簿的记载相冲突的;(6)不动产存在权属争议的,但申请异议登记除外;(7)未依法缴纳土地出让价款、土地租金、海域使用金或者相关税费的;(8)申请登记的不动产权利超过规定期限的;(9)不动产被依法查封期间,权利人处分该不动产申请登记的;(10)未经预告登记权利人书面同意,当事人处分该不动产申请登记的;(11)法律、行政法规规定的其他情形。"据此可知,《不动产登记操作规范(试行)》的规定也没有将临时建筑物列为不予登记的情形。故本问中,申请所有权首次登记的临时建筑物具备用地、规划和竣工等合法、有效的建房手续,属于可以登记的情形，登记机构应当登记。简言之，对当事人申请的合法的临时建筑物所有权首次登记，登记机构应当办理。

四、登记机构办理临时建筑物所有权首次登记时的实务处理

经过首次登记的临时建筑物，无论是土地使用期限届满，还是批准的建筑物使用期限届满，且未获得续期批准的，都应当视为法律规定的权利消灭事由成就，即属于《不动产登记暂行条例实施细则》第二十八条规定的权利人申请所有权注销登记的"法律、行政法规规定的其他情形"。故登记机构在作临时建筑物的所有权首次登记时，除按普通的所有权首次登记作记载外，还应当在登记簿和不动产权属证书的附记栏内注明临时建筑物的存续期限，以防不慎为超过政府职能部门依法批准的存续期限的临时建筑物办理后续的变更登记、转移登记、抵押权登记等造成的不良后果发生。

第 8 问 申请登记的房屋面积与规划许可面积有差异时，登记机构是否有处置裁量权

申请人申请城市规划区内一国有建设用地上的房屋所有权首次登记时，提交的规划许可手续上的建筑面积是 17 000 平方米，但申请书上申请登记的面积为 17 200 平方米，即存在 200 平方米的差异。问：登记机构可否对此房屋作所有权首次登记？当申请登记的房屋面积与规划许可手续上的面积有差异时，登记机构是否有处置裁量权？

笔者认为，登记机构对超过规划许可手续上的建筑面积建造的房屋不能作所有权首次登记；当申请登记的房屋面积与规划许可手续上的面积有差异时，登记机构没有处置裁量权。

《民法典》第二百三十一条规定，因合法建造、拆除房屋等事实行为设立或者消灭物权的，自事实行为成就时发生效力。质言之，合法建造的房屋，自竣工时起，权利人无须登记，即依法、即时享有该房屋的所有权。换言之，非法建造的房屋虽然已经竣工，当事人也不能对其享有权利。《城乡规划法》第六十四条规定，未取得建设工程规划许可证或者未按照建设工程规划许可证的规定进行建设的，由县级以上地方人民政府城乡规划主管机关责令停止建设；尚可采取改正措施消除对规划实施的影响的，限期改正，处建设工程造价百分之五以上百分之十以下的罚款；无法采取改正措施消除影响的，限期拆除，不能拆除的，没收实物或者违法收入，可以并处建设工程造价百分之十以下的罚款。质言之，未按照规划许可手续实施的建设行为属于应当受到惩处的违法行为。据此可知，本问中，尽管申请首次登记的房屋面积只超出了规划许可手续上载明的面积200平方米，即超过规划许可面积的1.2%，但仍然属于未按照规划许可的面积建造的情形，即房屋虽然已经竣工，但因其整体建造违法而不能成为承载所有权的客体，换言之，该房屋不具备登记能力。《不动产登记暂行条例》第十七条第（三）项规定，申请材料不齐全或者不符合法定形式的，登记机构应当当场书面告知申请人不予受理并一次性告知需要补正的全部内容。在不动产登记实务中，《不动产登记暂行条例实施细则》第三十五条第（二）项规定，申请国有建设用地使用权及房屋所有权首次登记时，建设工程符合规划的材料是应当提交的材料。据此可知，本问中，申请登记的房屋系超过规划许可的面积建造而成，超过规划许可建造而成的部分没有房屋建造符合规划的材料。因此，登记机构应当作不予受理处理并告知申请人完善规划许可手续后再申请登记。《不动产登记暂行条例》第二十二条第（一）项规定，登记申请违反法律、行政法规规定的属于不予登记的情形。在不动产登记实务中，《不动产登记操作规范（试行）》4.8.2条之4规定，申请登记的事项与权属来源材料或登记原因文件不一致的，属于不予登记的情形。据此可知，申请登记的内容应当符合法律、行政法规的规定，申请登记的事项也应当与权属来源材料或登记原因文件一致。本问中，如前所述，申请登记的房屋整体建造违法，申请人不能对其享有所有权。另外，申请登记的面积因系超出规划许可面积建造而成，与作为权属来源材料的规划许

第一部分 首次登记

手续不一致,如果登记机构对申请人的申请已经受理的,应当作不予登记处理。

裁量行政行为,是指法律、法规对行政行为的范围、条件、形式、程度和方法等未作详细、具体而明确规定时,行政主体可以在法律法规规定的幅度或范围内,或在符合立法目的的原则的前提下,根据具体情况自行选择、裁量所作出的行政行为[①]。据此可知,申请登记的房屋面积超出规划许可面积时,登记机构欲对其实施的裁量权属于裁量行政行为,应当在法律、法规规定的幅度或范围内,或在符合立法目的的原则的前提下实施,即应当遵循"法无授权不可为"的行政法原则,截至目前,无法律、行政法规、规章或政策的规定授予登记机构对申请登记的房屋面积与规划许可手续上的面积产生差异时有处置裁量权,即在现时的制度环境中,申请人申请登记的房屋面积与规划许可手续上的面积产生差异时,登记机构无处置裁量权。

第9问 商业用房经私自拆改但不改变建造时的规划条件,由此申请的首次登记,登记机构可否办理

有很多商业用途房屋,盖有规划审图章的设计平面图上,每间房屋是用墙体隔开的,并出售给多个业主。验收交房后,业主或承租人为了使用方便,拆除了毗邻房屋的承重柱和梁间的分隔墙(框架结构,分隔墙不承重),将毗邻的房屋连通,使原来的多间变成了一大间。登记人员查看现场时,发现此情况,认为房屋现状与规划手续不符。问:此情形下,商业用房经私自拆改后不改变建造时的规划条件的,此情形下申请的所有权首次登记,登记机构可否办理?

笔者认为,此情形下,商业用房经私自拆改后不动变建造时的规划条件的,并不是与规划手续不符,由此申请的所有权首次登记,登记机构应当办理。

《城乡规划法》第四十条第二款规定,申请办理建设工程规划许可证,

[①] 马怀德:《行政法学》,中国政法大学出版社2007年版,第106页。

应当提交使用土地的有关证明文件、建设工程设计方案等材料。该法第四十三条第一款规定，建设单位应当按照规划条件进行建设；确需变更的，必须向城市、县人民政府城乡规划主管机关提出申请。据此可知，建设单位或个人必须按其申请建设工程规划许可证时报送给规划行政主管机关的设计方案建造房屋，即建设单位或个人必须按照经过规划许可的设计方案建造房屋，建造过程中，若要变更设计方案进行建造的，也须经过规划行政主管机关的同意并取得规划许可变更手续后方可为之。概言之，按建设单位申请建设工程规划许可证时报送给规划行政主管机关的设计方案，或按经过规划行政主管机关同意变更后的设计方案建造而成的房屋的幢、层、套、间，才是按照规划许可条件建造的，可以设定为房屋的不动产单元。因此，本问中，规划许可手续确定的商业用房的不动产单元为间，虽然业主或承租人为了使用方便，拆除了毗邻房屋的承重柱和梁间的分隔墙，将毗邻的房屋连通，使原来的多间变成了一大间，但房屋是框架结构，承重构件为柱和梁，被拆除的分隔墙不承重，只起纯粹的分隔作用，承重的柱和梁才是区分不动产单元的标志，故业主或承租人为了使用方便，拆除了毗邻房屋的分隔墙，但没有从实质上改变经过规划许可的不动产单元，故不能认为其改变了建造时的规划条件而与规划手续不符。在司法实务中，《最高人民法院关于审理建筑物区分所有权纠纷案件具体应用法律若干问题的解释》第十五条第（一）项规定，损害房屋承重结构属于"损害他人合法权益的行为"。据此可知，本问中，被拆除的不是柱和梁等房屋的承重构件，而是非承重的构件，即被拆除的是只起分隔作用的隔墙，因此，拆除只起分隔作用的隔墙，是为了充分使用商业用途房屋的合理需要，不损害房屋的承重结构，也不损害他人的合法权益，更不损害国家利益和社会公益，故此情形下申请的房屋所有权首次登记，登记机构应当办理。登记机构在办理该房屋的首次登记时，以幢或层作为不动产单元自无可言，若以间作为不动产单元时，不动产单元的分界标志是柱和梁，分界线是柱和梁的中心线。

第一部分　首次登记

第 10 问　超出规划许可的层数建造并竣工但只申请规划许可范围内的房屋所有权首次登记的，登记机构可否办理

某公司修建综合楼，规划许可建造 15 层，修建过程中，该公司在未取得规划许可手续的前提下，擅自增加修建了 1 层，即将房屋建成了 16 层，现申请对经过规划许可的第 1~15 层房屋作所有权首次登记。问：对某公司超出规划许可建造完工但只申请规划许可范围内的第 1~15 层房屋的所有权首次登记，登记机构可否办理？

笔者认为，对某公司超出规划许可的层数建造并竣工但只申请规划许可范围内的第 1~15 层房屋的所有权首次登记，登记机构应当不予办理。

《城乡规划法》第六十四条规定，未取得建设工程规划许可证或者未按照建设工程规划许可证的规定进行建设的，由县级以上地方人民政府城乡规划主管机关责令停止建设；尚可采取改正措施消除对规划实施的影响的，限期改正，处建设工程造价百分之五以上百分之十以下的罚款；无法采取改正措施消除影响的，限期拆除，不能拆除的，没收实物或者违法收入，可以并处建设工程造价百分之十以下的罚款。质言之，未按照建设工程规划许可手续实施的建设行为属于应当受到惩处的违法行为。据此可知，本问中，某公司虽然取得了建设工程规划许可证，但建设工程规划许可证只许可某公司修建 15 层房屋，该公司却擅自将房屋修建成了 16 层，此超出规划许可范围实施建设的行为，属于未按照建设工程规划许可证的规定进行建设的行为，由此建成的房屋的第 16 层属于违法建筑物，但建造行为是针对房屋整体的，故房屋的整体建造违法。《民法典》第二百三十一条规定，因合法建造、拆除房屋等事实行为设立或者消灭物权的，自事实行为成就时发生效力。质言之，合法建造的房屋，自房屋竣工时起，无须登记，权利人即依法、即时享有房屋的所有权。对此作反面解释，违法建造的房屋，即使房屋竣工也不产生所有权，即当事人对此房屋不能享有所有权。据此可知，本问中，如前所述，某公司虽然只违法建造了第 16 层，但属于房屋整体建造违法的情形，某公司不能对此竣工房屋享有所有权，由此申请的所有权首次登记，登记机构应当不予办理。

退一步讲，假设某公司对第 1~15 层依法建成部分享有所有权，但对违法修建的第 16 层则不能享有所有权。《不动产登记暂行条例》第二十二条第（一）项规定，登记申请违反法律、行政法规规定的属于不予登记的情形。该条例第八条第一款规定，不动产以不动产单元为基本单位进行登记。在不动产登记实务中，《不动产登记暂行条例实施细则》第五条第四款规定，房屋的不动产单元为幢、层、套、间。据此可知，房屋应当以不动产单元为基础进行登记，即房屋的不动产单元是申请登记的基础，故作为房屋的不动产单元的幢、层、套、间应当符合法律、行政法规的规定。本问中，若以幢为不动产单元登记，则因其第 16 层系违法建造的，属于不得登记的对象，即使登记机构受理后，也应当作不予登记处理，故不能以幢为不动产单元登记。《房地产测量规范》7.3.4.1 条规定，房屋产权面积包括套内建筑面积和共有分摊面积。按该规范 B3.1、B3.2 和 B3.3 条规定，电梯井、管道井、楼梯间、垃圾道、变电室、设备间、公共门厅、过道、地下室、值班警卫室等，以及为整幢服务的公共用房和管理用房的建筑面积，属于房屋产权面积中的共有分摊面积。据此可知，本问中，若以层、套或间为不动产单元申请登记，则违法建造的第 16 层房屋中的电梯井、管道井、楼梯间、垃圾道、变电室、设备间、公共门厅、过道等，属于应当由整幢房屋业主分摊的共有面积，但是，如前所述，尽管第 16 层房屋已经竣工，因其违法性，相应的应当分摊的部分不具有合法的所有权而不能被纳入整幢房屋业主分摊的范围，若不将其纳入分摊范围，则又有悖于《房地产测量规范》的规定，故也不能以层、套或间为不动产单元申请登记。因此，本问中，由于申请首次登记的房屋第 16 层系违法建造，在不动产登记实务中，申请人无论采用何种不动产单元申请登记，都有悖法律、行政法规或国家相关规范的规定，由此申请的房屋所有权首次登记，登记机构应当不予办理。

第 11 问　村民转化为城镇居民后，对农村宅基地上的既有房屋申请的首次登记，登记机构可否办理

程某原为某村民小组村民，2005 年 3 月，程某经批准，获得宅基地一处，修建了二楼一底住房一幢。2005 年 5 月，房屋竣工，但没有办理房屋所有权登记。2007 年，程某将户口迁到县城，成为城镇居民。现程某持宅基地使用权证、建房许可证等手续申请房屋所有权首次登记。问：对现时非房屋所在地村民的程某申请的宅基地上的房屋所有权首次登记，登记机构可否办理？

笔者认为，对现时非房屋所在地村民的程某申请的宅基地上的房屋所有权首次登记，登记机构应当办理。

按程某申请宅基地时适用的《土地管理法》第四十三条规定，宅基地是农村集体经济组织村民因建造住宅及其附属设施而依法享有的对集体所有的土地的使用权。（按现时的《土地管理法》第六十二条第一款规定，农村村民一户只能拥有一处宅基地。现时的《民法典》第三百六十二条规定，宅基地使用权人依法对集体所有的土地享有占有和使用的权利，有权依法利用该土地建造住宅及其附属设施。）质言之，一般情形下，只有农村集体经济组织的村民才能够依法享有宅基地使用权。换言之，一般情形下，只要宅基使用权被批准时，还是农村村民的人，就是宅基地的适格的权利主体。据此可知，本问中，程某虽然已经将户口迁到县城成为城镇居民，不再是宅基地所在地集体经济组织的村民，但程某于 2005 年 3 月经批准使用宅基地时还是宅基地所在地集体经济组织的村民，故程某仍然是该宅基地的合法的权利主体。程某房屋竣工时适用的《物权法》第三十条规定，因合法建造、拆除房屋等事实行为设立或者消灭物权的，自事实行为成就时发生效力。（现时的《民法典》第二百三十一条规定,因合法建造、拆除房屋等事实行为设立或者消灭物权的,自事实行为成就时发生效力。)质言之,合法建造的房屋,自竣工时起,权利人无须登记即依法、即时享有该房屋的所有权。据此可知,本问中,程某的宅基地使用权是经过批准后依法享有的,在宅基地上建造房屋时持有建房许可证,即程某的宅基地上的房屋是合法建造的,故程某自2005年5月房屋竣工时起,尽管没有办理房屋所有权登记,但已经依法享有房屋所有权而成为房屋的所有权人。《不动产登记暂行条例》第二十二条规定,"登记申请有下列情形之一的,不动产登记机构应当不予登记,并书面告知申请人:(一)违反法律、行政法规规定的;(二)存在尚未解决的权属争议的;(三)申请登记的不动产权利超过规定期限的;(四)法律、行政法规规定不予登记的其他情形。"在不动产登记实务中,《不动产登记暂行条例实施细则》第四十条第二款规定,依法利用宅基地建造住房及其附属设施的,可以申请宅基地使用权及房屋所有权登记。据此可知,如前所述,程某虽然不再是宅基地所在地集体经济组织的村民,但该宅基地使用权和地上房屋所有权系其是村民时合法取得或享有的,程某已经享有的宅基地使用权和房屋所有权于法有据,且权属清晰,不属于《不动产登记暂行条例》第二十二条规定的不予登记的情形。因此,基于尊重历史、面对现实的原则,对现时非房屋所在地集体经济组织村民的程某申请的宅基地上的房屋所有权首次登记,登记机构应当办理。

第12问 总建筑面积不变,但住宅和非住宅建筑面积未按规划许可建造的房屋,登记机构可否登记

某房地产开发项目,规划许可的总建筑面积20万平方米,其中住宅为15万平方米,非住宅为5万平方米。建成后,总建筑面积20万平方米,但住宅为12万平方米,非住宅为8万平方米。现当事人申请房屋所有权首次登记。问:当事人申请首次登记的房屋总建筑面积不变,但住宅和非住宅建筑面积未按规划许可建造,登记机构可否登记?

第一部分　首次登记

笔者认为，对当事人申请首次登记的房屋总建筑面积不变，但住宅和非住宅建筑面积未按规划许可建造的，登记机构应当不予登记。

《城乡规划法》第四十条第一款规定，在城市、镇规划区内进行建筑物、构筑物、道路、管线和其他工程建设的，建设单位或者个人应当向城市、县人民政府城乡规划主管机关或者省、自治区、直辖市人民政府确定的镇人民政府申请办理建设工程规划许可证。该法第四十三条第一款规定，建设单位应当按照规划条件进行建设；确需变更的，必须向城市、县人民政府城乡规划主管机关提出申请。质言之，单位或个人要在城市、镇规划区内进行建筑物、构筑物、道路、管线和其他工程建设的，须办理建设工程规划许可证。一般情形下，建设单位或个人应当按照建设工程规划许可证许可的条件进行建设，但根据建设情况需要变更规划许可条件进行建设的，应当向城市、县人民政府城乡规划主管机关提出变更申请并经批准后，方可按经过批准的变更后的条件继续进行建设，否则，属于不按建设工程规划许可证许可的范围进行建设的行为。申言之，不按建设工程规划许可证许可的范围进行建设的行为是违反《城乡规划法》的行为。据此可知，本问中，申请所有权首次登记的房屋，规划许可的总建筑面积 20 万平方米，其中住宅为 15 万平方米，非住宅为 5 万平方米。建成后，总建筑面积 20 万平方米，但住宅为 12 万平方米，非住宅为 8 万平方米。虽然总建筑面积的建造遵循了规划许可，但其中住宅、非住宅的建筑面积，则是未向规划行政主管机关申请规划条件变更并获批准后建造的，属于不按建设工程规划许可证许可的范围进行建设的行为，系违反《城乡规划法》的行为。《民法典》第二百三十一条规定，因合法建造、拆除房屋等事实行为设立或者消灭物权的，自事实行为成就时发生效力。质言之，合法建造的房屋，自竣工时起，权利人无须登记即依法、即时享有该房屋的所有权。换言之，非法建造的房屋，即使已经建造完毕，也不能产生所有权，即当事人对该房屋不能享有所有权。据此可知，本案中，如前所述，申请首次登记的房屋，是违反《城乡规划法》的规定建造的房屋，换言之，是非法建造的房屋，虽然其已经建造竣工，但当事人不能对其依法享有所有权。《不动产登记暂行条例》第十七条第（三）项规定，申请材料不齐全或者不符合法定形式的，登记机构应当当场书面告知申请人不予受理并一次性告知需要补正的全部内容。在不动产登记实务中，《不动产登记暂行条例实施细则》第三十五条第（二）项规定，申请人申请国有建设用地使用权及房屋所有权首次登记时，建设工程符合规划的材料是应当提交的材料。据此可知，本问中，申请登记的房屋是变更规划许可条件建造而成的，但申请人不能提交规划变更材料，故登记机构对申请人的申请应当作不予受理处理并告知申请人补充规划变更材料后再申请。《不动产登记暂行条例》第二十二条第（一）项规定，登记申请违反法律、行政法规规定的，属于不予登记的情形。在不动产登记实务中，《不动产登记操作规范（试行）》4.8.2条之4规定，申请登记的事项与权属来源材料或登记原因文件不一致的，属于不予登记的情形。据此可知，申请登记的内容应当符合法律、行政法规的规定，申请登记的事项也应当与权属来源材料或登记原因文件一致。本问中，如前所述，申请首次登记的房屋，是违反法律规定建造的，虽然其已经建造竣工，但当事人不能对其依法享有所有权。另外，申请登记的面积因系当事人擅自改变规划许可条件建造而成，与作为权属来源材料的规划许可手续不一致，由此申请的所有权首次登记，如果登记机构已经受理的，应当作不予登记处理。

第 13 问　集体经济组织欲取得"五保户"遗留的未登记的宅基地使用权及地上房屋所有权，该怎样申请登记

某"五保户"死亡后，该"五保户"所在地的集体经济组织因承担了其生养死葬义务，欲将其遗留的宅基地使用权及地上房屋所有权登记到集体经济组织名下，但此宅基地使用权及地上房屋所有权一直未登记。问：集体经济组织该怎样申请，才能将"五保户"遗留的未登记的宅基

地使用权及地上房屋所有权登记到其名下？

笔者认为，集体经济组织应当向登记机构申请首次登记，将宅基地使用权及地上房屋所有权直接登记在集体经济组织名下。

一、"五保户"的遗产也有被继承、被遗赠的可能

《农村五保供养工作条例》第六条规定，老年、残疾或者未满16周岁的村民，无劳动能力、无生活来源又无法定赡养、抚养、扶养义务人，或者其法定赡养、抚养、扶养义务人无赡养、抚养、扶养能力的，享受农村五保供养待遇。在司法实务中，《继承法司法解释》第五十五条规定，集体组织对"五保户"实行"五保"时，双方有扶养协议的，按协议处理；没有扶养协议，死者有遗嘱继承人或法定继承人要求继承的，按遗嘱继承或法定继承处理，但集体组织有权要求扣回"五保"费用。据此可知，并非只有无劳动能力、无生活来源又无法定赡养、抚养、扶养义务人的人才可以成为"五保户"。对"五保户"有法定赡养、抚养、扶养义务的人，因其无赡养、抚养、扶养能力且自身无劳动能力、无生活来源的人，也可以成为"五保户"，即"五保户"死亡后，也存在有继承人或受遗赠人的情形，故"五保户"遗留的财产，也存在有被继承或受遗赠的情形。

二、集体经济组织取得"五保户"的遗产不是基于继承，而是基于法律的规定

《民法典》第一千一百二十七条规定："遗产按照下列顺序继承：（一）第一顺序：配偶、子女、父母；（二）第二顺序：兄弟姐妹、祖父母、外祖父母。继承开始后，由第一顺序继承人继承，第二顺序继承人不继承；没有第一顺序继承人继承的，由第二顺序继承人继承。本编所称子女，包括婚生子女、非婚生子女、养子女和有扶养关系的继子女。本编所称父母，包括生父母、养父母和有扶养关系的继父母。本编所称兄弟姐妹，包括同父母的兄弟姐妹、同父异母或者同母异父的兄弟姐妹、

养兄弟姐妹、有扶养关系的继兄弟姐妹。"质言之，一般情形下，继承人是与被继承人有血缘关系的亲属，或是与被继承人依法建立了扶养关系等身份关系的人。概言之，继承人是与被继承人有血缘关系或扶养关系等身份关系的自然人。据此可知，若"五保户"所在地的集体经济组织取得其遗留的宅基地使用权及地上房屋所有权，不是基于继承取得。《民法典》第一千一百六十条规定，无人继承又无人受遗赠的遗产，归国家所有，用于公益事业；死者生前是集体所有制组织成员的，归所在集体所有制组织所有。在司法实务中，《继承法司法解释》第五十七条规定，遗产因无人继承收归国家或集体组织所有时，按《继承法》第十四条规定可以分给遗产的人（现《民法典》第一千一百三十一条规定，对继承人以外的依靠被继承人扶养的人，或者继承人以外的对被继承人扶养较多的人，可以分给适当的遗产）提出取得遗产的要求，人民法院应视情况适当分给遗产。据此可知，"五保户"遗留的财产，在无人继承，或无人依法主张权利的情形下，才收归该"五保户"所在地的集体经济组织。因此，"五保户"所在地的集体经济组织取得其遗留的宅基地使用权及地上房屋所有权，是基于法律的规定。

三、集体经济组织取得"五保户"遗留的宅基地使用权及地上房屋所有权的登记

在不动产登记实务中，《不动产登记暂行条例实施细则》第二十四条规定，不动产首次登记，是指不动产权利第一次登记。据此可知，如前所述，本问中，承担了"五保户"生养死葬义务的集体经济组织，申请登记的是其基于法律规定取得该"五保户"遗留的未经登记的宅基地使用权及地上房屋所有权，该宅基地使用权及地上房屋所有权是第一次记载在登记簿上，故适用首次登记，但该首次登记中有转移登记的元素，属于一种复合性登记。按《不动产登记暂行条例实施细则》第四十条和第四十一条规定，集体经济组织可持其身份证明、原"五保户"享有宅基地使用权的证

第一部分　首次登记

明和合法建造房屋的证明、"五保户"的死亡证明、集体经济组织对"五保户"履行生养死葬义务的凭证、权籍调查成果报告等手续单方申请宅基地使用权及地上房屋所有权首次登记。集体经济组织的身份证明是其营业执照，或集体经济组织登记机关为其出具的身份证明。

在不动产登记实务中，《不动产登记暂行条例实施细则》第十七条规定，登记机构办理宅基地使用权及地上房屋所有权首次登记时，应当在其门户网站以及不动产所在地等指定场所进行公告，公告期不少于15个工作日。据此可知，公告是登记机构办理宅基地使用权及地上房屋所有权首次登记时应当遵守的程序，且通过公告，登记机构可以查明"五保户"遗留的宅基地使用权及地上房屋所有权有无人主张继承取得、受遗赠取得，或以其他原因主张权利，以判定该宅基地使用权及地上房屋所有权是否具备收归集体经济组织的条件，从而确保登记簿记载内容的合法性、真实性和有效性。因此，登记机构受理集体经济组织取得"五保户"遗留宅基地使用权及地上房屋所有权申请的首次登记后，应当对申请登记的内容予以公告，且在公告期限届满后，方可将该宅基地使用权及地上房屋所有权登记在集体经济组织名下。

第14问　不计算容积率的建筑面积，登记机构可否登记

申请人申请国有建设用地上的某幢房屋所有权首次登记时，提交的建设工程规划许可证载明：总建筑面积15 000平方米（其中1200平方米不计算容积率）。问：登记机构可否为其中不计算容积率的1200平方米房屋办理所有权首次登记？

笔者认为，一般情形下，登记机构不应当办理建筑面积不计算容积率的房屋所有权首次登记。

一、申请首次登记的房屋，国有建设用地使用权主体与地上房屋所有权主体须同一

《民法典》第三百五十六条规定，建设用地使用权转让、互换、出资

或者赠与的,附着于该土地上的建筑物、构筑物及其附属设施一并处分。该法第三百五十七条规定,建筑物、构筑物及其附属设施转让、互换、出资或者赠与的,该建筑物、构筑物及其附属设施占用范围内的建设用地使用权一并处分。该法第三百九十七条规定:"以建筑物抵押的,该建筑物占用范围内的建设用地使用权一并抵押。以建设用地使用权抵押的,该土地上的建筑物一并抵押。抵押人未依据前款规定一并抵押的,未抵押的财产视为一并抵押。"据此可知,只有在建设用地使用权主体与地上房屋等建筑物、构筑物所有权主体同一的情形下,建设用地使用权处分时,地上房屋等建筑物、构筑物才能随之同时被处分,或地上房屋等建筑物、构筑物处分时,其占用范围内的建设用地使用权才能随之被处分。概言之,《民法典》的规定确立了建设用地使用权主体与地上房屋等建筑物、构筑物所有权主体同一的原则。在不动产登记实务中,《不动产登记暂行条例实施细则》第二条第二款规定,房屋等建筑物、构筑物和森林、林木等定着物应当与其所依附的土地、海域一并登记,保持权利主体一致。质言之,《不动产登记暂行条例实施细则》贯彻了《民法典》的规定确立的建设用地使用权主体与地上房屋等建筑物、构筑物所有权主体同一原则,即将其确立为不动产登记中应当遵循的原则。

二、不计算容积率建造的房屋无相应的土地使用权支撑,违反房地主体同一的不动产登记原则

国家住房和城乡建设部《关于印发〈建设用地容积率管理办法〉的通知》(建规〔2012〕22号)附《建设用地容积率管理办法》第三条第一款规定,容积率是指一定地块内,总建筑面积与建筑用地面积的比值。质言之,满足建筑用地容积率要求建造的建筑物、构筑物,其建筑面积才与相应的建筑用地面积相对应。反之,不在建筑用地容积率范围内建造的建筑物、构筑物,其建筑面积与相应的建筑用地面积不相对应,即不在建筑用地容积率范围内建造的建筑面积无建筑用地支撑,属于"空

第一部分 首次登记

中建筑面积",申言之,不在建筑用地容积率范围内建造的建筑面积申请所有权首次登记的,该部分建筑面积因无建筑用地支撑而不享有相应的建设用地使用权,即不满足《民法典》的规定确立的建设用地使用权主体与地上房屋等建筑物、构筑物所有权主体同一的原则。《不动产登记暂行条例》第二十二条第(一)项规定,登记申请违反法律、行政法规的规定的,属于不予登记的情形。据此可知,申请登记的内容应当符合法律、行政法规的规定。本问中,申请所有权首次登记的某幢房屋中有 1200 平方米建筑面积不计算容积率,即该部分房屋是不在建筑用地容积率范围内建造的房屋,但该部分房屋属于整幢房屋的组成部分,故该幢房屋整体建造违反前述《民法典》的规定确立的建设用地使用权主体与地上房屋等建筑物、构筑物所有权主体同一的原则,对其申请的所有权首次登记,登记机构不得办理。当然,如果该不计算容积率的 1200 平方米房屋是一幢独立的房屋,则不影响其他房屋所有权首次登记的办理。

三、登记机构对申请登记的房屋建筑面积是否计算容积率的查验

在不动产登记实务中,笔者认为,一般情形下,对申请所有权登记的房屋建筑面积是否满足容积率的要求,登记机构不作查验,只查验申请登记的建筑面积与规划许可证或其他符合规划的材料载明的建筑面积是否对应即可。但《不动产登记暂行条例》第十八条第(三)项规定,查验登记申请是否违反法律、行政法规规定属于登记机构的职责。据此可知,本问中,申请人提交的建设工程规划许可证明确载明申请登记的房屋建筑面积中,有 1200 平方米不计算容积率,登记机构应当通过查阅相关法律、法规或政策,知晓什么是容积率,以查验 1200 平方米不计算容积率的建筑面积是否违反法律、行政法规的规定,从而确认其是否满足登记要求,进而做出是否予以登记的处理,此举也是履行《不动产登记暂行条例》的规定课以登记机构的审查职责。

第 15 问　已经竣工的一幢建筑物，权利人是否应当一次性申请所有权首次登记

在国有建设用地使用权已经登记的前提下，合法建造并竣工的一幢建筑物，有地上层和地下层，均符合不动产单元的要求。问：按登记须依据申请人的申请方可启动的规定，申请人可否只申请地上层的所有权首次登记，而地下层暂不申请登记？

笔者认为，合法建造并竣工的一幢有地上层和地下层的建筑物，在地上层和地下层均符合不动产单元要求的前提下，权利人可以只申请地上层部分的所有权首次登记，地下层暂不申请登记，但申请人应当提交相关材料证明房屋整体建造的合法性。

一、未取得建设工程规划许可证或未按照建设工程规划许可证建造的房屋竣工后，不能获准首次登记

《城乡规划法》第六十四条规定，未取得建设工程规划许可证或者未按照建设工程规划许可证的规定进行建设的，由县级以上地方人民政府城乡规划主管机关责令停止建设；尚可采取改正措施消除对规划实施的影响的，限期改正，处建设工程造价百分之五以上百分之十以下的罚款；无法采取改正措施消除影响的，限期拆除，不能拆除的，没收实物或者违法收入，可以并处建设工程造价百分之十以下的罚款。质言之，未取得建设工程规划许可证或者未按照建设工程规划许可证的规定进行的建设属于违反《城乡规划法》且应当受到行政处罚的情形。《民法典》第二百三十一条规定，因合法建造、拆除房屋等事实行为设立或者消灭物权的，自事实行为成就时发生效力。质言之，合法建造的房屋自竣工时起，权利人无须登记即依法、即时享有该房屋的所有权，反之，非法建造的房屋即使竣工，也不能产生所有权。概言之，未取得建设工程规划许可证或者未按照建设工程规划许可证的规定建造竣工的房屋，因违反《城乡规划法》的规定，不能产生所有权。《不动产登记暂行条例》第十七条第（三）项规定，申请材料不齐全或者不符合法定形式的，登记机构应当当场书面告知申请人不予受理并一次性告知需要补正的全部内容。在不动产登记实务中，《不动产登记暂行条例实施细则》第三十五条第（二）项规定，申请国有建设用地使用权及房屋所有权首次登记时，建设工程符合规划的材料是应当提交的材料。据此可知，申请登记的房屋是未取得建设工程规划许可证或者未按照建设工程规划许可证的规定建造竣工的，申请人不能提交规划许可材料或经过规划行政主管机关批准的规划变更材料，登记机构对申请人的登记申请应当作不予受理处理并告知申请人补充规划许可材料或规划变更材料后再申请。《不动产登记暂行条例》第二十二条第（一）项规定，登记申请违反法律、行政法规规定的属于不予登记的情形。据此可知，申请登记的内容应当符合法律、行政法规的规定。因此，未取得建设工程规划许可证或者未按照建设工程规划许可证的规定建造竣工的房屋，当事人不能对其享有所有权，由此申请的所有权首次登记，登记机构若已经受理的，也应当作不予登记处理。

二、申请人可以只申请竣工房屋的地上层部分登记，但须举证证明整个房屋建造的合法性

《民法典》第二百一十二条第二款规定，申请登记的不动产的有关情况需要进一步证明的，登记机构可以要求申请人补充材料，必要时可以实地查看。《不动产登记暂行条例》第十八条第（三）项规定，查验登记申请是否违反法律、行政法规规定属于登记机构的职责。在不动产登记实务中，《不动产登记暂行条例实施细则》第二条第一款规定，不动产登记应当依照当事人的申请进行，但法律、行政法规以及本实施细则另有规定的除外。据此可知，一般情形下，不动产登记依当事人的申请启动，是指当事人对其基于民事活动取得或设立的不动产权利，有向登记机构申请登记的自由，也有不向登记机构申请登记的自由，但一旦向登记机构申请登记，登记机构须对该不动产权利的取得或设立是否违反法律、

行政法规的规定进行审核，需要进一步证明其符合法律、行政法规规定的，登记机构可以要求申请人补充材料，必要时可以实地查看。本案中，已经竣工的一幢建筑物有地上层和地下层，虽然各自符合不动产单元的要求，但是，登记机构须对该房屋整体是否按照建设工程规划许可证许可的范围建造而成进行审核，以判定申请首次登记的地上部分房屋是否依法具有所有权，即判定申请首次登记的地上部分房屋是否具有登记能力。为此，登记机构有权要求申请人提交相关材料证明房屋整体建造的合法性，即若地上部分与地下部分的建设工程规划许可证是一并办理的，则提交建设工程规划许可证和房屋整体的测绘成果报告证明房屋整体建造的合法性；若地上部分与地下部分的建设工程规划许可证是分别办理的，则应当同时提交地上部分与地下部分的建设工程规划许可证、房屋地上部分与地下部分的测绘成果报告（也可以是房屋整体的测绘成果报告）证明房屋整体建造的合法性。

三、地下层是否单独成幢的判定

按《不动产登记暂行条例实施细则》第五条第四款规定，房屋的不动产单元有幢、层、套、间。据此可知，合法建造的房屋，申请人可以按幢、层、套、间为不动产单元申请所有权首次登记。因此，如果地下层和地上的二幢以上的房屋是连通的，且各自满足基本单元要求时，笔者认为，该地下层不宜作为地上的任何一幢房屋的组成部分，应该单独成幢，若如此，则房屋的地上部分、地下部分申请所有权首次登记时，登记机构应当分别审核其权利取得或设立的合法性，无须同时审查其权利取得或设立的合法性。

第 16 问　首次登记中，农村村民的自留地按何种物权类型登记

问：《民法典》第一百一十六条规定，物权的种类和内容，由法律规定。但现时的法律没有规定农村村民的自留地属于何种物权，那么，村民申请自留地首次登记时，按什么物权类型登记？

第一部分　首次登记

笔者认为，农村村民申请自留地首次登记时，可以按集体土地使用权登记。

据笔者查考，自留地制度的建立，始于《农村人民公社工作条例（修正草案）》。《农村人民公社工作条例（修正草案）》第四十条规定，允许社员耕种由人民公社分配的自留地。自留地一般占生产大队耕地面积的百分之五到七，长期归社员家庭使用。据此可知，自留地是人民公社分配给村民长期使用的土地。此制度建立至今，国家没有关于废除此制度的规定，只是自留地的分配权由建立初期的人民公社变更为后来的农村集体经济组织或村民小组。按《民法典》第三百九十九条第（二）项规定，一般情形下，宅基地、自留地、自留山等集体所有土地的使用权不得抵押。据此可知，自留地是村民对农民集体所有的土地享有的使用权，是一种用益物权。概言之，自留地是村民基于分配方式享有的一种集体土地上的用益物权。《民法典》第三百三十三条第一款规定，土地承包经营权自土地承包经营权合同生效时设立。质言之，土地承包经营权合同是土地承包经营权的权利凭证。换言之，农村土地承包经营权是权利人基于承包方式享有的一种集体土地上的用益物权。据此可知，自留地、农村土地承包经营权虽然都是在农村集体土地上设立的用益物权，但自留地不是农村土地承包经营权，农村土地承包经营权是法定的物权种类，自留地却没有专门的法定的物权名称。

按《民法典》第三百九十九条第（二）项规定，一般情形下，宅基地、自留地、自留山等集体所有土地的使用权不得抵押。据此可知，"集体所有的土地使用权"（简称集体土地使用权）属于法律规定的物权种类，且集体土地使用权包括自留地权利。笔者据此认为，集体土地使用权是在农民集体所有的土地上设立的用益物权的大类，之下才细分出宅基地使用权、集体建设用地使用权、土地承包经营权等。由于自留地没有专门的法定的物权名称，故只能依法称其为"集体土地使用权"。因此，在不动产登记实务中，自留地可以登记为"集体土地使用权"，但须在登记簿和不动产权属证书附记栏加注"自留地"。

《森林法》第三条第二款规定，国家所有的和集体所有的森林、林木和林地，个人所有的林木和使用的林地，由县级以上地方人民政府登记造册，发放证书，确认所有权或者使用权。据此可知，林地使用权是法律规定的物权种类，因此，若申请人申请有林木的自留地登记时，则可以将林木占用范围内的自留地登记为林地使用权，但须在登记簿和不动产权属证书附记栏加注"自留地"。

第17问　国有建设用地使用权用途与地上建造的房屋用途不一致时，登记机构可否办理首次登记

某合法建造并竣工的高层建筑物，国有建设用地使用权证上载明的用途为城镇住宅用地，建设工程规划许可证则明确载明建筑物第1~3层的用途为办公，规划验收及综合验收都已完成，并取得相关手续。现向登记机构申请房屋所有权首次登记。问：合法取得的国有建设用地使用权的用途与地上合法建造并竣工的房屋用途不一致的，登记机构可否按正常程序为申请人办理房屋所有权首次登记？

笔者认为，虽然合法取得的国有建设用地使用权的用途与地上合法建造并竣工的房屋用途不一致，但登记机构应当按正常程序为申请人办理房屋所有权首次登记。

一、申请登记的房地产权利是合法的，登记机构就应当支持

《城乡规划法》第六十四条第一款规定，未取得建设工程规划许可证或者未按照建设工程规划许可证的规定进行建设的，由县级以上地方人民政府城乡规划主管机关责令停止建设；尚可采取改正措施消除对规划实施的影响的，限期改正，处建设工程造价百分之五以上百分之十以下的罚款；无法采取改正措施消除影响的，限期拆除，不能拆除的，没收实物或者违法收入，可以并处建设工程造价百分之十以下的罚款。质言

第一部分 首次登记

之,只要是按照建设工程规划许可证的许可范围建造的房屋,就是合法建造的房屋。据此可知,本问中,"建设工程规划许可证明确载明建筑物第1~3层的用途为办公,规划验收及综合验收都已完成,并取得相关手续",表明房屋是按照建设工程规划许可证的许可范围建造、竣工并取得相关的验收手续,属于合法建造的房屋。《民法典》第二百三十一条规定,因合法建造、拆除房屋等事实行为设立或者消灭物权的,自事实行为成就时发生效力。质言之,合法建造的房屋,自其竣工时起,无须登记,权利人即依法、即时取得该房屋的所有权。据此可知,本问中,自按照建设工程规划许可证许可的范围建造而成的该高层建筑物竣工时起,权利人已经对其依法享有了所有权。

《民法典》第二百一十六条第一款规定,不动产登记簿是物权归属和内容的根据。按该法第二百一十七条规定,不动产权属证书是权利人享有该不动产物权的证明。按该法第三百四十九条规定,设立建设用地使用权的,应当向登记机构申请建设用地使用权登记。建设用地使用权自登记时设立。质言之,已经记载在登记簿上并持有相关权属证书的建设用地使用权,就是权利人已经合法取得或享有的建设用地使用权。据此可知,本问中,"国有建设用地使用权证上载明的用途为城镇住宅用地",表明当事人对其享有的建设用地已经完成使用权首次登记并持有权属证书,权利人据此享有合法的建设用地使用权。

在不动产登记实务中,《不动产登记暂行条例实施细则》第三十三条第二款规定,依法利用国有建设用地建造房屋的,可以申请国有建设用地使用权及房屋所有权登记。因此,本问中,如前所述,申请所有权首次登记的房屋,虽然房屋用途与其占用范围内的土地用途不一致,但房屋是合法建造的,该房屋占用范围内的建设用地使用权也是合法有效的,故权利人将其已经依法享有的房屋所有权申请首次登记,登记机构应当支持。

二、本问的实务处理

《城乡规划法》第三十七规定，在城市、镇规划区内以划拨方式提供国有土地使用权的建设项目，经有关机关批准、核准、备案后，建设单位应当向城市、县人民政府城乡规划主管机关提出建设用地规划许可申请，由城市、县人民政府城乡规划主管机关依据控制性详细规划核定建设用地的位置、面积、允许建设的范围，核发建设用地规划许可证。建设单位在取得建设用地规划许可证后，方可向县级以上地方人民政府土地主管机关申请用地，经县级以上人民政府审批后，由土地主管机关划拨土地。该法第三十九条规定，规划条件未纳入国有土地使用权出让合同的，该国有土地使用权出让合同无效；对未取得建设用地规划许可证的建设单位批准用地的，由县级以上人民政府撤销有关批准文件；占用土地的，应当及时退回；给当事人造成损失的，应当依法给予赔偿。该法第四十条第二款规定，申请办理建设工程规划许可证，应当提交使用土地的有关证明文件、建设工程设计方案等材料。据此可知，一般情形下，房屋的规划用途与其占用范围内的土地用途应当保持一致。但是，在不动产登记实务中，房屋的规划用途与其占用范围内的土地用途不一致的情形时有出现，笔者认为，对房屋的规划用途与其占用范围内的土地用途不一致的原因，登记机构无须过问，只要房屋是合法建造的，房屋占用范围内的建设用地使用权是申请人合法取得或享有的，则该房地产权利就是合法的，登记机构据此办理的房地产权利登记就不违反法律、行政法规的禁止性规定。在不动产登记实务中，《国土资源部关于启用不动产登记簿证样式（试行）的通知》（国土资发〔2015〕25号）附不动产登记簿样式及使用填写说明载明：房地产权利登记信息中房屋用途按建设工程规划许可文件及其所附图件上确定的用途填写。因此，本问中，尽管登记簿上记载的国有建设用地使用权用途为城镇住宅用地，但房屋用途须按建设工程规划许可证载明的用途记载为办公。

第一部分 首次登记

第 18 问 房屋实际建筑面积由于计算标准原因而大于规划验收凭证载明建筑面积的，登记机构可否登记

一处房屋竣工验收时，规划行政主管部门出具的规划验收合格意见书载明建筑面积 15 000 平方米，权利人申请房屋所有权首次登记时，登记申请书和房产测绘报告载明建筑面积 16 800 平方米。经登记机构核查，房屋建造情况符合规划条件，造成规划验收合格意见书和房产测绘报告上面积差异的原因，是规划验收测绘和房产测绘依据的技术规范不同，如封闭式阳台规划验收按一半计算建筑面积，但房产测绘则全部计算建筑面积。问：登记机构可否按 16 800 平方米的建筑面积为申请人办理房屋所有权首次登记？

笔者认为，登记机构可以按 16 800 平方米的建筑面积为申请人办理房屋所有权首次登记。

《城乡规划法》第四十五条第一款规定，县级以上地方人民政府城乡规划主管机关按照国务院规定对建设工程是否符合规划条件予以核实。质言之，核实建设工程是否符合规划条件是规划行政主管机关的法定职责。换言之，规划行政主管机关核发的规划验收合格证明是建设工程按照规划条件建造的证明。申言之，符合规划条件建造并竣工的房屋属于合法建造的房屋。《民法典》第二百三十一条规定，因合法建造、拆除房屋等事实行为设立或者消灭物权的，自事实行为成就时发生效力。质言之，合法建造的房屋，自其竣工时起，权利人无须登记即依法、即时享有该房屋的所有权。因此，本问中，申请人申请所有权首次登记的房屋，有规划验收合格意见书证明其是合法建造的房屋，竣工后，权利人申请将其已经依法、及时享有的房屋所有权首次记载在登记簿上，登记机构应当予以办理。

在不动产登记实务中，《不动产登记暂行条例实施细则》第十六条第（一）项规定，房屋等建筑物、构筑物申请所有权首次登记时，登记机构应当查看房屋坐落及其建造完成等情况。质言之，查看现场，核实申请所有权首次登记的房屋情况是登记机构应当遵守的程序。本问中，申请人申请所有权首次登记的房屋实际建筑面积大于规划验收合格意见书载明的建筑面积，不是因权利人违反规划条件建造所致，而是在遵循规划条件的前提下建造后，因规划验收测绘和房产测绘依据的技术规范不同所致。因此，登记机构在查看现场时，要查明申请所有权首次登记的房屋实际建造情况与规划条件是否一致，如果规划验收证明上载明的房屋情况与查看现场查明的房屋建造情况一致的，登记机构应当在现场查看记录中描绘：房产测绘成果报告载明的房屋实际建造情况与规划验收证明载明的一致。若如此，规划验收证明、房产测绘成果报告和现场查看记录组合，构成申请登记的内容合法的证明，登记机构可凭此结合其他相关登记申请材料为申请人办理房屋所有权首次登记，即本案中，登记机构应当将规划验收合格意见书、房产测绘成果报告和现场查看记录组合后，按 16 800 平方米的建筑面积为申请人办理房屋所有权首次登记。

如果申请人不能提交规划验收手续，但能提交盖有规划审图章的设计平面图，且登记机构查看现场核验房屋建造情况与该设计平面图、测绘成果报告一致的，则房屋的建造也是合法的，登记机构可以按测绘成果报告载明的建筑面积办理房屋所有权首次登记。

第二部分　变更登记

第 19 问　权利人申请因拆除部分房屋产生的变更登记时,是否应当提交规划许可手续

某企业有一幢主体 5 层、局部 6 层的综合楼。由于种种原因,该企业将局部的第 6 层全部拆除后,向登记机构申请因面积减少产生的变更登记。问:该企业申请因面积减少产生的变更登记时,是否应当提交规划许可手续?

笔者认为,某企业申请因面积减少产生的变更登记时,无须向登记机构提交规划许可手续。

一、权利人拆除房屋的行为不是工程建设行为,无须取得规划许可手续

《城乡规划法》第四十条第一款规定,在城市、镇规划区内进行建筑物、构筑物、道路、管线和其他工程建设的,建设单位或者个人应当向城市、县人民政府城乡规划主管机关或者省、自治区、直辖市人民政府确定的镇人民政府申请办理建设工程规划许可证。质言之,在城镇规划区范围内实施建筑物、构筑物等工程建设行为的,须取得规划行政许可手续。笔者对此作反面解释,在城镇规划区范围内实施的不是建筑物、构筑物等工程建设行为的,则无须取得规划行政许可手续。据此可知,本问中,权利人对自己依法享有所有权的房屋的第 6 层实施拆除,不属于工程建设行为,无须取得规划许可手续,故某企业向登记机构申请因面积减少产生的变更登记时,无须提交规划许可手续。

二、权利人申请的因拆除部分房屋导致面积减少产生的变更登记中有注销登记的元素，是一种复合登记

《民法典》第二百三十一条规定，因合法建造、拆除房屋等事实行为设立或者消灭物权的，自事实行为成就时发生效力。质言之，以拆除房屋的事实行为消灭房屋物权的，自拆除事实行为成就时起，被拆除部分的房屋物权消灭。据此可知，本问中，权利人对自己依法享有所有权的房屋的第六层实施拆除，自拆除完毕时起，该房屋第 6 层的所有权依法消灭。在不动产登记实务中，《不动产登记暂行条例实施细则》第二十八条第一款第（一）项规定，不动产灭失属于当事人申请注销登记的情形。据此可知，本问中，某企业因拆除而使房屋的第 6 层灭失，向登记机构申请注销登记的事由成就。但是，该房屋没有被拆除的第 1~5 层的所有权仍然存续。该实施细则第二十六条第（二）项规定，不动产面积变更属于当事人申请变更登记的情形。据此可知，如前所述，本问中，某企业局部拆除自己享有所有权的房屋，使房屋实体部分灭失而导致房屋的建筑面积减少，成就了该企业申请变更登记的事由。概言之，某企业因局部拆除房屋，成就了其申请注销登记和变更登记的事由，那么，该企业是向登记机构申请因房屋面积减少产生的变更登记，还是申请因局部房屋灭失产生的注销登记？笔者认为，某企业应该向登记机构申请因房屋面积减少产生的变更登记，变更登记完成后，该房屋第 6 层的所有权随之被注销，但没有被拆除的第 1~5 层的所有权仍然被记载在登记簿上，即此变更登记中有注销登记的元素，是一种复合登记。

第 20 问　成年盲人该怎样申请房屋变更登记

有一成年盲人来不动产登记机构申请因权利人姓名变更产生的房屋变更登记，由于盲人不能写字，请其他办理不动产登记的人代其签名，盲人在该签名上盖了手印。问：盲人在他人代为签名处盖上自己手印的登记申请书，登记机构可否受理？如果登记机构不能受理，是否应当由

第二部分 变更登记

该成年盲人的监护人代为申请登记？

笔者认为，盲人在他人代为签名处盖上自己手印的登记申请书，登记机构不能受理，也不应当由盲人的监护人代其申请登记，而应当由盲人的代理人代其申请登记。

一、成年盲人不是限制民事行为能力人或无民事行为能力人，不属于由监护人代为申请登记的情形

按《民法典》第十八条第二款、第十九条、第二十条、第二十一条、第二十二条、第二十七条、第二十八条和第一百六十一条规定，未满十八周岁的未成年人（不包括十六周岁以上不满十八周岁的，以自己的劳动收入为主要生活来源的未成年人）、不能辨认自己行为的成年人、不能完全辨认自己行为的成年人为无民事行为能力人、限制民事行为能力人，一般情形下，无民事行为能力人、限制民事行为能力人需要监护人代为从事民事活动，且监护人只能由无民事行为能力人、限制民事行为能力人的父母、近亲属、亲属及经过相关组织同意、指定的人担任，或由相关组织担任，即无民事行为能力人、限制民事行为能力人不能依自己的意思表示为其选定监护人，监护人是按照法律的规定产生的。而具有民事行为能力的人则可以依自己的意思为自己选定代理人代为从事民事活动。因此，本问中，申请房屋变更登记的成年盲人能辨识自己的行为，只是不能正常实施该行为，即成年盲人不属于限制民事行为能力人或无民事行为能力人，依法不需要监护人代其申请房屋登记，但其可以自行选定代理人代为申请房屋登记。

二、代理人代成年盲人申请房屋登记时，也应当提交授权委托书

在不动产登记实务中，《不动产登记暂行条例实施细则》第十二条第一款、第二款和第三款规定，当事人可以委托他人代为申请不动产登记。代理申请不动产登记的，代理人应当向不动产登记机构提供被代理人签字或者盖章的授权委托书。自然人处分不动产，委托代理人申请登记的，应当与代理人共同到不动产登记机构现场签订授权委托书，但授权委托书经公证的除外。据此可知，本问中，申请房屋变更登记的成年盲人，在不能"看"的前提下无法按规定向登记机构提交申请材料，且不能按规定在登记申请书上填写相关登记信息，换言之，该成年盲人不能按规定申请房屋登记，属于民事行为能力不足的情形，应当由其代理人代为申请。但代理人代其申请房屋登记时，应当提交该盲人签字或者盖手印的授权委托书。虽然其他办理不动产登记的人代盲人在登记申请书人上签名，有代其申请房屋变更登记之意，若不与该盲人出具的授权委托书组合，盲人在他人代为签名处盖上自己手印的登记申请书，登记机构也不应当受理。另外，成年盲人需要申请的是因权利人姓名变更产生的变更登记，而非转让、抵押等处分房屋产生的登记，故授权委托书可以在登记机构现场办理，也可以在他处办理。代理人凭在他处办理的授权委托书代为申请变更登记的，登记机构宜将变更登记内容、代理人姓名予以公告，以辅助审查其真实性。由于此公告由登记机构自行启动，不属于《不动产登记暂行条例实施细则》第十七条规定的应当公告的情形，故公告期间应当计入登记办结时限。

第21问　将个体工商户名下的房屋登记到投资人名下适用什么登记

有一个体工商户张三，营业执照上的字号为"张牛肉经营部"。2017年11月，张三以"张牛肉经营部"的名义购得一门市，登记的所有权人为"张牛肉经营部"。现张三持身份证明、个体工商户营业执照、不动产权属证书等材料，向登记机构申请将房屋由"张牛肉经营部"名下登记到张三名下。问：欲将房屋从"张牛肉经营部"名下登记到张三名下，适用什么登记？

笔者认为，欲将房屋从"张牛肉经营部"名下登记到张三名下，适用权利人姓名变更产生的变更登记。

第二部分 变更登记

一、个体工商户可以以其字号申请房屋登记

张三申请将房屋所有权人登记为"张牛肉经营部"时适用的《民法总则》第五十四条规定，自然人从事工商业经营，经依法登记，为个体工商户。个体工商户可以起字号。（现时的《民法典》第五十四条做了同样的规定。）《个体工商户条例》第二条第三款规定，个体工商户的合法权益受法律保护，任何单位和个人不得侵害。据此可知，个体工商户可以以自己的字号的名义参与民事活动并享有由此取得的合法权益。因此，本问中，个体工商户张三以"张牛肉经营部"的名义购得一门市，登记机构应张三的申请将该门市登记在"张牛肉经营部"名下，是对个体工商户合法权益予以保护的具体体现，于法于规有据，并无不当。

二、将房屋从个体工商户名下登记到投资人名下，适用变更登记

在司法实务中，《民法通则司法解释》第四十一条规定，起字号的个体工商户，在民事诉讼中，应以营业执照登记的户主（业主）为诉讼当事人，在诉讼文书中注明系某字号的户主。据此可知，个体工商户的权益受到侵犯产生诉讼时，由其投资人作为诉讼的当事人，但诉讼文书中须注明该投资人系某字号的投资人，表明个体工商户等同于其投资人，个体工商户的字号相当于其投资人的别名，如本问中，"张牛肉经营部"相当于投资人张三的别名。在不动产登记实务中，《不动产登记暂行条例实施细则》第二十六条第（一）项规定，权利人的姓名、名称变更属于申请变更登记的情形。因此，本问中，欲将房屋从"张牛肉经营部"名下登记到张三名下，适用权利人姓名变更产生的变更登记。

三、将房屋从个体工商户名下登记到投资人名下的实务处理

《民法典》第五十六条第一款规定，个体工商户的债务，个人经营的，以个人财产承担；家庭经营的，以家庭财产承担；无法区分的，以家庭财产承担。《个体工商户条例》第二条第二款规定，个体工商户可以个人经营，也可以家庭经营。该条例第八条第二款规定，组成形式是个体工

商户登记的事项。据此可知，个体工商户的经营，有个人经营和家庭经营两种方式，由此取得的权益也有个人单独享有和家庭共同享有两种方式。因此，在不动产登记实务中，当事人申请将登记在个体工商户字号下的不动产变更登记到投资人名下时，可以申请登记为投资人个人单独所有，也可以申请登记为投资人与其他家庭成员共同所有，判定标准为个体工商户营业执照上载明的组成形式，组成形式为个人经营的，则应当申请登记为经营者个人单独所有；组成形式为家庭经营的，则应当由家庭成员共同申请登记为共有。家庭成员的判定标准，以取得不动产时的户口簿上记载的家庭成员为准。笔者认为，家庭成员中没有参与经营的未成年人，属于被监护对象，对家庭财产的积累没有贡献，不宜作为财产的共有人申请登记。

第三部分 转移登记

第 22 问 有限责任公司改组为股份公司产生的不动产登记，适用什么登记类型

有一个有限责任公司改组为股份公司，市场监督（工商质监）管理机关出具的证明显示：公司名称由"某有限责任公司"变更为"某股份有限公司"，公司注册号不变。现该公司向登记机构申请不动产登记。问：有限责任公司改组为股份公司产生的不动产登记，适用什么登记类型？

笔者认为，有限责任公司改组为股份公司产生的不动产登记，适用投资入股产生的转移登记。

一、有限责任公司与股份公司是两种不同的企业法人，有限责任公司改组为股份公司产生的不动产登记适用转移登记

《公司法》第二条规定，公司是指依照本法在中国境内设立的有限责任公司和股份有限公司。该法第三条第一款规定，公司是企业法人，有独立的法人财产，享有法人财产权。该法第九条第一款规定，有限责任公司变更为股份有限公司，应当符合本法规定的股份有限公司的条件。该法第九十六条规定，有限责任公司变更为股份有限公司时，折合的实收股本总额不得高于公司净资产额。据此可知，有限责任公司与股份公司属于两种不同的公司法人，分别享有各自的法人财产。换言之，财产由有限责任公司名下变动到股份公司名下，或财产从股份公司名下变动到有限责任公司名下，是从此法人名下变动到彼法人名下。申言之，

财产由有限责任公司名下变动到股份公司名下，属于财产的权利主体变动，变动原因为原有限责任公司入股改组后的股份公司。在不动产登记实务中，按《不动产登记暂行条例实施细则》第二十七条第（二）项规定，以不动产作价入股属于当事人申请转移登记的情形。因此，本问中，某有限责任公司申请因改组为股份公司产生的不动产登记，登记原因为原有限责任公司以实物投资入股的方式入股改组后的股份公司，故应当适用转移登记。

二、营业执照上载明的企业类型变动的，申请的不动产登记适用转移登记，不变的，适用变更登记

在不动产登记实务中，有按市场监督（工商质监）管理机关颁发的营业执照上记载的公司注册号是否变动作为适用登记类型标准的做法，即营业执照上记载的公司注册号变动的，申请人申请的不动产登记适用转移登记，营业执照上记载的公司注册号不变的，适用变更登记。笔者不支持此做法。《工商行政管理注册号编制规则》第三条第（一）项和第（六）项规定，对于新设立的市场主体，一律按照《注册号编制规则》进行赋号。市场主体按照《注册号编制规则》赋号后，其注册号码在全国唯一、终身不变，任何一个市场主体只能拥有一个工商注册号，任何一个工商注册号只能赋予一个市场主体。因此，在市场主体的类型依照有关的登记管理规定发生变化时（如内外资互转），将不再赋予更新注册号。据此可知，营业执照上记载的注册号码，虽然是该市场主体在全国唯一、终身不变的号码，但也是该市场主体在新设立时被赋予的号码，且不因该市场主体类型的变动而变动。按《公司登记管理条例》第九条和第十六条规定，公司类型属于登记事项，公司类型有有限责任公司和股份有限公司。据此可知，作为公司类型的有限责任公司和股份有限公司，是公司登记外在表征形式的营业执照记载的内容。如前所述，公司类型变动，则公司从此法人变动为彼法人，并由此导致原公司名下的不动产的权利主体的变动，因此产生的不

动产登记适用转移登记。笔者据此认为，登记机构不应当按营业执照上记载的公司注册号是否变动作为适用登记类型的判定标准，而应当以营业执照上记载的企业类型是否变动作为适用登记类型的判定标准，即营业执照上载明的企业名称、企业类型变动产生的不动产登记，适用转移登记，营业执照上载明的企业名称变动，但企业类型不变产生的不动产登记，适用变更登记。

第 23 问　人民法院的庭审笔录复印件，登记机构可否用作转移登记的证据材料

由于夫妻离婚前买的是期房，夫妻共同签订了商品房预售合同。离婚民事调解书上没有关于此房屋归属的内容，但申请人申请将房屋从房地产开发公司名下转移登记给女方单独所有时，提交的人民法院的庭审笔录复印件上的调解协议中有关于房屋归女方的记载。问：登记机构可否凭民事调解书和人民法院的庭审笔录复印件将该房屋登记为女方单独所有？

笔者认为，登记机构不能凭民事调解书和人民法院的庭审笔录复印件将该房屋登记为女方单独所有。

一、在申请人提交离婚民事调解书的情形下，作为此离婚民事调解书制作基础的庭审笔录不能作为登记证据材料

《民事诉讼法》第九十七条规定，调解达成协议，人民法院应当制作调解书。调解书经双方当事人签收后，即具有法律效力。该法第九十八条第二款规定，对不需要制作调解书的协议，应当记入笔录，由双方当事人、审判人员、书记员签名或者盖章后，即具有法律效力。笔者据此认为，经过起诉由人民法院调解结案的案子，如果制作民事调解书的，案件结果以民事调解书载明的内容为准，即民事调解书具有法律效力，庭审笔录的记载只是人民法院制作民事调解书的基础，由人民法院立卷、归档后备查，没有法律效力。如果是不需要人民法院制作民事调解书的，则案件结果以有双方当事人、审判人员、书记员签名或者盖章的庭审笔录载明的内容为准，即此庭审笔录才具有法律效力。因此，本问中，申请人在已经提交了离婚民事调解书的前提下，登记机构应当将此离婚民事调解书用作办理登记的证据材料，而申请人同时提交的庭审笔录则不宜用作办理登记的证据材料。为此，登记机构不能凭民事调解书和人民法院的庭审笔录复印件将该房屋登记为女方单独所有。

二、本问中，庭审笔录不宜用作办理登记的证据材料的原因分析

本问中，既然庭审笔录记载的调解协议中有房屋归女方的内容，但据此庭审笔录制作的离婚民事调解书中却没有该房屋归女方的内容，笔者认为有两种可能：一是人民法院的疏漏，即人民法院制作的离婚民事调解书有笔误。按《民事诉讼》第一百五十四条第一款第（七）项规定，人民法院的裁判文书出现笔误时，应当以裁定书的方式予以补正。据此可知，本问中，制作离婚民事调解书的人民法院应当以裁定书的方式将"房屋归女方"的内容作补正，若如此，离婚民事调解书与补正裁定书组合，可以作为将房屋登记给女方单独所有的证据材料。二是人民法院因种种原因将"房屋归女方"的内容排除在离婚民事调解书载明的内容外，即人民法院对此内容没有作确认，究竟是何种原因，属于对离婚民事调解书实体审查的范围，登记机构无权过问，也无须过问。但在离婚民事调解书没有载明"房屋归女方"的情形下，登记机构凭作为该离婚民事调解书制作基础的庭审笔录的记载将房屋登记给女方单独所有，没有法律上的依据。

三、本问的实务处理

离婚民事调解书上载明的内容是经人民法院确认的协议内容，对此协议没有载明的内容，原夫妻可以另行协议解决，此另行解决协议属于当事人新建立的法律关系，原夫妻关于约定其共有不动产的归属而另行签订的协议，登记机构可以用作登记的证据材料。本问中，如果将房屋

登记给女方单独所有是男女双方真实意思的表示，登记机构可以建议男女双方另行协议约定房屋归女方，然后由女方与房地产开发公司凭此约定、原商品房预售合同等材料，共同申请将房屋登记给女方单独所有。虽然人民法院庭审笔录上载明的协议中有关于"房屋归女方"的内容，但基于此制作的民事调解书却没有载明，应当视为民事调解书对此内容予以了变更，该房屋属于男女双方离婚时未作分割的财产。男女双方现时约定"房屋归女方"的协议，则是对基于离婚民事调解书解除婚姻关系时没有分割的财产进行的分割，此协议是登记机构将房屋登记给女方单独所有的当然的证明材料。

第 24 问　分割转让房屋产生的转移登记，登记机构可否直接办理

一幢已经办理首次登记的 6 层的办公房，上三层和下三层分别转让给两个自然人。问：登记机构是否必须要求当事人先行按上三层和下三层申请办理分割房屋产生的变更登记后，才可以申请办理转让转移登记给受让方？

笔者认为，分割转让已经办理首次登记的房屋，登记机构可以应当事人的申请直接为其办理转让转移登记。

一、登记机构可以应当事人的申请直接为其办理分割转让房屋产生的转移登记

按《不动产登记暂行条例实施细则》第二十七条第（四）项规定，不动产分割导致权利发生转移属于当事人申请转移登记的情形。据此可知，本问中，一幢 6 层的办公房，上三层和下三层分别转让给两个自然人，系因房屋分割转让导致的房屋所有权转移，当事人可以凭转让合同、房屋分割后的权籍调查成果报告（测绘成果报告）等材料直接申请转让转移登记，登记机构也应当应当事人的申请，直接为其办理分割转让房屋产生的转移登记，无须要求申请人先行按上三层和下三层申请办理分割房屋产生的变更登记。

二、分割转让房屋产生的转移登记中的不动产单元的处理

《不动产登记暂行条例》第八条第一款规定，不动产以不动产单元为基本单位进行登记。在不动产登记实务中，《不动产登记暂行条例实施细则》第五条第四款规定，房屋的不动产单元为幢、层、套、间。质言之，申请登记的房屋必须满足不动产单元的要求，换言之，申请人必须以幢、层、套、间为不动产单元申请房屋登记。当然，毗邻的、连续的若干层、间，其权属界线可以封闭为一个空间的，也可以组合为一个不动产单元。据此可知，本问中，一幢6层的办公房，上三层和下三层分别转让给两个自然人，当事人是以层为不动产单元申请登记，还是按上三层或下三层组合形成的不动产单元申请登记，都满足不动产单元的要求。

三、分割转让房屋产生的转移登记中应当注意的问题

本问在实务处理中，需注意的是实施分割产生的测绘时，应当处理好梯间等共有共用部分的分摊。如果权籍调查成果报告显示的房屋总建筑面积与登记簿上的记载不一致时，应当告知申请人先行申请办理因面积变更产生的变更登记后，再申请分割转让产生的转移登记。也可以将面积变更登记与转让转移登记一并申请，登记机构合并受理后，满足登记要求的，按次序在登记簿上作记载。

第25问 受托人可否凭概括代理手续代委托人申请转让转移登记

某受托人代委托人申请房屋转让转移登记时，提交的公证委托书载明"委托某人代为办理转让房屋的一应手续"。问：受托人可否凭此委托书代委托人申请转让转移登记？

笔者认为，受托人可凭此委托书代委托人申请转让转移登记。

此委托书为法学理论上所称的概括代理，代理权范围无特别限定之代理，称为概括代理[①]。就本问而言，委托人"委托某人代为办理转让房

---

① 梁慧星：《民法总论》，法律出版社2001年版，第103页。

屋的一应手续",从文义上解释,可以理解为受托人有权代为办理与转让房屋相关的一切手续,当然也包括代为申请转让转移登记。从目的上解释,委托人转让房屋的目的就是获取购房款,同时将房屋所有权转移给受让人,故"办理转让房屋的一应手续"可以理解为受托人可以代为办理与转让房屋相关的全部手续,也包括代为申请转让转移登记。概言之,本问中,受托人可凭此委托书代委托人申请转让转移登记。《民法典》第一百六十一条第一款规定,民事主体可以通过代理人实施民事法律行为。该法第一百六十二条规定,代理人在代理权限内,以被代理人名义实施的民事法律行为,对被代理人发生效力。据此可知,本问中,如前所述,受托人代委托人申请房屋转让转移登记,属于在代理权限内以委托人的名义实施的行为,是合法行为。故受托人凭此委托书代委托人申请的转让转移登记,登记机构应当受理。

第26问 自己代理和双方代理中的代理人可否代当事人申请房屋转移登记

在不动产登记实务中,常有买房人持卖房人的授权委托书单方申请转让转移登记,委托书中授权受托人"代为签订房屋买卖协议和办理房屋买卖过户手续"。还有第三人持买卖双方的委托书单方申请转让转移登记,买卖双方均授权受托人"代为签订房屋买卖协议和办理房屋买卖过户手续"。问:受托人可否凭此类委托书代当事人申请转让转移登记?

笔者认为,在现行制度环境下,受托人可以凭此类委托书代当事人申请转让转移登记。

本问中的此类委托,前者为自己代理,后者为双方代理。

自己代理,作为他人的代理人而与自己为法律行为[①]。双方代理的含义,是行为人一人同时为法律行为的双方充任代理人的情形[②]。《民法典》第一百六十八条规定,代理人不得以被代理人的名义与自己实施民事法

---

① 王利明:《民法学》,复旦大学出版社2004年版,第107页。
② 王利明:《民法学》,复旦大学出版社2004年版,第107页。

律行为，但是被代理人同意或者追认的除外。代理人不得以被代理人的名义与自己同时代理的其他人实施民事法律行为，但是被代理的双方同意或者追认的除外。据此可知，在代理制度中，自己代理与双方代理均是被禁止的行为。这可以看作是代理权的限制。当然，如果发生了自己代理与双方代理，也并不意味着该行为自然无效，如能得到被代理人或者法律行为双方当事人的同意，该代理行为也可以有效[①]。在不动产登记实务中，《不动产登记暂行条例实施细则》第十二条第三款规定，自然人处分不动产，委托代理人申请登记的，应当与代理人共同到不动产登记机构现场签订授权委托书，但授权委托书经公证的除外。概言之，受托人可凭自己代理、双方代理的授权委托书，代委托人申请房屋转让转移登记，但在转让、抵押房屋产生的转移登记、抵押权登记中，自然人出具的自己代理和双方代理的委托手续，应当是经过公证的或在登记机构的登记窗口签订的。

第27问　有抵押权负担的房屋，登记机构可否为当事人办理继承转移登记

房屋办理抵押权登记后，房屋所有权人即抵押人死亡，现继承人持继承手续、不动产权属证书等材料申请继承转移登记。问：有抵押权负担的房屋，登记机构可否办理继承转移登记？

一、笔者曾经的认为

（一）有抵押权负担的房屋产生的转移登记，登记机构不得办理

《物权法》第一百七十九条第一款规定，为担保债务的履行，债务人或者第三人不转移财产的占有，将该财产抵押给债权人的，债务人不履行到期债务或者发生当事人约定的实现抵押权的情形，债权人有权就该财产优先受偿。在不动产登记实务中，《不动产登记操作规范（试行）》

[①] 王利明：《民法学》，复旦大学出版社2004年版，第107页。

4.8.2条之5规定，申请登记的事项与不动产登记簿的记载相冲突的，属于不予登记的情形。据此可知，抵押权是确保被其担保的债权实现的定限物权，由于定限物权通常是根据所有权人的意志或者法律规定所设立的，以所有权的一定权能为内容，因此其为所有权上的负担，有限制所有权的作用，其效力优于所有权，故也称为限制物权[①]。因此，如果登记机构为有抵押权负担的房屋办理转移登记，则转移登记完成后，此房屋的所有权转移，突破了抵押权对抵押房屋所有权中的处分权能的限制，使抵押权担保债权实现的目的落空，有悖于法律的规定，且申请人申请的转移所有权的转移登记，与登记簿上记载的限制所有权转移的抵押权登记相冲突，属于不予登记的情形，故本问中，有抵押权负担的房屋，登记机构不得为当事人办理继承转移登记。

（二）有抵押权负担的房屋产生的继承转移登记，继承人须先行申请抵押权注销登记后，才可以申请继承转移登记

《继承法》第二条规定，继承自被继承人死亡时开始。《物权法》第二十九条规定，因继承取得物权的，自继承开始时发生效力。据此可知，继承人自被继承人死亡时开始，无须登记即依法、及时取得被继承房屋的所有权。按《不动产登记暂行条例》第十四条第二款第（二）项规定，因继承取得的房屋所有权，权利人（继承人）可以单方申请登记。但是，《继承法》第三十三条第一款规定，继承遗产应当清偿被继承人依法应当缴纳的税款和债务，缴纳税款和清偿债务以他的遗产实际价值为限。据此可知，继承人在因继承享有被继承人遗留的权利的同时，也因继承负有履行被继承人遗留债务的义务，此即《继承法》规定的概括继承原则。在不动产登记实务中，《不动产登记操作规范（试行）》9.3.4条之5规定，设有抵押权的，是否已经办理抵押权注销登记，系不动产登记机构办理转移登记时应当审查的要点。因此，本问中，鉴于抵押物权的定限性和

---

① 王利明：《民法学》，复旦大学出版社2004年版，第234页。

权利义务的概括继承原则,继承人应当自觉履行抵押权担保的债务并先行申请抵押权注销登记后,再向登记机构申请继承转移登记。也可以同时申请抵押权注销登记和继承转移登记,登记机构受理后,满足登记要求的,在登记簿上依次记载。

(三)其他

负有抵押权负担的房屋,若当事人申请的登记,对抵押权目的实现有影响时,如权利主体变动产生的转移登记,抵押房屋面积减少产生的变更登记,所有权人(抵押人)放弃所有权产生的注销登记等,登记机构均不应当办理。此外,则可以办理,如抵押房屋坐落的街道名称变更产生的变更登记等。

结论:有抵押权负担的房屋,登记机构不可以为当事人办理继承转移登记。

二、笔者现时的认为

《民法典》第二百三十条规定,因继承取得物权的,自继承开始时发生效力。该法第一千一百二十一条第一款规定,继承从被继承人死亡时开始。据此可知,被抵押的不动产物权,可以被依法继承,且自登记簿上记载的抵押人死亡时起,无须登记,继承人基于继承取得的被抵押的不动产物权依法、即时生效。因此,继承人申请其已经依法享有的被抵押的不动产物权转移登记,将该不动产物权登记在其名下,有法律上的依据。按《民法典》第一千一百六十一条规定,继承人以所得遗产实际价值为限清偿被继承人依法应当缴纳的税款和债务。据此可知,继承人在继承遗产时,一并继承被继承人生前依法应当缴纳的税款和应当清偿的债务。换言之,继承人继承被抵押的不动产后,对被该不动产担保履行的债务,有清偿的义务,即继承人继承被抵押的不动产后对该不动产上存在的抵押权无任何影响,因此,继承人继承被抵押的不动产后,该不动产上存在的抵押权负担由继承人承接,在债务没有按期履行或其他实现抵押权的条件成就时，抵押权人仍然可以就该抵押不动产行使抵押权。在不动产登记实务中，《不动产登记操作规范（试行）》4.8.2 条之 5 规定，申请登记的事项与不动产登记簿的记载相冲突的，属于不予登记的情形。如前所述，继承人继承被抵押的不动产后，该不动产上存在的抵押权负担由继承人承接，因此，继承人申请的继承抵押不动产产生的转移登记，与登记簿上记载在该不动产上的抵押权并不冲突，故继承人申请继承抵押不动产产生的转移登记不属于不予登记的情形。

结论：有抵押权负担的房屋，登记机构可以为当事人办理继承转移登记。

第 28 问　酒店可否分割销售并申请转移登记

有一幢按建设工程规划许可证载明的规划条件建造的酒店，由客房、歌厅、餐厅、厨房等构成。问：权利人可否按客房、歌厅、餐厅、厨房等各种用途的房屋所在的层或间进行分割销售？房屋竣工交付后，登记机构可否按分割销售的状况为买受人办理房屋所有权转移登记？

笔者认为，权利人不可以按客房、歌厅、餐厅、厨房等各种用途的房屋所在的层或间进行分割销售，房屋竣工交付后，登记机构也不得按分割销售的状况为买受人办理房屋所有权转移登记。

《不动产登记暂行条例》第八条规定，不动产以不动产单元为基本单位进行登记。不动产单元具有唯一编码。在不动产登记实务中，《不动产登记暂行条例实施细则》第五条第一款和第四款规定，不动产单元，是指权属界线封闭且具有独立使用价值的空间。房屋的不动产单元为幢、层、套、间。《不动产登记操作规范（试行）》4.8.2 条之 3 规定，申请登记的不动产不符合不动产单元设定条件的，属于不予登记的情形。据此可知：

1. 房屋竣工交付后，申请人应当按照不动产单元申请登记，换言之，房屋销售，也应当按不动产单元进行销售，否则，销售后的房屋申请所有权转移登记时，因不符合不动产单元的设定条件而不能被登记机构核准。

2. 申请人申请登记的房屋的不动产单元，必须同时满足有固定界限、可以独立使用、有明确且唯一的编码三个条件，否则，不具备成为房屋的不动产单元的条件，由此申请的房屋登记，登记机构不予核准。其中的固定界限，是指申请登记的房屋具有分隔墙体、分隔构件或其他明确的分隔标志。可以独立使用，是指不依赖于其他房屋而实现房屋自身的规划用途。房屋编码，是指登记机构赋予被核准登记的房屋的由28位数字和字母构成的编码，相似于自然人的身份证号码。

因此，本问中的酒店，是集餐饮、住宿、娱乐等多种用途的房屋为一体的具有综合使用功能的房屋组合体，即餐饮、住宿、娱乐等多种房屋的用途共同组合成酒店的整体的独立使用用途。如果允许其中的客房、歌厅、餐厅等各种用途的房屋，按其各自所在的层或间进行分割销售，则分割肢解了酒店的功能。因此，如果对客房、歌厅、餐厅按各自所在的层或间进行分割销售，虽然这些部分有分隔标志，但不能独立实现规划核准的"酒店"用途，即无法独立作为"酒店"使用，不具备成为不动产单元的条件，随之也不能获得登记机构赋予的编码，故本问中，权利人不能对这些部分进行分割销售，若分割销售了，房屋竣工交付后，登记机构也会以申请登记的房屋不符合不动产单元的设定条件为由而作不予登记处理。

酒店用途可能由一幢单体房屋发挥功能实现，也可能由多幢房屋发挥功能实现，但按《不动产登记暂行条例实施细则》第五条第四款规定，申请房屋登记的最大的不动产单元为幢。《不动产单元设定与代码编制规则》（GB/T 37346—2019）6.1条之（a）规定，一幢房屋等建筑物、构筑物（包括该幢房屋的车库、车位、储藏室等）归同一权利人所有的，宜划分为一个定着物单元，如别墅、工业厂房等。因此，酒店房屋登记，按幢登记为宜。如果酒店是由一幢房屋中毗邻、连续的若干层组成的，由于该毗邻、连续的若干层在平面、空间上的权属界线可以围成一个封闭的空间，则可由毗邻、连续的若干层组合成一个不动产单元申请登记。

第 29 问　监护人的房屋转让给被监护人产生的转移登记，登记机构可否办理

父母代其 9 岁的儿子与自己签订房屋转让合同，将登记在父母名下的房屋转让给儿子，现向登记机构申请转让转移登记。问：监护人的房屋转让给被监护人产生的转移登记，登记机构可否办理？

笔者认为，监护人的房屋转让给被监护人产生的转移登记，登记机构不能办理。

一、从法理上看

本问中，父母代其 9 岁的儿子与自己签订房屋转让合同，属于代理该未成年子女与自己为有偿的相互履行义务的法律行为，此代理属于自己代理。从代理的角度看，如果发生了自己代理与双方代理，也并不意味着该行为自然无效，如能得到被代理人本人或法律行为双方当事人的同意，该代理行为也可以有效[①]。质言之，得到被代理人同意的自己代理是有效的。但笔者认为，此处的"得到被代理人同意"中的被代理人应当是有民事行为能力的人，而本问中的被代理人是 9 岁的限制民事行为能力的未成年人，无法"同意"该自己代理。从监护的角度看，监护人不得与被监护人为法律行为，也不得代理被监护人与自己的近亲属为法律行为[②]。因此，从法学理论上讲，监护人可以代被监护人与一般的第三人为法律行为，不得代被监护人与自己或自己的近亲属为法律行为。据此可知，本问中，父母代其未成年儿子与自己签订房屋转让合同的行为，与法理相悖。

二、从法律规定上看

按《民法典》第四条、第五条、第六条和第七条规定，民事主体从事民事活动，应当遵循平等、自愿、公平、诚信原则。质言之，法律行也属于民事活动，应当遵循这些基本原则。据此可知，本问中，

[①] 王利明：《民法学》，复旦大学出版社 2004 年版，第 107 页。
[②] 佟柔、周大伟：《佟柔中国民法讲稿》，北京大学出版社 2008 年版，第 151~152 页。

转让法律行为中的另一方当事人是作为被监护的限制民事行为能力的未成年儿子，不能独立参与法律行为而遵循这些原则，只能通过监护人参与法律行为，即其父母代为参加法律行为时遵循这些原则，若父母代未成年儿子与一般的第三人为转让法律行为，遵循这些原则自无可言。但若父母代未成年儿子与自己为有偿的相互履行义务的转让法律行为时，在法律行为中只有一方当事人的意思表示，这些原则的遵循就无从体现。换言之，父母代未成年儿子与自己为转让法律行为违反民法的基本原则。

三、父母将房屋赠与未成年儿子产生的转移登记，登记机构应当办理

《民法典》第十九条规定，八周岁以上的未成年人为限制民事行为能力人，实施民事法律行为由其法定代理人代理或者经其法定代理人同意、追认；但是，可以独立实施纯获利益的民事法律行为或者与其年龄、智力相适应的民事法律行为。申言之，监护人代限制民事行为能力的未成年人实施法律行为时，应当以限制民事行为能力的未成年人纯获利益或与其年龄、智力相适应为准。在实际生活中，限制民事行为能力的未成年人纯获利益或与其年龄、智力相适应的最普通的法律行为是赠与。监护人赠与限制民事行为能力的未成年人房屋，或代限制民事行为能力的未成年人接受房屋赠与，按《契税暂行条例》的规定，房屋受赠人应当缴纳契税，受赠人为限制民事行为能力的未成年人亦然，但此类契税的缴纳，一般是赠与人或受赠人的监护人出资为受赠房屋的未成年人缴纳，没有让未成年人承担义务，也是使未成年人纯获利益的一种方式。因此，本问中，作为监护人的父母若是向 9 岁的儿子赠与房屋，并申请赠与转移登记的，登记机构应当受理，满足登记要求的，登记机构也应当登记。9 岁的儿子属于限制民事行为能力人的未成年人。

结论：父母代其 9 岁的儿子与自己签订房屋转让合同，有悖于法理，

也不符合法律的规定，由此申请的转移登记，登记机构不应当办理。但父母若将房屋赠与儿子，则并不违反法律的规定，由此申请的转移登记，登记机构应当支持。

第 30 问　离婚协议可否作赠与转移登记的证明材料

甲、乙夫妻二人协议离婚，在离婚协议中约定：夫妻共有的房屋归 8 岁的儿子丙所有。现向登记机构申请转移登记。问：载明夫妻共有的房屋归未成年子女所有的离婚协议，登记机构可否用作办理赠与转移登记的证明材料？

笔者认为，载明夫妻共有的房屋归未成年子女所有的离婚协议，登记机构可以用作办理赠与转移登记的证明材料。

一、赠与在不动产登记实务中的体现形式

《民法典》第六百五十七条规定，赠与合同是赠与人将自己的财产无偿给予受赠人，受赠人表示接受赠与的合同。据此可知，赠与是赠与人将自己的财产无偿给予受赠人，受赠人表示接受的一种法律行为。换言之，赠与是由"给予"与"接受"两个意思表示组合成的法律行为。赠与的目的是赠与人将自己的财产给予受赠人，从而使受赠人享有原来属于自己的财产权利，赠与人则为此失去财产的权利。在不动产登记实务中，赠与行为主要有三种体现方式：一是以赠与合同的方式体现，这是最普遍的方式；二是以赠与书和接受赠与书的方式体现；三是以赠与书和受赠人在赠与转移登记申请书上签名的方式体现，即受赠人以申请赠与转移登记的行为表示接受赠与。这三种情形产生的赠与，都是在赠与人发出"给予"的要约后，受赠人以书面或行为方式承诺接受赠与人发出的要约，即赠与人与受赠人以书面或行为方式完成赠与合同的订立，这些赠与合同满足相关的法律规定，可以用作赠与转移登记的证明材料，也是登记机构办理赠与转移登记时应当收取的证明材料。

二、载明夫妻约定共有的房屋归未成年子女所有的离婚协议，登记机构可以用作办理赠与转移登记的材料

《婚姻登记条例》第十一条第三款规定，离婚协议书应当载明双方当事人自愿离婚的意思表示以及对子女抚养、财产及债务处理等事项协商一致的意见。质言之，在一份离婚协议书中，可以包括子女抚养、财产分配、债务处理等若干种法律行为。据此可知，本问中，将夫妻共有的房屋约定归未成年子女所有，即属于夫妻对其共同财产的处理行为，具体体现为：夫妻以离婚协议的方式向未成年子女丙发出给予房屋的要约，然后，夫妻以监护人的身份在赠与转移登记申请书上签名，代丙申请赠与转移登记，表明监护人以行为方式代丙接受纯获利益的房屋赠与，即在代为申请赠与转移登记的同时完成赠与合同的签订。换言之，载明将夫妻共有的房屋约定归未成年子女所有的离婚协议中有赠与房屋的意思表示，与赠与转移登记申请书组合，形成赠与合同，构成完整的赠与转移登记原因证明，故载明夫妻共有的房屋归未成年子女所有的离婚协议，登记机构可以用作办理赠与转移登记的证明材料。登记机构无须要求申请人另行提交接受房屋赠与手续。

第31问　个体工商户性质的企业转让产生的房屋登记，适用何种登记类型

某处房屋登记在甲厂名下，申请房屋所有权首次登记时，甲厂提交的个体工商户营业执照上的经营者是乙。不久，乙将甲厂整体转让给丙，变更营业执照后，甲厂现时持有的个体工商户营业执照上的经营者已经变更为丙，乙、丙持变更后的营业执照等材料向登记机构申请房屋登记，但房屋的所有权人仍然是甲厂。问：对乙、丙持变更后的营业执照等材料申请的房屋登记，登记机构适用何种登记类型？

笔者认为，对乙、丙持变更后的营业执照等材料申请的房屋登记，登记机构应当适用转移登记。

第三部分　转移登记

一、房屋虽然登记在个体工商户性质的企业名下，但企业的经营者才是房屋的所有权人

《民法典》第五十四条规定，自然人从事工商业经营，经依法登记，为个体工商户。个体工商户可以起字号。据此可知，个体工商户是依法从事工商业经营的自然人，此自然人为了有利于经营，可以起有别于自己姓名的字号。笔者据此认为，本问中，甲厂营业执照显示该厂为个体工商户，经营者为乙，则"甲厂"是其经营者乙的字号，相当于乙的别名，换言之，登记在"甲厂"名下的房屋，属于其经营者乙所有，即"甲厂"的经营者乙才是房屋的所有权人。

二、个体工商户性质的企业整体转让后，受让人有权将企业房屋仍然登记在原企业名下

《企业名称登记管理规定》第二十三条规定，企业名称可以随企业或者企业的一部分一并转让。企业名称只能转让给一户企业。企业名称的转让方与受让方应当签订书面合同或者协议，报原登记主管机关核准。企业名称转让后，转让方不得继续使用已转让的企业名称。该规定第三十条规定，在登记主管机关登记注册的事业单位及事业单位开办的经营单位的名称和个体工商户的名称登记管理，参照本规定执行。《个体工商户登记管理办法》第六条第二款规定，经营者姓名是个体工商户的登记事项之一。据此可知，个体工商户依法转让自己的字号（名称）的，应当经原登记的企业登记机关核准，核准后，个体工商户的字号（名称）不再由原经营者使用，而由受让的经营者使用。本问中，"甲厂"的经营者乙将该厂整体转让给丙，即将其字号（名称）、房屋及其他财产一并转让给丙，因此，受让人丙有权将房屋继续登记在"甲厂"名下。

如前所述，尽管房屋还登记在"甲厂"名下，但此厂的经营者才是房屋所有权人。"甲厂"因整体转让导致经营者变动后，房屋虽然继续登记在"甲厂"名下，但房屋的所有权人却发生了变动，即房屋所有权已

经发生了转让（买卖）。按《不动产登记暂行条例实施细则》第二十七条第（一）项规定，买卖不动产导致不动产权利转移的，当事人可以向不动产登记机构申请转移登记。因此，本问中，对乙、丙持变更后的营业执照等材料申请的不动产登记，登记机构应当适用转移登记，转移登记记载在登记簿上后，登记机构应当在登记簿和不动产权属证书的附记栏内加注"个体工商户性质的企业转让产生的转移登记"。

结论：在不动产登记实务中，判定登记在个体工商户性质的企业名下的不动产是否发生转让，应当结合上手登记时收取并存档的个体工商户营业执照审核，若存档的营业执照上的经营者与现时营业执照上的经营者不一致，则经营者已经发生了变动，换言之，不动产权利主体已经发生了变动，应当由当事人先行申请转移登记并被记载于登记簿上后，才能办理后续的变更、转移、抵押等产生的登记。

第 32 问　继承人申请继承取得的预购商品房所有权转移登记时，登记机构是否应当收取被继承人名下的契税缴纳凭证

张某于 2019 年 1 月 3 日与某房地产开发公司签订某小区 1 号楼 1 单元 301 号房的商品房预售合同。2021 年 1 月 2 日张某病故。2021 年 1 月 5 日，其他继承人放弃该商品房买卖合同载明房屋的继承权，该房屋归张某之女小张一人继承，小张办理了继承权公证书。2021 年 1 月 10 日，小张缴纳了 1.5% 的契税（但张某没有缴纳契税）后，与房地产开发公司一起到登记机构申请转移登记。问：继承人小张申请其因继承取得的预购商品房所有权转移登记时，登记机构是否应当收取被继承人张某名下的契税缴纳凭证？

笔者认为，继承人小张与房地产开发公司一起申请其因继承取得的预购商品房所有权转移登记时，登记机构无须收取被继承人张某名下的契税缴纳凭证。

《契税暂行条例》第一条规定，契税的纳税人是承受土地、房屋权属

第三部分 转移登记

转移的单位和个人。按《契税暂行条例实施细则》第二条和第三条规定，以受让、购买、受赠、交换等交易方式取得土地使用权、房屋所有权的单位和个人才须缴纳契税。据此可知，契税是专门针对以受让、购买、受赠、交换等交易方式取得土地使用权、房屋所有权的单位和个人征收的税种，换言之，无土地使用权、房屋所有权的受让、购买、受赠、交换等交易行为，当事人就无须缴纳契税。《契税暂行条例》第十一条规定，纳税人应当持契税完税凭证和其他规定的文件材料，依法向土地管理部门、房产管理部门办理有关土地、房屋的权属变更登记手续。纳税人未出具契税完税凭证的，土地管理部门、房产管理部门不予办理有关土地、房屋的权属变更登记手续。据此可知，契税缴纳凭证是登记机构办理以受让、购买、受赠、交换等交易方式取得土地使用权、房屋所有权产生的转移登记时应当收取的材料。概言之，本问中，张某生前享有的是以取得未来房屋所有权为目的的合同债权，不是因交易行为取得房屋所有权，因此，张某生前无须缴纳契税。

但是，按《民法典》第一千一百六十一条规定，继承人以所得遗产实际价值为限清偿被继承人依法应当缴纳的税款和债务。据此可知，一般情形下，继承人继承被继承人的遗产的，被继承人生前依法应当缴纳的税款和债务均转移给继承人。本问中，小张基于继承取代张某成为房屋所有权的受让人，张某本应在房屋竣工后受让取得房屋所有权时缴纳契税的义务也随之由小张承继，故小张是当然的契税纳税人，小张缴纳1.5%的契税是履行自己基于继承承继的缴纳契税的义务，故契税缴纳凭证上的纳税人只能是小张。

概言之，本问由一次以取得未来商品房所有权为目的的合同债权的继承转移（张某转移给小张）和一次房屋所有权买卖转移（从房地产开发公司名下转移到小张名下）组成，但登记机构办理的只是房屋所有权的买卖转移登记，因此，登记机构办理转移登记时，只收房屋所有权的取得人小张名下的契税缴纳凭证。

第 33 问　代位继承人继承其他继承人放弃继承的部分产生的转移登记，登记机构可否受理

问：有一房产登记为甲、乙夫妻二人按份共有，各占二分之一份额。妻子乙去世，甲和乙的其他继承人均放弃继承权后，可否由其长子丙（丙先于乙去世）的女儿丁代位继承乙享有的房产份额？由此申请的继承转移登记，登记机构可否受理？

笔者认为，丁可以代位继承乙享有的房产份额，由此申请的继承转移登记，登记机构应当受理。

按《民法典》第一千一百二十七条第一款第（一）项规定，被继承人的配偶、子女、父母是其遗产的第一顺位继承人。据此可知，本问中，丙是被继承人乙的长子，属于乙的遗产的第一顺位继承人之一。

《民法典》第一千一百二十八条规定，被继承人的子女先于被继承人死亡的，由被继承人的子女的直系晚辈血亲代位继承。被继承人的兄弟姐妹先于被继承人死亡的，由被继承人的兄弟姐妹的子女代位继承。代位继承人一般只能继承被代位继承人有权继承的遗产份额。质言之，代位继承人可以是先于被继承人死亡的该被继承人的子女的晚辈直系血亲。本问中，丙是被继承人乙的长子且先于乙死亡，丁是丙的女儿，是丙当然的晚辈直系血亲，故丁作为代位继承人适格，若在其他继承人均参与继承的情形下，丁只能继承丙应当继承的部分。但是，乙遗留的二分之一份额的房产，甲和乙的其他继承人均放弃继承权，此情形下，丁基于代位继承人的身份继承此房产二分之一份额的所有权。按《民法典》第一千一百二十八条规定，作为第二顺序继承人的被继承人的兄弟姐妹先于被继承人死亡时，被继承人的兄弟姐妹的子女有权代位继承被继承人的遗产，笔者据此认为，继承人的兄弟姐妹的子女代位继承，适用于没有第一顺序继承人的情形。

《民法典》第二百三十条规定，因继承取得物权的，自继承开始时发生效力。该法第一千一百二十一条第一款规定,继承从被继承人死亡时开始。据此可知,基于继承取得的不动产物权,自被继承人死亡时起,继承人无须登记即依法、即时享有该不动产的物权。本问中,自乙死亡时起,丁基于代位继承已经依法、即时享有该房屋二分之一份额的所有权,与甲一起成为房屋的按份共有人,丁可以持身份证明、继承材料等手续申请继承转移登记,由此申请的继承转移登记,登记机构应当受理。

第 34 问 其上有违法建筑物存在的房屋产生的买卖转移登记,登记机构可否受理

某城市城区有一处 3 层的房屋,权利人于 2015 年 12 月申请首次登记并取得载明房屋所有权和国有建设用地使用权的不动产权属证书。2016 年 8 月,权利人未经规划许可擅自增加修建了第 4 层。现在,此房屋已经发生了买卖,但买卖合同载明的买卖标的物为原来的 3 层房屋,不包括擅自扩建的第 4 层。买卖双方申请转移登记后,登记人员通过调查得知了权利人擅自扩建第 4 层的情况。问:权利人在首次登记后擅自加层扩建的房屋又产生了买卖,因买卖产生的转移登记,登记机构可否受理?

笔者认为,权利人在首次登记后擅自加层扩建的房屋又产生了买卖,但作为买卖标的物的房屋具有合法的所有权和相应的土地使用权,由此申请的买卖转移登记,登记机构应当受理。

一、当事人基于合法、有效的买卖行为申请的转让转移登记,登记机构应当受理

《民法典》第二百四十条规定,所有权人对自己的不动产或者动产,依法享有占有、使用、收益和处分的权利。该法第三百五十三条规定,建设用地使用权人有权将建设用地使用权转让、互换、出资、赠与或者抵押,但是法律另有规定的除外。《房地产管理法》第三十八条第(六)项规定,未依法登记领取权属证书的房地产属于不得转让的情形。质言之，一般情形下，权利人对自己依法享有权利并持有不动产权属证书的房地产，有自由处分的权利。据此可知，本问中，发生买卖的房屋及其占用范围内的国有建设用地使用权已经完成首次登记，且领取了不动产权属证书，房地产权利人即卖方有权处分之。换言之，如果买卖合同载明的房屋买卖范围在不动产权属证书载明的范围内，则买卖双方的行为就合法、有效，由此申请的买卖转移登记，登记机构应当受理。

二、违法建筑合法化后，须完成首次登记后才可以将其转让给他人

《城乡规划法》第六十四条规定，未取得建设工程规划许可证或者未按照建设工程规划许可证的规定进行建设的，由县级以上地方人民政府城乡规划主管机关责令停止建设；尚可采取改正措施消除对规划实施的影响的，限期改正，处建设工程造价百分之五以上百分之十以下的罚款；无法采取改正措施消除影响的，限期拆除，不能拆除的，没收实物或者违法收入，可以并处建设工程造价百分之十以下的罚款。质言之，未取得规划许可实施的建设行为属于应当受到惩处的违法行为。据此可知，本问中，房屋的卖方未经规划许可擅自在已经登记的房屋上增加修建第4层，该第4层属于违法建筑物，其违法建造行为应当受到相应的处理，如违法处理完毕后，取得规划许可手续的，卖方应当向登记机构申请因增加建筑面积产生的变更登记，将增加修建的第4层记载在登记簿上并据此取得不动产权属证书后，才可以卖给他人。此变更登记中有首次登记的元素，是一种复合性的登记。当然，申请人也可以凭规划手续等材料，单独申请第4层房屋首次登记，若如此，登记机构应当同时做好该层房屋分摊的土地登记。

三、合法的买卖行为与违法扩建行为并存时的实务处理

《民法典》第二百一十六条第一款规定，不动产登记簿是物权归属和内容的根据。质言之，不动产登记簿记载的内容具有真实性、合法性和有

效性。换言之，不合法、不真实和无效的内容不能被记载在登记簿上。据此可知，本问中，申请买卖转移登记的房屋已经完成所有权首次登记，且权利人持有不动产权属证书，换言之，将要经过买卖转移登记记载在登记簿上的内容是基于登记簿现时的记载，具有当然的真实性、合法性和有效性，即将要经过买卖转移登记记载在登记簿上的内容满足登记簿记载内容的要求。至于房屋的卖方违法增加修建第 4 层的行为与其转让不动产权属证书载明房屋的行为是两种不同的行为，两者在客观上虽然有关联，但在法律上并无直接的因果关系，即接受违法处理与依法产生买卖并申请转移登记分别适用不同的法律规定。换言之，卖方违法增加修建第 4 层的行为应当接受违法处理，但合法的买卖及由此申请的房屋转移登记也应当受到保护，不能非此即彼。因此，权利人在首次登记后擅自加层扩建的房屋又产生了买卖，但作为买卖标的物的房屋具有合法的所有权和相应的土地使用权，由此申请的买卖转移登记，登记机构应当受理。

第 35 问　企业的法定代表人到登记机构申请转让房屋产生的转移登记时，申请书上可否仅由其法定代表人签名，不盖企业公章

登记在某企业名下的房屋转让给他人，申请转移登记时提交的材料齐全，但到登记机构经办转移登记的该企业的法定代表人未带企业公章。问：转移登记申请书上转让方可否仅由其法定代表人签名，不盖企业公章？

笔者认为，企业的法定代表人到登记机构申请转让房屋产生的转移登记时，申请书上可以仅由其法定代表人签名，不盖企业公章。

一、企业的法定代表人到登记机构申请转让房屋产生的转移登记时，申请书上可以仅由其法定代表人签名，不盖企业公章

《民法典》第六十一条规定，依照法律或者法人章程的规定，代表法人从事民事活动的负责人，为法人的法定代表人。法定代表人以法人名义从事的民事活动，其法律后果由法人承受。法人章程或者法人权力机

构对法定代表人代表权的限制，不得对抗善意相对人。质言之，一般情形下，法人的法定代表人以法人名义实施的行为，即法人的行为，由此产生的后果归法人。换言之，法人的法定代表人以法人名义签署的文件、材料，即使没有盖法人的印章，此文件、材料也视为法人作出，由此产生的后果归法人。据此可知，本问中，企业的法定代表人到登记机构以企业的名义申请转让房屋产生的转移登记，由此产生的转移登记的后果归企业，不归其法定代表人，故转移登记申请书上转让方可仅由其法定代表人签名，不盖企业公章。在不动产登记实务中，《不动产登记暂行条例实施细则》第十五条第（一）项规定，查验申请人、委托代理人身份证明材料以及授权委托书与申请主体是否一致属于登记机构的职责。因此，登记机构应当根据收取的登记材料核实其法定代表人资格，如比对企业营业执照上载明的法定代表人姓名与经办人提交的身份证明，以确定其法定代表人资格是否适格。

二、企业转让房屋申请转让转移登记时，转移登记申请书上转让方也可以仅由其代理人签名，不盖企业公章

《民法典》第一百六十二条规定，代理人在代理权限内，以被代理人名义实施的民事法律行为，对被代理人发生效力。质言之，代理人在代理权限内以被代理人名义实施的行为，也视为被代理人的行为，由此产生的后果归被代理人。换言之，代理人以被代理人的名义签署的文件、材料，即使没有被代理人的签名、签章，此文件、材料也视为被代理人作出，由此产生的后果归被代理人。据此可知，本问中，若企业委托法定代表人以外的其他人代为申请转让转移登记时，转移登记申请书上的转让方也可仅由该代理人签名，不盖企业公章，但登记机构应当根据收取的登记材料核实其代理人资格，如根据委托书或代理合同载明的代理人姓名核对经办人提交的身份证明，以确定其代理人身份是否适格。

三、《不动产登记操作规范（试行）》的规定与《民法典》的规定相冲突的处理

《不动产登记操作规范（试行）》1.8.3.1 条规定，法人或其他组织委托他人申请不动产登记的，代理人应在不动产登记申请书上签字，并加盖法人或其他组织的公章。笔者认为，此规定与前述《民法典》第一百六十二条规定相悖，应当以《民法典》的规定为准，即企业转让房屋由其法定代表人之外的其他代理人代为申请转让转移登记时，转移登记申请书上转让方可以仅由其他代理人签名，不盖企业公章。

第 36 问 办理小区车位出售产生的转移登记时，登记机构是否审核该销售行为满足了业主需要

问：当事人申请小区车位出售产生的转移登记时，登记机构是否审核该销售行为是满足了业主需要后才对外出售的？

笔者认为，当事人申请小区车位出售产生的转移登记时，登记机构无须审核该销售行为是满足了业主需要后才对外出售的。

一、建筑区划内的业主的优先购买权受到损害，不影响车位或车库买卖合同的效力

《民法典》第二百七十五条第一款规定，建筑区划内，规划用于停放汽车的车位、车库的归属，由当事人通过出售、附赠或者出租等方式约定。该法第二百七十六条规定，建筑区划内，规划用于停放汽车的车位、车库应当首先满足业主的需要。在司法实务中，《最高人民法院关于审理建筑物区分所有权纠纷案件具体应用法律若干问题的解释》（法释〔2009〕7号）第五条第一款规定，建设单位按照配置比例将车位、车库，以出售、附赠或者出租等方式处分给业主的，应当认定其行为符合《物权法》第七十四条第一款有关"应当首先满足业主的需要"的规定。据此可知，小区内房地产开发企业依法建成的车位、车库，规划许可手续上没有明确为小区公共车位、车库的，则基于"谁投资谁所有"的民法基本原则，

属于投资建设的房地产开发企业所有,房地产开发企业对其有处分权,但小区内的业主相对于小区外的购买者,在同等条件下有优先购买权。换言之,小区内房地产开发企业对其按规划许可手续建成的车位、车库享有所有权,有权向他人销售,但销售时,必须在本小区业主不需要或不购买的前提下,才可以对小区外的人销售,否则,违反前述《民法典》第二百七十六条规定。但笔者认为,现时的法律、行政法规和司法解释中,没有将当事人的优先购买权受到损害作为买卖合同无效事由的规定,即当事人的优先购买权受到损害并不导致相应的买卖合同无效。

二、有效的车位或车库买卖合同就是转移登记的原因材料,申请人无须提交已经满足业主需要的证明佐证其效力

《民法典》第一百五十八条规定,民事法律行为可以附条件,但是根据其性质不得附条件的除外。附生效条件的民事法律行为,自条件成就时生效。附解除条件的民事法律行为,自条件成就时失效。该法第一百六十条规定,民事法律行为可以附期限,但是根据其性质不得附期限的除外。附生效期限的民事法律行为,自期限届至时生效。附终止期限的民事法律行为,自期限届满时失效。该法第五百零二条第一款规定,依法成立的合同,自成立时生效,但是法律另有规定或者当事人另有约定的除外。按该法第四百九十条第一款规定,当事人采用合同书形式订立合同的,自当事人均签名、盖章或者按指印时合同成立。在不动产登记实务中,《不动产登记暂行条例实施细则》第三十八条第(二)项规定,当事人申请买卖不动产产生的转移登记时,买卖合同是应当提交的材料。据此可知,本问中,当事人申请小区车位出售产生的转移登记时,应当向登记机构提交买卖合同,一般情形下,该买卖合同上有双方当事人签字或者盖章、指印,但当事人没有约定合同生效的条件或期限的,则该买卖合同就是生效的合同,登记机构可以直接用作转移登记的证据材料,而无须要求申请人提交车位、车库是否满足了业主需要后才对外出售的证明佐证买卖合同已经生效。登记完成后，如果作为登记原因的买卖合同基于侵犯建筑区划内的业主的优先购买权被仲裁机构或人民法院生效的法律文书确认无效或撤销的，登记机构再根据生效的法律文书办理相关登记。

三、其他

在不动产登记实务中，登记机构基于维护登记质量或是维护社会的稳定、和谐需要，也可以将欲办理转让转移登记的车库、车位情况予以公告，并将公告情况转化为纸质材料后存档，公告期限届满后再办理转移登记，以证明登记机构在办理转让车位、车库产生的转移登记时尽到了合理、审慎的注意义务。由于此公告不属于《不动产登记暂行条例实施细则》规定的应当公告的情形，是由登记机构自行启动的，故公告期间应当计入登记办结时限。

第37问　两种不同规划用途的房屋可否作为一个不动产单元申请转移登记

问：当事人申请商品房买卖转移登记时，要求将一间规划用途为"储藏室"的房屋（地下）与另一套位于其上（底层）的规划用途为"住宅"的房屋一起登记，领取一本不动产权属证书，登记机构可否办理？

笔者认为，应当按是否满足不动产单元的要求，来判定可否将一间规划用途为"储藏室"的房屋与另一套位于其上的规划用途为"住宅"的房屋一起办理买卖转移登记，颁发一本不动产权属证书。

《不动产登记暂行条例》第八条第一款规定，不动产以不动产单元为基本单位进行登记。在不动产登记实务中，《不动产登记暂行条例实施细则》第五条第一款规定，不动产单元，是指权属界线封闭且具有独立使用价值的空间。《不动产登记操作规范（试行）》1.6.2条规定，不动产登记原则上按一个不动产单元核发一本不动产权证书。质言之，一般情形下，不动产登记是以一个权属界线封闭且具有独立使用价值的空间为不动产单元进行的，且一个不动产单元办一件登记，向权利人核发一本不动产权属证书。据此可知：

1. 本问中，如果规划用途为"储藏室"的房屋可以单独使用，即此房屋有单独的进出门户，无须借助上面的住宅就可以满足"储藏室"的规划使用功能，则此房屋满足权属界线封闭且具有独立使用价值的空间的不动产单元的要求，而地上的成套住宅也满足不动产单元的要求，则储藏室与住宅可以分别作为一个不动产单元办理登记，即储藏室作为一个不动产单元从房地产开发企业名下转移登记到购房人名下，住宅作为另一个不动产单元也从房地产开发企业名下转移登记到购房人名下，购房人领取两本不动产权属证书。

2. 如果规划用途为"储藏室"的房屋不可以单独使用，即此房屋无单独的进出门户，必须借助上面的住宅进出才可以满足"储藏室"的规划使用功能，换言之，此房屋属于上面的规划用途为"住宅"的房屋的一个组成部分，其"储藏室"的规划使用功能属于为住宅服务的辅助功能，此情形下，购房人应当将规划用途为"储藏室"的房屋与位于其上的规划用途为"住宅"的房屋共同作为一个不动产单元申请转移登记，从房地产开发企业名下转移登记到购房人名下，领取一本不动产权属证书，但房屋用途仍然按规划用途登记，登记机构可以在登记簿和不动产权属证书的附记栏加注储藏室、住宅各自的建筑面积。

第38问 继承人申请将未登记到其名下的房屋再赠与他人产生的转移登记，登记机构可否受理

乙基于继承权公证书取得父亲甲遗留的商品房，在没有办理继承转移登记，将房屋登记到其名下的前提下，又将该继承取得的房屋赠与丙并办理了赠与公证手续。不久，乙死亡。乙的母亲、配偶早已亡故，仅有一成年独生子丁。现受赠人丙持甲名下的不动产权属证书、乙继承取得房屋的继承权公证书和赠与公证书等材料向登记机构申请赠与转移登记。问：对受赠人丙持由乙继承取得房屋的继承权公证书和赠与公证书等材料申请的赠与转移登记，登记机构可否受理？

笔者认为，对受赠人丙持甲名下的不动产权属证书、乙继承取得房屋的继承权公证书和赠与公证书申请的赠与转移登记，登记机构应当不予受理。

一、继承人申请将未登记到其名下的继承所得房屋再赠与他人产生的转移登记，登记机构不得受理

《房地产管理法》第三十七条规定，房地产转让，是指房地产权利人通过买卖、赠与或者其他合法方式将其房地产转移给他人的行为。该法第三十八条第（六）项规定，未依法登记领取权属证书的房地产不得转让。在不动产登记实务中，《不动产登记暂行条例实施细则》第三十八条第（一）项和第（二）项规定，申请国有建设用地使用权及房屋所有权赠与转移登记时，赠与人名下的不动产权属证书是应当提交的材料。据此可知，房地产赠与属于房地产转让的范围，当事人未登记并领取权属证书的房地产不得赠与他人，否则，基于此申请赠与转移登记时，申请人无法提交充分的登记申请材料。因此，本案中，继承人乙因继承取得父亲甲遗留的房屋后，未申请继承转移登记将房屋登记到其名下就赠与丙，丙基于此申请赠与转移登记，不符合《房地产管理法》第三十八条第（六）项规定。在不动产登记实务中，也不能按《不动产登记暂行条例实施细则》第三十八条第（一）项规定提交赠与人乙名下的不动产权属证书。《不动产登记暂行条例》第十七条第（三）项规定，申请材料不齐全或者不符合法定形式的，应当当场书面告知申请人不予受理并一次性告知需要补正的全部内容。据此可知，本问中，如前所述，申请人向登记机构申请赠与转移登记时，无法提交赠与人乙名下的不动产权属证

书，对申请人的申请，登记机构应当作不予受理处理。

二、继承人未登记到其名下的被继承房屋，在其死亡后，可以作为遗产由其继承人继承

《民法典》第二百三十条规定，因继承取得物权的，自继承开始时发生效力。该法第一千一百二十一条第一款规定，继承从被继承人死亡时开始。质言之，自被继承人死亡时起，继承人无须登记即依法、及时取得被继承人遗留不动产的权利。据此可知，本问中的继承人乙，自其父亲甲死亡时起，基于继承权公证书无须登记即依法、即时取得其父亲甲遗留房屋的所有权。《民法典》第一千一百二十二条第一款规定，遗产是自然人死亡时遗留的个人合法财产。换言之，自然人死亡时遗留的合法的房屋属于可以被继承的遗产。在不动产登记实务中，《不动产登记操作规范（试行）》1.10.1 条之 2 规定，已办理首次登记的不动产，申请人因继承、受遗赠，或者人民法院、仲裁委员会的生效法律文书取得该不动产但尚未办理转移登记，又因继承、受遗赠，或者人民法院、仲裁委员会的生效法律文书导致不动产权利转移的，不动产登记机构办理后续登记时，应当将之前转移登记的事实在不动产登记簿的附记栏中记载。据此可知，本问中，继承人乙基于继承权公证书无须登记即依法、即时取得了父亲甲遗留房屋的所有权，在乙死亡时，其继承所得的房屋虽然未经继承转移登记到他的名下，但也属于可以被他的继承人丁继承的遗产，且自其死亡时起，他的继承人丁也基于继承无须登记即依法、即时取得了该房屋的所有权。因此，本问中的房屋，应当由乙的继承人丁持甲名下的不动产权属证书、乙继承取得房屋的继承权公证书和丁继承此房屋的继承手续，申请继承转移登记，将房屋由甲名下转移登记到丁名下。丙欲取得该房屋的所有权，一是在丁完成继承转移登记后，配合丙申请因转让或赠与产生的转移登记，将房屋从丁名下转移登记到丙名下；二是丙凭甲名下的不动产权属证书、乙的继承权公证书、赠与公证书等材

料将丁作为被告起诉，请求人民法院判决确认该房屋的权属，再根据生效的确认权属的法律文书申请登记。

三、其他

赠与是由赠与人的赠与的意思表示与受赠人的接受赠与的意思表示一致才能生效的法律行为。继承则是基于被继承人已经死亡的法定事实产生的法律现象。据此可知，赠与（遗赠本质上是赠与）与继承是两个不同的概念。本问中，继承人乙将其继承所得的未转移登记到其名下的房屋再赠与丙，该房屋欲直接转移登记到丙名下，受到法律的规制，但是，继承人乙死亡后，其继承所得的但未转移登记到其名下的房屋则可作为遗产被其继承人丁依法继承。

第 39 问　父母和未成年子女共同购买的房屋，应该登记为共同共有，还是按份共有

问：父母和未成年子女共同签订商品房买卖合同购买房屋，房屋交付后，申请买卖转移登记时，未成年人可否与父母共有房屋？若可以，房屋的共有性质应该登记为共同共有，还是按份共有？当事人应当提交共有情况约定吗？

笔者认为，未成年人可以与父母共有房屋，房屋的共有情况应当按未成年人的父母提交的共有情况说明登记。

一、未成年人可以与其父母成为房屋的共有人

《民法典》第十三条规定，自然人从出生时起到死亡时止，具有民事权利能力，依法享有民事权利，承担民事义务。该法第二百九十七条规定，不动产或者动产可以由两个以上组织、个人共有。共有包括按份共有和共同共有。据此可知，只要是有生命的自然人，都具有民事权利能力，都可以依法享有民事权利，都可以与他人共有不动产或动产。换言之，无论是成年人与成年人、未成年人与未成年人或成年人与未成年人

都可以成为同一不动产的共有人。因此，本案中，父母与其未成年子女共有房屋于法有据，由此申请的房屋买卖转移登记，登记机构应当办理。

二、未成年人与其父母对房屋的共有性质，以其父母出具的共有情况说明书的方式体现

《民法典》第三百零八条规定，共有人对共有的不动产或者动产没有约定为按份共有或者共同共有，或者约定不明确的，除共有人具有家庭关系等外，视为按份共有。质言之，一般情形下，房屋的共有性质，由共有人约定。如果共有人没有约定或约定不明确的，且共有人不是同一家庭成员的，视为按份共有。如果共有人对共有性质没有约定或约定不明确的，但共有人是同一家庭成员的，则视为共同共有。在不动产登记实务中，《不动产登记操作规范（试行）》1.8.3.2条规定，共有的不动产，申请人应当在不动产登记申请书中注明共有性质。《国土资源部关于启用不动产登记簿证样式（试行）的通知》（国土资发〔2015〕25号）附登记簿填写说明"共有情况：填写单独所有、按份共有或共同共有。属于按份共有的，还要填写共有的份额。"据此可知，申请登记的房屋是单独所有、按份共有或共同共有，应当由申请人在登记申请书上载明且由登记机构在登记簿上明确记载。申言之，申请登记的房屋是单独所有、按份共有或共同共有需要相应的登记申请材料作支撑。因此，本案中，父母与其未成年子女共有房屋的共有性质是共同共有或按份共有，需要登记申请材料作支撑，那么，需要什么登记申请材料作支撑呢？

按前述《民法典》第三百零八条规定，本案中，父母与其未成年子女共有房屋的共有性质是共同共有或按份共有，需要提交书面的共有性质约定作支撑，但是，如果用书面的共有性质约定，则该书面约定属于双方法律行为，父母作为监护人代被其监护的未成年子女与自己为法律行为，使书面约定实质上成为单方法律行为，故父母与未成年子女对房屋的共有性质采用书面约定的方式不当，即此书面约定作为登记申请材

料形式上不合法。但是，父母对未成年人关于共有性质或共有份额的表态，是其作为监护人履行监护职责的行为，当然，此行为是否侵犯未成年人的利益属于其他的法律关系。笔者认为，此行为的表现方式应当由父母以共有情况书面说明的方式体现，登记机构可凭此共有情况说明登记该房屋的共有性质。

第 40 问　委托书被取消后基于此产生的转委托书是否还有效力

房屋所有权人甲向乙出具委托书：委托乙转让房屋并申请转让房屋产生的转移登记，且乙有转委托权。尔后，受托人乙又书面将受托事项转委托给丙。委托书和转委托书都办理了公证手续。现房屋所有权人甲来申请遗失补证手续，登记机构受理后，在将补证事项记载于登记簿上之前，转委托的受托人丙持委托公证书和转委托公证书等手续与房屋的受让人前来申请转让转移登记。登记机构通知甲来到现场，甲出具书面决定：取消其出具给乙的委托公证书。丙却坚持要办理转让转移登记手续。问：委托书被取消后基于此产生的转委托书是否还有效力？登记机构能否为丙办理转让转移登记手续？

笔者认为，委托书被取消后基于此产生的转委托书已经没有效力，登记机构不能为丙办理转让转移登记手续。

一、转委托简述

《民法典》第一百六十二条规定，代理人在代理权限内，以被代理人名义实施的民事法律行为，对被代理人发生效力。《民法典》第一百六十九条第一款规定，代理人需要转委托第三人代理的，应当取得被代理人的同意或者追认。据此可知，为了委托人的利益，受托人在经过委托人同意的前提下，可以将其受托的事项转委托给他人代为办理。转委托发生后，受托人与委托人间仍然存在委托关系，转委托的受托人仍然以委托人的名义实施法律行为，实施法律行为的后果由委托人承担。因此，本问中，甲在给乙的公证委托书中明确赋予了乙对受托事项有"转委托权"，即乙在将受托事项转委托给丙前，取得了甲的同意，丙享有的代甲转让房屋并申请转让房屋产生的转移登记的"转委托权"于法有据，且代甲转让房屋并申请转让房屋产生的转移登记产生的后果应当由甲承担。

二、委托手续被取消的，附于其上的转委托手续随之失效

按《民法典》第一百七十三条第（二）项规定，被代理人取消委托属于委托代理终止的情形。质言之，自委托人明确取消委托时起，受托人失去委托书赋予的全部受托的权利。据此可知，本问中，甲已经决定取消其对乙的授权委托，即自甲做出取消其对乙的授权委托时起，乙失去代甲转让房屋并申请转让房屋产生的转移登记的委托权，"皮之不存，毛将焉附"，丙基于乙的委托权取得的转委托权也同时丧失。但是，本问的实际情况是甲取消对乙的委托时，其房屋可能已经由转委托的受托人丙转让给他人，该转让行为是在甲取消委托前发生，应该有效，但代为申请转让房屋产生的转移登记行为则因甲现场取消委托而无效，因此，登记机构不能为丙办理转让转移登记手续。丙基于失效前的转委托手续将房屋转让给他人产生的争执，属于其他的法律关系，由当事人通过协商、和解、仲裁或诉讼等途径解决，登记机构无须过问。

三、本问中，委托人取消其出具的公证委托书的决定无须经过公证

本问中，甲对乙的委托和乙对丙的转委托均经过公证，那么，甲取消其对乙的委托的书面决定是否必须经过公证？笔者查询现时的法律和行政法规，均没有对此作规定，"法无禁止则可为"，故只要是甲作出的取消其对乙的委托的真实意思表示就可以，换言之，甲作出的取消其对乙的委托的书面决定无须公证。至于甲、乙、丙间可能存在的民事纠纷，应当通过调解、仲裁或诉讼等途径解决。

第三部分 转移登记

第 41 问 有国有股份的公司转让房屋申请转移登记时,是否应当向登记机构提交国有资产管理机关同意转让的批文

问:甲公司中有 60% 的国有股份,该公司转让登记在其名下的房屋后,与受让人一起向登记机构申请转移登记。问:甲公司和受让人申请转让转移登记时,是否应当向登记机构提交国有资产管理机关同意转让的批文?

笔者认为,甲公司和受让人申请转让转移登记时,无须向登记机构提交国有资产管理机关同意转让的批文,也无须提交公司股东会或股东大会同意转让的证明。

一、笔者曾经的认为

《企业国有资产管理法》第五条规定,国家出资企业,是指国家出资的国有独资企业、国有独资公司,以及国有资本控股公司、国有资本参股公司。该法第十一条第一款规定,国务院国有资产监督管理机构和地方人民政府按照国务院的规定设立的国有资产监督管理机构,根据本级人民政府的授权,代表本级人民政府对国家出资企业履行出资人职责。质言之,人民政府的国有资产管理机构只是代表本级人民政府在有国有股份的公司中,履行出资人的职责,即人民政府只是有国有股份的公司中的股东之一,其股东的职责由本级人民政府的国有资产管理机构代表其履行。据此可知,本问中的公司属于国有资本参股公司,股东职责由参股的人民政府的国有资产监督管理机构代其履行。

《公司法》第三十七条和第七十五条规定,股东会是有限责任公司的权力机构。有限责任公司主要资产转让由股东会决定。该法第九十九条和第一百零五条规定,股东大会是股份制公司的权力机构。公司重大资产转让由股东大会决定。据此可知,一般情形下,无论有限责任公司还是股份公司,房地产都是其主要或重大资产,因此,公司的房地产转让应当由公司的股东会或股东大会决定。如前所述,本问中的甲公司系国有资本参股公司，国有资产监督管理机构应当在是否同意资产转让的股东会或股东大会中履行股东职责。

《公司法》第四十二条规定，股东会应当对所议事项的决定作成会议记录，出席会议的股东应当在会议记录上签名。该法第一百零八条规定，股东大会应当对所议事项的决定作成会议记录，由主持人和出席会议的董事签名。质言之，公司对重大事情作出决定，应当以股东会会议记录或股东大会会议记录的方式体现。因此，国有资产监督管理机构在是否同意资产转让的股东会或股东大会中履行股东职责时，只需在股东会会议记录或股东大会会议记录上签章，或由代表国有资产管理机构出席会议的人在股东会会议记录或股东大会会议记录上签名，无须出具专门的同意资产转让的批准文件。故本问中，甲公司和受让人申请转让转移登记时，无须提交国有资产管理机构同意转让的批文，提交公司股东会或股东代表会同意转让的证明即可。

二、笔者现时的认为

《民法典》第二百四十条规定，所有权人对自己的不动产或者动产，依法享有占有、使用、收益和处分的权利。该法第五百九十五条规定，买卖合同是出卖人转移标的物的所有权于买受人，买受人支付价款的合同。笔者据此认为，不动产买卖合同，是指登记簿上记载的所有权人转移不动产的所有权于买受人，买受人支付价款的合同。《民法典》第一百五十八条规定，民事法律行为可以附条件，但是根据其性质不得附条件的除外。附生效条件的民事法律行为，自条件成就时生效。附解除条件的民事法律行为，自条件成就时失效。该法第一百六十条规定，民事法律行为可以附期限，但是根据其性质不得附期限的除外。附生效期限的民事法律行为，自期限届至时生效。附终止期限的民事法律行为，自期限届满时失效。该法第五百零二条第一款规定，依法成立的合同，自成立时生效，但是法律另有规定或者当事人另有约定的除外。按该法第四百九十条第一款规定,当事人采用合同书形式订立合同的,自当事人均签名、盖章或者按指印时合同成立。据此可知,一般情形下,只要作为民事法律行为的买卖合同上有双方当事人签字或者盖章、指印,而无约定生效的条件或期限,则此合同就是已经生效的合同,登记机构可以直接用作登记的证据材料。本问中,如前所述,按《公司法》的相关规定,公司转让房屋须取得股东会或股东代表会的同意,但笔者认为,这是法律对公司内部制约机制的规定,且现时的法律、行政法规和司法解释,没有将经公司股东会或股东代表会同意规定为公司与他人签订的买卖合同生效的前提。故若公司以其名义与买方签订的房屋买卖合同中,无约定生效的条件或期限的,登记机构可以直接用作登记的证据材料,无须要求申请人提交公司股东会或股东代表会同意转让的证明佐证买卖合同的效力。

第42问 被查封房屋的按份共有人转让其未被查封的份额产生的转移登记,登记机构可否办理

甲、乙二人按份共有一套房屋,其中甲享有70%份额,乙享有30%份额。人民法院查封了乙享有的30%份额,甲将其享有的70%份额转让给丙。现甲、丙共同向登记机构申请转让转移登记。问:对甲、丙共同申请的转让转移登记,登记机构可否办理?

笔者认为,甲转让给丙的70%份额不属于被人民法院查封的范围,甲、丙由此申请的转让转移登记,登记机构应当办理。

一、共有人可以依自己的意思表示处分其享有的份额

《民法典》第三百零五条规定,按份共有人可以转让其享有的共有的不动产或者动产份额。其他共有人在同等条件下享有优先购买的权利。质言之,按份共有人可以依自己的意思表示转让其享有的不动产份额,只是在同等转让条件下,其他共有人享有优先购买权。据此可知,本问中,甲将其享有的70%份额转让给丙,其他共有人只能就是否行使优先

购买权发表意见，不得干涉甲对该份额的处分。

二、共有人转让其享有的不属于查封范围的份额产生的转移登记，登记机构应当办理

在司法实务中，《最高人民法院关于人民法院民事执行中查封、扣押、冻结财产的规定》（法释〔2004〕15号）第十四条第一款和第二款规定，对被执行人与其他人共有的财产，人民法院可以查封、扣押、冻结，并及时通知共有人。共有人协议分割共有财产，并经债权人认可的，人民法院可以认定有效。查封、扣押、冻结的效力及于协议分割后被执行人享有份额内的财产；对其他共有人享有份额内的财产的查封、扣押、冻结，人民法院应当裁定予以解除。质言之，共有的财产被查封后，经实施查封的人民法院同意，共有人可以对该财产进行分割，共有人通过分割将共有财产明确为按份共有后，查封范围仅限于被查封人享有的财产份额。申言之，人民法院对按份共有的财产实施查封的，查封范围也仅限于被查封人享有的财产份额，其他共有人享有的份额不属于被查封的范围。据此可知，本问中，乙是被查封人，甲不是被查封人，乙享有的30%份额属于被查封范围，但甲享有的70%份额则不属于被人民法院查封的范围。《最高人民法院、国土资源部、建设部关于依法规范人民法院执行和国土资源房地产管理机关协助执行若干问题的通知》（法发〔2004〕5号）第二十二条第一款规定，国土资源、房地产管理机关对被人民法院依法查封、预查封的土地使用权、房屋，在查封、预查封期间不得办理抵押、转让等权属变更、转移登记手续。质言之，有查封负担的房屋，登记机构不得为当事人办理转移登记。换言之，无查封负担的房屋，登记机构则可以为当事人办理转移登记。在不动产登记实务中，按《不动产登记操作规范（试行）》2.1.3条规定，按份共有人转让其享有的不动产份额的，受让人是共有人以外的人的，还应当提交其他共有人同意的书面材料。因此，登记机构在办理按份共有人转让其享有的份额产生的

转移登记时，其他共有人同意转让的书面材料是应当收取的要件。据此可知，本问中，如前所述，甲享有的70%份额不在被人民法院查封的范围内，属于无查封负担的份额，故对甲、丙共同申请的转让转移登记，登记机构应当办理，但应当收取乙同意转让的书面材料。

三、登记机构办理共有人转让其享有的不在查封范围内的份额产生的转移登记的实务处理

在不动产登记实务中，登记机构由于系统原因，办理甲、丙共同申请的转让转移登记导致查封登记情况变动的，转移登记完成后，登记机构应当及时在登记簿上记载的乙享有的30%份额处加注查封登记，查封的起止日期仍然按实施查封时人民法院送达的执行文书上载明的记载，以确保查封的公示作用和限制效力。

四、其他

人民法院为了生效法律文书目的的实现变现房屋时，在被查封房屋不能进行实体分割变现的前提下，可以对房屋整体变现，变现时，其他共有人在同等条件下享有优先购买权。其他共有人不行使优先购买权购买房屋的，变现后，各共有人按享有的份额参与房屋变现款的分配。

第43问　共同共有的两个共有人之间转移房产是否须先行申请共有性质变更产生的变更登记

甲、乙共同共有一处房屋，甲将自己享有的部分赠与乙，甲、乙欲共同申请赠与转移登记。问：甲、乙申请赠与转移登记前，是否应当先行申请变更登记，将共同共有变更为按份共有后，才可以申请赠与转移登记？

笔者认为，虽然《不动产登记暂行条例实施细则》第二十七条第（六）项规定，共有人减少属于当事人可以申请转移登记的情形。但是，共同共有人甲、乙间赠与房屋申请赠与转移登记前，应当先行按《不动产登

记暂行条例实施细则》第二十六条第（八）项规定申请共有性质变更产生的变更登记，将共同共有变更为按份共有后，才可以申请赠与转移登记。

一、若不先行办理共同共有变更为按份共有产生的变更登记，产生赠与的房屋数量无法确定

《民法典》第二百九十九条规定，共同共有人对共有的不动产或者动产共同享有所有权。质言之，共同共有，是共有人对共有的不动产抽象地、不分份额地共同享有所有权。据此可知，如果共同共有人之一将其享有的部分赠与其他共有人，则赠与的数量是多少，接受赠与的数量是多少，均无法确定。

按《房地产管理法》第三十七条和第四十一条规定，房地产赠与，赠与双方应当签订书面的赠与合同。按《民法典》第四百七十条第一款规定，一般情形下，数量是合同应当载明的内容。据此可知，房地产赠与合同中，赠与房屋的数量和接受赠与房屋的数量是房地产赠与合同应当载明的内容。因此，本问中，甲、乙申请赠与转移登记前，应当先行申请变更登记，将共同共有变更为按份共有后才能明确各自享有的份额，换言之，将共同共有变更为按份共有后，产生赠与时，才能在房屋赠与合同中载明赠与房屋的数量和接受赠与房屋的数量。

二、产生赠与的房屋数量确定后，才能依法缴纳契税，才能顺畅办理赠与转移登记

按《契税暂行条例》第二条、第四条和第十一条规定，赠与房屋须缴纳契税，计税依据由税务机关参照房屋买卖的市场价格核定，契税完税凭证是申请人申请赠与转移登记时应当向登记机构提交的材料。《不动产登记暂行条例》第十七条第（三）项规定，登记申请材料不齐全属于不予受理的情形。据此可知，本问中，如果甲、乙不先行申请变更登记，将共同共有变更成按份共有，则赠与房屋的数量和接受赠与房屋的数量不明确，税务机关无法核定计税基础，接受赠与房屋的人无法缴纳契税，

也无法取得契税完税凭证,若如此,申请赠与转移登记时无法向登记机构提交契税完税凭证,登记机构将以申请材料不齐全为由作不予受理处理。因此,甲、乙申请赠与转移登记前,应当先行申请变更登记,将共同共有变更为按份共有后才能明确各自享有的份额,才能凭载明赠与房屋的数量和接受赠与房屋的数量的房屋赠与合同等材料缴纳契税,才能顺利办理赠与房屋产生的转移登记。

第44问 经济适用住房可否按约定登记为配偶一方单独所有

甲、乙新婚后三个月,共同与房地产开发公司签订了经济适用住房买卖合同,申请转移登记时,申请人提交的夫妻财产约定载明该经济适用住房归甲单独所有,欲据此申请将房屋登记为甲单独所有。问:登记机构可否按甲、乙的约定,将经济适用住房登记为甲单独所有?

笔者认为,登记机构可以按甲、乙的约定,将经济适用住房登记为甲单独所有。

《经济适用住房管理办法》第二条第一款规定,经济适用住房,是指政府提供政策优惠,限定套型面积和销售价格,按照合理标准建设,面向城市低收入住房困难家庭供应,具有保障性质的政策性住房。据此可知,经济适用住房的购买对象是符合购买条件的家庭,但家庭购买后属于家庭共有财产,当然,如果家庭成员只有夫妻二人,则是夫妻共同财产。如果家庭成员中有未成年人的,一般情形下,未成年人属于被监护对象,对家庭财产的形成、积累无贡献,不宜判定为经济适用住房的共有人。本问中,经济适用住房买卖合同是由甲、乙夫妻二人共同与房地产开发公司签订的,由此建立了以取得经济适用住房所有权为目的的合同债权,此债权属于甲、乙夫妻二人的共同财产。按《民法典》第一千零六十五条第一款规定,男女双方可以约定婚姻关系存续期间所得的财产以及婚前财产归各自所有、共同所有或者部分各自所有、部分共同所有。约定应当采用书面形式。质言之,夫妻可以将其共同财产约定归配偶一方单独所有。据此可知，本问中，如前所述，以取得经济适用住房所有权为目的的合同债权既然属于甲、乙夫妻二人的共同财产，则甲、乙协商约定归甲单独所有，于法有据，由此转化而来的经济适用住房所有权也属于甲单独所有，因此，登记机构可以按甲、乙的约定，将经济适用住房登记为甲单独所有。

第 45 问　当事人可否持执行裁定书申请房屋转移登记

当事人持人民法院的执行裁定书申请房屋转移登记。裁定书上明确载明：房屋以 27.12 万元抵偿给当事人，当事人可凭本裁定书到相关机关办理过户手续。问：对当事人持人民法院的执行裁定书申请的房屋转移登记，登记机构可否办理？

有观点认为，执行文书必须由人民法院的执行员亲自送达，不能由当事人直接提交给登记机构，故本问中，对当事人持人民法院的执行裁定书申请的房屋转移登记，登记机构应当不予办理。笔者不支持此观点。

一、登记机构不是执行中的当事人，实施执行措施的人民法院无须向登记机构送达执行裁定书

《民事诉讼法》第二百二十八条规定，执行工作由执行员进行。质言之，作为执行工作环节之一的执行文书的送达，应当由执行员亲自向相关当事人或相关单位送达。据此可知，本问中，载明房屋抵债的执行裁定书的当事人是申请执行人与被执行人（房屋所有权人），执行员应当将此执行裁定书亲自送达申请执行人与被执行人（房屋所有权人），登记机构不是执行中的当事人，执行员无须向登记机构送达执行裁定书。如果实施执行措施的人民法院需要登记机构协助办理抵债产生的房屋转移登记时，登记机构是执行中的协助单位，属于接受协助执行通知书的相关单位，执行员才应当亲自向登记机构送达协助执行通知书。当然，执行员向登记机构送达协助执行通知书时，随同送达的执行裁定书属于协助执行通知书的附件。概言之，实施执行措施的人民法院向登记机构送达协助执行通知书时，才附随送达作为协助执行通知书基础的执行裁定书或其他法律文书。

二、对申请人持执行裁定书申请的转移登记，登记机构应当办理

在工作实务中，《最高人民法院、国土资源部、建设部关于依法规范人民法院执行和国土资源房地产管理机关协助执行若干问题的通知》（法发〔2004〕5号）第二十七条规定，人民法院制作的土地使用权、房屋所有权转移裁定送达权利受让人时即发生法律效力，人民法院应当明确告知权利受让人及时到国土资源、房地产管理机关申请土地、房屋权属变更、转移登记。据此可知，本问中，载明房屋抵债的执行裁定书即属于人民法院制作的土地使用权、房屋所有权转移裁定，自执行员送达当事人（申请执行人）时，当事人（申请执行人）已经依法享有抵债房屋的所有权。且该执行裁定书载明当事人可凭本裁定书到相关机关办理过户手续，属于人民法院已经明确告知权利受让人及时到国土资源、房地产管理机关申请土地、房屋权属变更、转移登记的情形。另外，本问中，是当事人向登记机构申请转移登记，不是人民法院要求登记机构协助办理转移登记，故人民法院无须向登记机构送达协助执行通知书。因此，本问中，对当事人持人民法院出具的执行裁定书申请的房屋转移登记，登记机构应当办理。

三、登记机构办理当事人持执行裁定书申请的转移登记的实务处理

在不动产登记实务中，《不动产登记暂行条例实施细则》第二十三条规定，因不动产权利灭失等情形，不动产登记机构需要收回不动产权属证书或者不动产登记证明的，应当在不动产登记簿上将收回不动产权属证书或者不动产登记证明的事项予以注明；确实无法收回的，应当在不动产登记机构门户网站或者当地公开发行的报刊上公告作废。按该实施细则的相关规定，不动产权属证书是当事人申请转移登记时应当提交的

材料。据此可知，在不动产转移登记中，自转移登记记载于登记簿上时起，权利取得人的权利产生，原权利人的权利灭失，此灭失，称为权利的相对灭失。与之对应的是权利的绝对灭失，即不动产实体消灭的，附于其上的权利随之灭失。故登记机构在办理不动产转移登记时，载明原权利人的已经灭失的权利的不动产权属证书不能收回时，登记机构应当在其门户网站或者当地公开发行的报刊上公告该证书作废。因此，本问中，如果申请人不能提交原权利人名下的不动产权属证书的，登记机构可凭执行裁定书、登记簿打印件或复制件等相关材料办结转移登记后，再在登记机构的门户网站或登报公告未收回的不动产权属证书作废。

第46问　买卖不动产产生的转移登记是否必须由当事人同时申请

在买卖产生的不动产转移登记中，登记人员先受理了卖方提交的相应的转移登记申请材料，并让其当面在转移登记申请书上签字按指纹。过了一段时间后，买方才来登记受理窗口，在转移登记申请书上签字按指纹，同时提交了契税税票等补充材料。登记机构完成转移登记后向买方颁发了不动产权属证书。现卖方以买卖双方不是同时申请买卖产生的转移登记为由，认为登记程序违法而起诉登记机构，请求人民法院判决撤销买卖产生的转移登记。问：买卖不动产产生的转移登记，买卖双方是否必须"同时"到登记受理窗口申请？

笔者认为，基于买卖不动产产生的转移登记，应当由买卖双方"同时"到登记受理窗口申请。

一、基于买卖不动产产生的转移登记，当事人应当同时到登记机构申请

《不动产登记暂行条例》第十四条第一款规定，因买卖、设定抵押权等申请不动产登记的，应当由当事人双方共同申请。质言之，基于买卖、抵押等法律行为产生的不动产登记，应当由当事人双方共同向登记机构申请。笔者认为，其中的当事人双方共同向登记机构申请登记，应当是指当事人双方"同时"到登记机构的受理窗口，向登记机构提交登记申请材料并在登记申请书上签名（章）。如果就基于买卖、抵押等法律行为设立的不动产权利或事项，由当事人一方先行申请登记并提交该由其提交的登记申请材料，之后，另一方再申请登记并提交该由其提交的登记申请材料，则该基于买卖、抵押等法律行为设立的不动产权利或事项是由两个单方行为申请登记，不是当事人双方共同申请登记的体现，与《不动产登记暂行条例》第十四条第一款规定相悖，故本问中，登记机构完成的买卖转移登记在程序上存在瑕疵。

二、有瑕疵的转移登记申请，不影响作为转移登记原因的买卖合同的效力

《民法典》第一百三十三条规定，民事法律行为是民事主体通过意思表示设立、变更、终止民事法律关系的行为。该法第二百一十五条规定，当事人之间订立有关设立、变更、转让和消灭不动产物权的合同，除法律另有规定或者当事人另有约定外，自合同成立时生效；未办理物权登记的，不影响合同效力。质言之，作为民事法律行为的不动产买卖合同是当事人基于民事活动取得或设立不动产物权或事项的民事实体行为，是当事人取得或设立不动产物权或事项的原因，受民事实体法的调整。《民法典》第二百一十一条规定，当事人申请登记，应当根据不同登记事项提供权属证明和不动产界址、面积等必要材料。依《不动产登记暂行条例》第十四条规定，不动产登记以当事人的申请为前提。质言之，一般情形下，不动产登记程序依当事人的申请启动。申言之，不动产登记申请，是当事人作出的启动不动产登记的程序行为，该行为产生使当事人基于民事实体行为取得或设立的不动产物权或事项记载在登记簿上，得到国家公权力保护的法律效果。因此，取得或设立不动产物权、事项的法律行为与不动产登记的申请，系相同的民事主体作出的两种不同的

行为,不动产登记申请行为不符合法律、行政法规的规定,不影响取得或设立不动产物权或事项的法律行为的效力。据此可知,本问中,尽管当事人不是同时申请的买卖转移登记,不动产登记申请行为存在瑕疵,但不影响当事人签订的买卖不动产合同的效力。

三、其他

《行政诉讼法》第七十条第(三)项规定,违反法定程序的,人民法院判决撤销或部分撤销,并可以判决被告重新作出行政行为。据此可知,本问中,买卖双方不是"同时"到登记机构的受理窗口申请转移登记,但登记机构却据此办理了买卖转移登记,登记行为违反前述《不动产登记暂行条例》第十四条第一款规定,在行政诉讼中,此买卖产生的转移登记可能被人民法院撤销。但若买卖转移登记被撤销,也不影响买卖合同的效力,买方可据此另案起诉卖方,请求人民法院判决确认权属后,再凭人民法院生效的确认权属的判决书单方申请登记。

在不动产登记实务中,为了证明当事人是同时到登记机构的受理窗口申请基于买卖、抵押等法律行为产生的登记,有条件的登记机构可在登记系统中建立人像采集子系统,对申请人的"同时"申请情况拍照存档。没有条件的登记机构,在收取登记申请书时,应当要求申请人在登记申请书上填写相同的登记申请时间。

第47问 按份共有人以其享有的不动产份额投资入股,该怎样申请不动产登记

甲、乙共同投资建成一家具市场,房屋竣工后,甲、乙共同申请了房屋所有权和国有建设用地使用权首次登记,登记为按份共有,甲占40%份额,乙占60%份额。之后,甲、乙共同用房屋抵押向银行获取贷款,办理了一般抵押权登记。不久,乙按比例还清了贷款,但没有申请抵押权注销登记,乙欲将自己享有的房地产份额投资入股到某公司名下。问:

第三部分 转移登记

乙若将自己享有的房地产份额投资入股到某公司名下,该怎样申请不动产登记?

笔者认为,乙应当与抵押权人先行申请因债权数额减少产生的抵押权变更登记,然后再与某公司申请投资入股产生的不动产转移登记。

一、通过抵押权变更登记,注销欲投资入股的房地产份额上的抵押权

《民法典》第四百零六条第一款规定,抵押期间,抵押人可以转让抵押财产。当事人另有约定的,按照其约定。抵押财产转让的,抵押权不受影响。在房屋交易管理实务中,《城市房地产转让管理规定》第三条第二款第(一)项规定,房地产投资入股属于房地产转让行为。在不动产登记实务中,按《不动产登记操作规范(试行)》4.8.2条之5规定,申请登记的事项与不动产登记簿的记载相冲突的,属于不予登记的情形。据此可知,一般情形下,以作为抵押标的物的房地产投资入股,对该房地产上既有的抵押权没有任何影响,故抵押权对被抵押的房地产投资入股没有限制作用,被抵押的房地产投资入股产生转移登记时,也不与登记簿上的抵押权形成冲突,因此,该抵押权不对由此申请的转移登记的办理有限制作用。但是,《不动产登记暂行条例实施细则》第二十六条第(五)项和第六十八条第一款第(二)项规定,债权数额变更属于当事人申请一般抵押权变更登记的情形。据此可知,本案中,乙既然按比例还清了贷款,使抵押权因被其担保的债权数额减少而发生变更,具备了申请抵押权变更登记的事由,因此,乙应当与抵押权人持以债权数额变更为主要内容的抵押权变更协议等材料,向登记机构申请抵押权变更登记,通过抵押权变更登记,减少被担保的主债权数额,从而注销在乙的房地产份额上设立的一般抵押权,使其恢复到无抵押权负担的状态,以免因此给房地产投资入股造成不必要的负面影响。

二、按份共有人可以以其享有的份额投资入股，由此产生的转移登记，登记机构应当办理

《公司法》第二十七条第一款规定，股东可以用货币出资，也可以用实物、知识产权、土地使用权等可以用货币估价并可以依法转让的非货币财产作价出资；但是，法律、行政法规规定不得作为出资的财产除外。《民法典》第二百四十条规定，所有权人对自己的不动产或者动产，依法享有占有、使用、收益和处分的权利。《民法典》第二百九十八条规定，按份共有人对共有的不动产或者动产按照其份额享有所有权。据此可知，按份共有人可以以其享有的不动产份额投资入股，换言之，本问中，乙将自己享有的房地产份额投资入股到某公司于法有据。《公司法》第二十八条第一款规定，以非货币财产出资的，应当依法办理其财产权的转移手续。按《民法典》第二百九十七条规定，不动产或者动产可以由两个以上组织、个人共有。在不动产登记实务中，《不动产登记暂行条例实施细则》第二十七条第（二）项规定，以不动产作价入股属于当事人申请转移登记的情形。按《不动产登记操作规范（试行）》2.1.3 条规定，按份共有人转让、抵押其享有的不动产份额，应当与受让人或者抵押权人共同申请。受让人是共有人以外的人的，还应当提交其他共有人同意的书面材料。据此可知，本案中，乙将自己享有的房地产份额投资入股到某公司，乙应当与该公司持作价入股协议等材料申请转移登记，乙享有的房地产份额转移登记到该公司名下后，吸收股份的公司与甲成为该房地产的按份共有人，公司占 60% 份额，甲占 40% 份额。登记机构办理该转移登记时，应当收取甲同意乙以其份额入股的证明。

第 48 问 基于人民法院生效的判决书取得的房屋所有权未经登记就处分产生的登记，登记机构可否受理

人民法院生效的离婚判决书载明：坐落于××处的商品房归原被告

第三部分 转移登记

双方共同共有（该商品房已经竣工，但尚未转移登记到合同签订人女方名下）。尔后，原被告双方另行签订协议约定此房屋归男方单独所有。现原夫妻持判决书和书面约定共同向登记机构申请将房屋登记为男方单独所有。问：对原夫妻持确认房屋归其共同共有的生效判决书和夫妻另行约定房屋归属的协议，共同申请的欲将房屋登记为男方单独所有的登记，登记机构可否受理？

笔者认为，对原夫妻持确认房屋归其共同共有的生效判决书和夫妻另行约定房屋归属的协议，共同申请的欲将房屋登记为男方单独所有的登记，登记机构不得受理。

《民法典》第二百二十九条规定，因人民法院、仲裁机构的法律文书或者人民政府的征收决定等，导致物权设立、变更、转让或者消灭的，自法律文书或者征收决定等生效时发生效力。《房地产管理法》第三十七条规定，房地产转让，是指房地产权利人通过买卖、赠与或者其他合法方式将其房地产转移给他人的行为。该法第三十八条第（六）项规定，未依法登记领取权属证书的房地产不得转让。据此可知，基于人民法院生效的确认权属的判决书取得的房屋，自该判决书生效时起，权利人无须登记即依法、即时取得房屋的所有权。但是，权利人未先行申请将基于人民法院生效的判决书取得的房屋所有权记载在登记簿上并持有不动产权属证书的，不得以转让或赠与等行为处分该房屋。本问中，原被告（原夫妻）双方另行签订协议约定此房屋归男方单独所有，属于女方对其基于人民法院生效的判决书取得的房屋所有权以转让或赠与的方式进行处分，但女方处分的房屋所有权未先行记载在登记簿上并持有不动产权属证书，与前述《房地产管理法》第三十八条第（六）项规定不符合。《不动产登记暂行条例》第十七条第（三）项规定，申请材料不齐全或者不符合法定形式的，登记机构应当当场书面告知申请人不予受理并一次性告知需要补正的全部内容。在不动产登记实务中，《不动产登记暂行条例实施细则》第三十八条第（一）项和第（二）项规定，申请国有建设用地使用权及地上房屋所有权买卖、赠与产生的转移登记时,卖方、赠与人名下的不动产权属证书是应当提交的材料。据此可知,本问中,申请人按约定申请转移登记时无法提交作为赠与人的女方名下的不动产权属证书,对申请人的申请,登记机构应当作不予受理处理并告知申请人持人民法院生效的离婚判决书,先行共同向登记机构申请转移登记,将房屋从房地产开发公司名下登记到夫妻二人名下并领取不动产权属证书后,再持不动产权属证书、房屋归男方单独所有的约定等材料,共同向登记机构申请转让或赠与房屋产生的转移登记,将房屋转移登记为男方单独所有。

第 49 问 城镇居民继承"净"的农村宅基地申请的转移登记,登记机构可否办理

农村老人甲,配偶早亡。甲经过合法途径取得一处宅基地,办理了宅基地使用权首次登记并领取了不动产权属证书,但甲在购买建造房屋材料途中意外死亡。甲的独生子乙,大学毕业后落户县城当公务员。现乙持甲名下的不动产权属证书、甲的死亡证明、乙继承甲遗留财产的声明等材料,向登记机构申请继承甲遗留的宅基地使用权产生的转移登记。问:对公务员乙申请的继承甲遗留的"净"的农村宅基地使用权产生的转移登记,登记机构可否办理?

笔者认为,对公务员乙申请的继承甲遗留的"净"的农村宅基地使用权产生的转移登记,登记机构不得办理。

按《土地管理法》第六十二条第一款规定,农村村民一户只能拥有一处宅基地。《民法典》第三百六十二条规定,宅基地使用权人依法对集体所有的土地享有占有和使用的权利,有权依法利用该土地建造住宅及其附属设施。质言之,农村宅基地是供农村村民建造住宅及其附属设施的集体土地。换言之,农村宅基地使用权是与农村村民身份相关联的集体土地使用权。概言之,只有农村村民才可以享有宅基地使用权是法律

第三部分 转移登记

的规定确定的原则。在司法实务中,再审法院肇庆市中级人民法院在陈某英、莫某成等诉莫 A、莫 B 继承纠纷案中认为:本案是继承纠纷,争议焦点是讼争的宅基地是否属可继承的财产,陈某英等人对该宅基地是否有继承权的问题。讼争宅基地虽在 1953 年由集体分配给莫某田使用,并在 1988 年领取《土地使用证》,但莫某田一直未在上述土地建住宅,莫某田及其三个儿子都是另有宅基地另建房屋居住,讼争宅基地在莫某田去世时,只是部分建了临时性的猪栏、猪舍。根据《土地管理法》第八条第二款"农村和城市郊区的土地,除由法律规定属于国家所有的以外,属于农民集体所有;宅基地和自田地、自留山,属于农民集体所有。"(现《土地管理法》第九条做了同样的规定)、第十条"农民集体所有的土地依法属于村农民集体所有的,由村集体经济组织或者村民委员会经营、管理;……"、第六十二条"农村村民一户只能拥有一处宅基地,其宅基地的面积不得超过省、自治区、直辖市规定的标准。……农村村民建住宅,应当符合乡(镇)土地利用总体规划,不得占用永久基本农田,并尽量使用原有的宅基地和村内空闲地。……"以及《物权法》第一百五十三条"宅基地使用权的取得、行使和转让,适用土地管理法等法律和国家有关规定"的规定(《民法典》第三百六十三条规定,宅基地使用权的取得、行使和转让,适用土地管理的法律和国家有关规定。),我国对宅基地严格实行"一户一宅"制度,宅基地归集体所有,而宅基地使用权人可以将地上建筑物以出租、赠与、继承、遗赠的方式转移与他人,宅基地使用权也随之转移,但宅基地使用权本身不得单独转移且不能用于抵押,包括不能进行继承[①]。据此可知,净的宅基地使用权是不可以赠与、继承、遗赠的。本问中,乙是公务员,不再是农村村民,不能基于继承取得净的宅基地使用权,因此,对其申请的继承甲遗留的"净"的农村宅基地使用权产生的转移登记,登记机构不得办理。

---

① 最高院法学研究所:《人民法院案例选》(2016 年第 2 辑总第 96 辑),人民法院出版社 2016 年版,第 124 页。

第 50 问 基于抵债的民事调解书产生的房屋转移登记，是否必须由当事人双方共同申请

问：基于抵债的民事调解书产生的房屋转移登记，是否必须由当事人双方共同申请？

笔者认为，基于抵债的民事调解书产生的房屋转移登记，必须由当事人双方共同申请。

一、原则：民事调解书不是当事人享有物权的权利凭证

《民法典》第二百二十九条规定，因人民法院、仲裁机构的法律文书或者人民政府的征收决定等，导致物权设立、变更、转让或者消灭的，自法律文书或者征收决定等生效时发生效力。质言之，基于人民法院、仲裁机构生效的法律文书取得的不动产物权，自该法律文书生效时起，权利人无须登记即依法、即时享有该不动产的物权，即生效的法律文书，是权利人享有不动产物权的权利凭证，而非权利来源的凭证。但是，人民法院、仲裁委员会生效的法律文书，必须是针对不动产物权的设立和变动作出的判决、裁定或裁决[①]。换言之，生效的确认不动产权属的判决书、裁定书、裁决书才是权利人享有不动产物权的权利凭证。《民事诉讼法》第九十七条第一款规定，调解达成协议，人民法院应当制作调解书。调解书应当写明诉讼请求、案件的事实和调解结果。质言之，民事调解书属于协议，即民事调解书属于法律行为。在司法实务中，人民法院在民事调解书尾部的确认意见，一般表述为"当事人达成的上述协议，并不违反法律规定，本院予以确认"。据此可知，人民法院是对在其主持调解下达成的解决纠纷的协议内容予以确认。因此，即使载明房屋权利归属的民事调解书，也有别于确认物权归属的判决、裁定，换言之，《民法典》第二百二十九条规定的导致原有物权关系改变的法律文书不包括民事调解书。

---

① 王利明、尹飞、程啸：《中国物权法教程》，人民法院出版社 2007 年版，第 81 页。

二、例外情形：分割共有财产的民事调解书是当事人享有物权的权利凭证

在司法实务中，据《物权法司法解释（一）》第七条规定，人民法院在分割共有不动产等案件中作出并依法生效的改变原有物权关系的民事调解书，应当认定为《物权法》第二十八条规定（《物权法》第二十八条规定，因人民法院、仲裁委员会的法律文书或者人民政府的征收决定等，导致物权设立、变更、转让或者消灭的，自法律文书或者人民政府的征收决定等生效时发生效力。现《民法典》第二百二十九条规定，因人民法院、仲裁机构的法律文书或者人民政府的征收决定等，导致物权设立、变更、转让或者消灭的，自法律文书或者征收决定等生效时发生效力。）所称导致物权设立、变更、转让或者消灭的人民法院的法律文书。该解释第二十二条规定，本解释自 2016 年 3 月 1 日起施行。本解释施行后人民法院新受理的一审案件，适用本解释。质言之，最高人民法院根据法律赋予的权力对《物权法》第二十八条规定（现《民法典》第二百二十九条规定）做了扩张解释，即自 2016 年 3 月 1 日起立案的案件中，人民法院在分割共有不动产等案件中作出并依法生效的改变原有物权关系的民事调解书与相应的判决、裁定具有同等效力，换言之，自 2016 年 3 月 1 日立案的案件中，生效的分割共有不动产并改变原有物权关系的民事调解书，也是权利人享有不动产物权的权利凭证，而非权利来源的凭证。据此可知，自 2016 年 3 月 1 日立案的案件，民事调解书作为权利人享有不动产物权的权利凭证，仅限于分割共有不动产并改变原有物权关系的情形。笔者认为，生效的分割共有不动产并改变原有物权关系的民事调解书中，分割的共有不动产，一是指登记簿上记载的共有人共有的不动产；二是指登记簿制度建立以前，夫妻在婚姻存续期间取得的不动产，却登记在夫或妻一方名下的情形。此情形下，当事人取得不动产的法律

文书和法律行为生效的时间、继承或受遗赠取得不动产的时间、合法建造房屋的竣工时间在婚姻存续期间的，为夫妻共同财产，否则不然。

三、基于抵债的民事调解书产生的登记，须由当事人双方共同申请

《不动产登记暂行条例》第十四条第二款第（三）项规定，基于人民法院、仲裁委员会生效的法律文书或者人民政府生效的决定等设立、变更、转让、消灭不动产权利的，当事人可以单方申请登记。据此可知，权利人基于生效的判决、裁定取得的不动产物权和2016年3月1日起立案后产生的生效的分割共有不动产并改变原有物权关系的民事调解书取得的不动产物权，可以单方申请登记。因此，本问中，如前所述，权利人取得房屋所有权的基础是抵债的民事调解书，不属于《物权法司法解释（一）》第七条规定的民事调解书是权利人享有不动产物权的权利凭证的情形，也不属于《不动产登记暂行条例》第十四条第二款第（三）项规定的可以单方申请登记的情形，换言之，基于抵债的民事调解书产生的房屋转移登记须由当事人双方共同申请。

第51问　监护人代被监护人签订的遗赠抚养协议，登记机构可否用作办理转移登记的证据材料

甲是无父母、无配偶和无子女的成年精神病人，人民法院判决确认其为无行为能力人，甲所在社区居民委员会指定其兄乙为他的监护人。2012年8月，乙代甲与丙签订遗赠扶养协议约定：甲的生养死葬由丙负责，甲死亡后，登记在甲名下的房屋归丙所有。2021年1月，甲死亡。现丙持人民法院确认甲为无行为能力人的判决书、甲所在社区居民委员会指定乙为其监护人的证明、遗赠扶养协议等材料申请遗赠转移登记。问：监护人乙代被监护人甲签订的遗赠扶养协议，登记机构可否用作转移登记的材料？

笔者认为，监护人乙代被监护人甲签订的遗赠扶养协议，登记机构

可以用作转移登记的材料。

2012 年 8 月，乙代甲与丙签订遗赠扶养协议适用的《继承法》第十六条第三款规定，公民可以立遗嘱将个人财产赠给国家、集体或者法定继承人以外的人。该法第三十一条第一款规定，公民可以与扶养人签订遗赠扶养协议。按照协议，扶养人承担该公民生养死葬的义务，享有受遗赠的权利。（现时的《民法典》第一千一百三十三条第三款规定，自然人可以立遗嘱将个人财产赠与国家、集体或者法定继承人以外的组织、个人。该法第一千一百五十八条规定，自然人可以与继承人以外的组织或者个人签订遗赠扶养协议。按照协议，该组织或者个人承担该自然人生养死葬的义务，享有受遗赠的权利。）据此可知，遗赠属于赠与，遗赠扶养协议属于权利人以赠与方式处分自己财产的法律行为。2012 年 8 月，乙代甲与丙签订遗赠扶养协议适用的《民法通则》第十八条第一款规定，监护人应当履行监护职责，保护被监护人的人身、财产及其他合法权益，除为被监护人的利益外，不得处理被监护人的财产。（现时的《民法典》第三十四条第一款规定，监护人的职责是代理被监护人实施民事法律行为，保护被监护人的人身权利、财产权利以及其他合法权益等。按该法第三十五条第一款规定，监护人除为维护被监护人利益外，不得处分被监护人的财产。）据此可知，监护人可以代被监护人实施法律行为，但若是处分被监护人财产的法律行为，则必须是为了被监护人的利益。因此，本问中，监护人乙代被监护人甲与丙签订遗赠扶养协议，是为了安排甲的生养死葬问题而处分甲的房屋，即处分房屋是为了甲的切身利益，故监护人乙代被监护人甲签订的遗赠扶养协议，符合法律的规定，属于合法、有效的协议，登记机构可以用作办理遗赠转移登记的材料。

第 52 问 按份共有的房屋可否由占份额三分之二以上的共有人申请增加共有人产生的转移登记

有一宅基地上的老房子，登记在甲名下。由于权属纠纷，人民法院判决四个家庭成员按份共有此房屋,其中甲占 1/13 份额,乙占 9/13 份额,丙占 1/13 份额,丁占 2/13 份额。在甲不配合的情形下,乙、丙、丁持人民法院生效的判决书等材料向登记机构申请增加共有人产生的转移登记。问:在甲不配合的情形下,可否由乙、丙、丁持人民法院生效的判决书等材料向登记机构申请增加共有人产生的转移登记?

笔者认为,在共有人甲不配合的情形下,不能由乙、丙、丁持人民法院生效的判决书等材料向登记机构申请增加共有人产生的转移登记。

一、增加共有人产生的转移登记应当由全部共有人共同申请

《不动产登记暂行条例实施细则》第十条第一款规定,处分共有不动产申请登记的,应当经占份额三分之二以上的按份共有人或者全体共同共有人共同申请,但共有人另有约定的除外。质言之,以转让、抵押等行为对外处分共有的不动产时,实施多数决原则,即可以由占份额三分之二以上的按份共有人申请转移登记、抵押权登记。据此可知,本问中,房屋原登记在甲名下,因权属纠纷,人民法院生效的判决书将该房屋判决由甲、乙、丙、丁按份共有,在甲不配合的情形下,乙、丙、丁持人民法院生效的判决书等材料向登记机构申请的是增加共有人产生的转移登记,不是对外处分房屋产生的转移登记,因此,不适用多数决原则,不能仅由乙、丙、丁申请增加共有人产生的转移登记。

在不动产登记实务中,《不动产登记暂行条例实施细则》第二十七条第(六)项规定,增加共有人产生的转移登记由当事人申请。《不动产登记操作规范(试行)》2.1.3 条之 1 规定,共有不动产的登记,应当由全体共有人共同申请。据此可知,本问中,增加共有人产生的转移登记,应当由全部共有人共同申请,即由甲、乙、丙、丁共同申请的增加共有人产生的转移登记,登记机构方可受理。

二、本问的实务处理

1.《民事诉讼法》第二百三十六条第一款规定,发生法律效力的民事

判决、裁定，当事人必须履行。一方拒绝履行的，对方当事人可以向人民法院申请执行，也可以由审判员移送执行员执行。在不动产登记实务中，《不动产登记暂行条例实施细则》第十九条第二款第（一）项规定，人民法院持生效法律文书和协助执行通知书要求不动产登记机构办理登记的，登记机构应当直接办理相关登记。据此可知，本问中，甲不配合申请增加共有人产生的转移登记，即不履行人民法院生效的判决，乙、丙、丁可以申请人民法院执行，在人民法院向登记机构送达生效法律文书和协助执行通知书，要求登记机构办理增加共有人产生的转移登记的，登记机构可以凭生效法律文书和协助执行通知书直接办理，将此房屋登记为甲、乙、丙、丁按份共有，其中甲占 1/13 份额，乙占 9/13 份额，丙占 1/13 份额，丁占 2/13 份额。

2.《民法典》第二百二十条第一款规定，权利人、利害关系人认为不动产登记簿记载的事项错误的，可以申请更正登记。不动产登记簿记载的权利人书面同意更正或者有证据证明登记确有错误的，登记机构应当予以更正。在不动产登记实务中，《不动产登记操作规范（试行）》16.1.1条规定，权利人、利害关系人认为不动产登记簿记载的事项有错误，或者人民法院、仲裁委员会生效法律文书等确定的不动产权利归属、内容与不动产登记簿记载的权利状况不一致的，当事人可以申请更正登记。据此可知，人民法院生效的判决书确定的不动产物权归属与不动产登记簿记载的权利状况不一致而形成登记记载内容错误，登记簿上现时记载的权利人、与登记簿上现时记载的错误内容有利害关系的人，可以向登记机构申请更正登记。因此，本问中，人民法院生效的判决书确认现时登记在甲一人名下的房屋归甲、乙、丙、丁按份共有，即与登记簿记载的权利状况不一致而形成登记记载内容错误，乙、丙、丁与登记簿上现时记载的错误内容有利害关系，在甲不配合的前提下，可以向登记机构申请更正登记，登记机构也应当支持，凭生效的判决书等材料，将房屋更正登记为甲、乙、丙、丁按份共有并为其颁发不动产权属证书，其中甲占 1/13 份额，乙占 9/13 份额，丙占 1/13 份额，丁占 2/13 份额。甲应当领取的不动产权属证书由登记机构保管，以备甲随时领取。笔者倾向登记机构引导乙、丙、丁申请更正登记。

第 53 问　婚前建造的宅基地上的房屋可否约定为与城市居民的配偶共同所有

张三婚前在一块宅基地上建造了一幢房屋，办理了房地产权利首次登记并持有不动产权属证书，之后，张三与城市居民李四结婚。张三、李四约定该房屋为夫妻共同财产，现向登记机构申请房地产权利转移登记。问：对张三、李四申请的房地产权利转移登记，登记机构可否办理？

笔者认为，对张三、李四申请的房地产权利转移登记，登记机构不能办理。

按《民法典》第一千零六十五条第一款规定，男女双方可以约定婚姻关系存续期间所得的财产以及婚前财产归各自所有、共同所有或者部分各自所有、部分共同所有。约定应当采用书面形式。据此可知，婚前财产也可以约定为夫妻共有，但此约定，应当是夫或妻将其婚前单独享有的财产的一部分转让或赠与对方配偶。按《土地管理法》第六十二条第三款规定，农村村民建住宅，应当符合乡（镇）土地利用总体规划、村庄规划，不得占用永久基本农田，并尽量使用原有的宅基地和村内空闲地。据此可知，新建住宅使用宅基地的人须是农村村民，申言之，基于转让、赠与取得宅基地使用权的人也须是农村村民。因此，本问中，李四不是宅基地所在地的农村村民，不能基于夫妻约定受让或受赠取得宅基地使用权，但能受赠取得该宅基地上的房屋所有权。在不动产登记实务中，《不动产登记暂行条例实施细则》第二条第二款规定，房屋等建筑物、构筑物和森林、林木等定着物应当与其所依附的土地、海域一并登记，保持权利主体一致。该实施细则第二十七条第（一）项规定，因赠与导致不动产权利转移属于当事人申请转移登记的情形。按《不动产登记操作规范（试行）》10.3.4 条之 1 规定，受让方为本集体经济组织的成员且符合宅基地申请条件,是登记机构办理宅基地及地上房屋转移登记时的审查要点。据此可知,基于赠与申请的宅基地及地上房屋转移登记中,受让人须是宅基地所在地集体经济组织成员,且必须遵守土地使用权人和地上房屋所有权人同一的不动产登记原则。本问中,如前所述,李四不是宅基地所在地集体经济组织的村民,不能基于夫妻约定受让或受赠取得宅基地使用权,虽然李四可以受让或受赠取得该宅基地上的房屋所有权,但若登记机构只为李四办理地上房屋所有权转让或赠与转移登记,则违反土地使用权人和地上房屋所有权人同一的不动产登记原则。概言之,对张三、李四申请的房地产权利转移登记,登记机构不能办理。

第54问　法院查封期间届满的最后一天为节假日的,是否需要顺延一天后才能为当事人办理转让转移登记

某人民法院向登记机构送达执行文书,要求查封某房屋,执行文书载明查封期间:2018年1月2日—2021年1月1日。但是,2021年1月1日是法定的元旦假日。问:如果当事人于假日后上班的第一天向登记机构申请转让房屋产生的转移登记,登记机构可否办理?

笔者认为,如果当事人于假日后上班的第一天向登记机构申请转让房屋产生的转移登记,登记机构不能办理。

《民事诉讼法》第一编总则的第八十二条第一款和第三款规定,期间包括法定期间和人民法院指定的期间。期间届满的最后一日是节假日的,以节假日后的第一日为期间届满的日期。据此可知,该条规定的位置在《民事诉讼法》的总则部分,无论在审判程序中还是在执行程序中,人民法院和当事人均应当遵守。因此,本问中,执行文书载明查封期间:2018年1月2日—2021年1月1日,此期间属于人民法院指定的期间,但此查封期间届满的最后一天2021年1月1日是法定的元旦假日,应当依法将假日后上班的第一天顺延为该查封期间的最后一天,即该查封于假日后上班的第二天起失效。因此,如果当事人于假日后上班的第一天向登记机构申请转让房屋产生的转移登记,登记机构不能办理。

第 55 问 房、地分别登记时代,只办理了房屋所有权转移登记的,现房屋所有权人单方申请的该房屋分摊的土地使用权转移登记,登记机构可否受理

2011 年 12 月,小张将房屋转让给小王。房屋所有权转移登记给了小王,小王也领取了房屋所有权证书。当时小张急着外出务工,小王也刚好家中有急事,该房屋分摊的土地使用权就没有转移登记,但小张将其名下的国有土地使用权证书交给了小王。小王心想,房屋所有权转移登记给了自己,而国有土地使用权证书也在自己手里,应该不会出什么问题,等过段时间忙完了,再去办理土地使用权转移登记。谁知这一拖,9 年过去了,现在房、地两证合一。2021 年 1 月,小王想去办理土地使用权转移登记,领取载明房屋所有权和土地使用权的不动产权属证书,却已经联系不到小张了,小王就持房屋转让合同、小张名下的国有土地使用权证书等材料单方申请房屋分摊的土地使用权转移登记。问:对小王持房屋转让合同、小张名下的国有土地使用权证书等材料单方申请的房屋分摊的土地使用权转移登记,登记机构可否受理?

笔者认为,对小王持房屋转让合同、小张名下的国有土地使用权证书等材料单方申请的房屋分摊的土地使用权转移登记,登记机构应当受理。

小王、小张办理房屋所有权转移登记时适用的《物权法》第十四条规定,不动产物权的设立、变更、转让和消灭,依照法律规定应当登记的,自记载于不动产登记簿时发生效力。该法第一百四十七条规定,建筑物、构筑物及其附属设施转让、互换、出资或者赠与的,该建筑物、构筑物及其附属设施占用范围内的建设用地使用权一并处分。(现时的《民法典》第二百一十四条、第三百五十七条做了同样的规定。)质言之,一般情形下,基于转让、赠与等法律行为转移建筑物的,自转移建筑物产生的登记记载于登记簿上时起生效,且该建筑物占用范围内的土地使

第三部分 转移登记

用权随建筑物的转移而随之转移。换言之，基于转让、赠与等法律行为转移建筑物的，建筑物的所有权自记载于登记簿上时起发生转移，该建筑物占用范围内的土地使用权无须登记，也随之转移。据此可知，本问中，小王自房屋所有权转让转移登记记载于登记簿上时起，取得转让方小张的房屋所有权的同时，无须登记即取得了该房屋应该分摊的国有土地使用权。那么，小王可否单方申请该房屋应该分摊的国有土地使用权转移登记呢？《不动产登记暂行条例》第十四条第二款规定："属于下列情形之一的，可以由当事人单方申请：（一）尚未登记的不动产首次申请登记的；（二）继承、接受遗赠取得不动产权利的；（三）人民法院、仲裁委员会生效的法律文书或者人民政府生效的决定等设立、变更、转让、消灭不动产权利的；（四）权利人姓名、名称或者自然状况发生变化，申请变更登记的；（五）不动产灭失或者权利人放弃不动产权利，申请注销登记的；（六）申请更正登记或者异议登记的；（七）法律、行政法规规定可以由当事人单方申请的其他情形。"据此可知，按《不动产登记暂行条例》第十四条第二款第（一）项至第（六）项规定，小王不可以单方申请该房屋应该分摊的国有土地使用权转移登记。怎么办？小王、小张办理房屋所有权转移登记时适用的《物权法》第十一条规定，当事人申请登记，应当根据不同登记事项提供权属证明和不动产界址、面积等必要材料。（现时的《民法典》第二百一十一条做了同样的规定。）笔者据此认为，一般情形下，不动产登记以当事人的申请为启动前提，此处的当事人，一是登记簿上现时记载的权利人；二是基于非法律行为设立、变更、转移和消灭不动产权利的人；三是基于法律行为设立、变更、转移和消灭不动产权利的人；四是与登记簿上现时记载的内容有利害关系的人。笔者据此认为，本问中，在房屋与土地分别登记的时代，小王受让取得小张的房屋所有权及该房屋占用范围内的国有土地使用权，总体上是基于转让法律行为，但具体到房屋所有权与该房屋占用范围内的国有土地使用权，如前所述，自房屋所有权转让转移登记记载于登记簿上时起，小王取得转让方小张的房屋所有权的同时，无须登记即取得该房屋应该分摊的国有土地使用权，此取得是基于法律的规定，属基于非法律行为转移权利的情形，由此产生的登记由权利取得人申请，即基于非法律行为取得受让房屋分摊的国有土地使用权的小王，可以单方申请该土地使用权转移登记，此情形属于《不动产登记暂行条例》第十四条第二款第（七）项规定的法律规定的可以由当事人单方申请登记的情形。因此，对小王持房屋转让合同、小张名下的国有土地使用权证书等材料单方申请的房屋分摊的土地使用权转移登记，登记机构应当受理。

第四部分 注销登记

第 56 问 登记机构错误录入登记信息，是否是注销登记的事由

2020 年 6 月 16 日，甲购买乙房地产开发公司编号为 206 号的房屋，提交的买卖转移登记申请材料也是 206 号房屋的，但登记机构却将 205 号房屋的信息输入登记系统。2020 年 12 月 30 日，登记机构将 205 号房屋转移登记给甲并颁发了不动产权属证书，甲却实际住在 206 号房屋内。2021 年 1 月 6 日，丙购买了乙房地产开发公司编号为 205 号的房屋，乙、丙共同持 205 号房屋的材料申请买卖转移登记时，才发现 205 号房屋已经转移登记给甲。现甲、乙、丙共同来登记机构，要求办理相关房屋登记。问：登记机构可否依职权注销登记给甲的 205 号房屋的买卖转移登记后，将 205 号房屋再转移登记给丙，最后将 206 号房屋转移登记给甲？

笔者认为，登记机构不能依职权注销登记给甲的 205 号房屋的买卖转移登记。

一、登记机构错误录入登记信息不是办理注销登记的事由

《不动产登记暂行条例实施细则》第二十八条第一款规定："有下列情形之一的，当事人可以申请办理注销登记：（一）不动产灭失的；（二）权利人放弃不动产权利的；（三）不动产被依法没收、征收或者收回的；（四）人民法院、仲裁委员会的生效法律文书导致不动产权利消灭的；（五）法律、行政法规规定的其他情形。"据此可知，登记机构错误录入房屋登记信息导致的登记错误，不是当事人申请房屋所有权注销登记的事由。《不动产登记暂行条例实施细则》第十七条第（四）项虽然规定了登记机构可以依职权办理注销登记，但该实施细则却没有对登记机构依职权办

理注销登记的事由作规定。《不动产登记暂行条例实施细则》的征求意见稿第二十八条规定："有下列情形之一，当事人自事实发生之日起 15 个工作日内不申请登记的，不动产登记机构经公告 30 日后，可以直接办理登记：（一）不动产灭失的；（二）法律、行政法规规定的其他情形。"笔者据此认为，本问中，登记机构即使要依职权办理注销登记，事由也应当与《不动产登记暂行条例实施细则》第二十八条第一款规定的当事人申请注销登记的事由相同。因此，登记机构错误录入房屋登记信息导致的登记错误，不是登记机构依职权办理注销登记的事由。据此可知，本问中，登记机构不能依职权注销甲名下的 205 号房屋的买卖转移登记。

二、登记机构错误录入登记信息导致的登记错误，应当通过更正登记予以纠正

2020 年 12 月 30 日，登记机构错误录入登记信息时适用的《物权法》第十九条第一款规定，权利人、利害关系人认为不动产登记簿记载的事项错误的，可以申请更正登记。不动产登记簿记载的权利人书面同意更正或者有证据证明登记确有错误的，登记机构应当予以更正。(现时的《民法典》第二百二十条第一款做了同样的规定。)质言之，有证据证明登记簿记载的内容错误的，登记簿上现时记载的权利人有权申请更正登记，登记机构也应当予以更正。据此可知，本问中，因登记机构错误录入甲申请转移登记的房屋信息致使登记簿的记载错误，可以由登记簿上现时记载的权利人甲申请更正登记，通过更正登记将 205 号房屋恢复登记到乙房地产开发公司名下后，为丙办理转让转移登记。尔后，登记机构再凭登记档案中既有的 206 号房屋的转移登记申请材料，将 206 号房屋转移登记给甲，但须在此转移登记处加注或在登记簿附记栏加注"因某号登记簿更正登记产生的转移登记，转移登记时间应为 2020 年 12 月 30 日"，反映甲的买卖转移登记的真实情况，以维护甲的权益。

第五部分 抵押权登记

第 57 问　抵押房屋被查封后，登记机构可否为当事人办理抵押权转移登记

一自然人用自己的房屋为企业获得 5000 万元的贷款作抵押担保，办理了一般抵押权登记。后来因民间借贷纠纷，该抵押房屋被人民法院查封，登记机构协助人民法院办理了查封登记。现抵押权人（银行）和某投资公司申请因主债权转让产生的抵押权转移登记。问：抵押房屋被查封后，登记机构可否为当事人办理抵押权转移登记？

笔者认为，抵押房屋被查封后，登记机构可以为当事人办理抵押权转移登记。

一、被查封的房屋上既有的抵押权效力不受查封的影响

《最高人民法院关于人民法院执行工作若干问题的规定（试行）》（法释〔1998〕15 号）第四十条规定，人民法院对被执行人所有的其他人享有抵押权、质押权或留置权的财产，可以采取查封、扣押措施。财产拍卖、变卖后所得价款，应当在抵押权人、质押权人或留置权人优先受偿后，其余额部分用于清偿申请执行人的债权。据此可知，对有抵押权负担的财产，人民法院也有权实施查封，但查封后处分该财产的变现款，抵押权人优于查封申请人受偿。换言之，被查封的房屋上既有的抵押权效力不受查封的影响，仍然是合法有效的抵押权。

二、查封登记限制的是处分被查封房屋产生的转移登记、抵押权登记，不限制查封房屋上既有的抵押权的转移登记

《最高人民法院关于人民法院执行工作若干问题的规定（试行）》（法

释〔1998〕15号）第四十四条规定，被执行人或其他人擅自处分已被查封、扣押、冻结财产的，人民法院有权责令责任人限期追回财产或承担相应的赔偿责任。《最高人民法院、国土资源部、建设部关于依法规范人民法院执行和国土资源房地产管理部门协助执行若干问题的通知》（法发〔2004〕5号）第二十二条第一款规定，国土资源、房地产管理部门对被人民法院依法查封、预查封的土地使用权、房屋，在查封、预查封期间不得办理抵押、转让等权属变更、转移登记手续。据此可知，被查封的房屋，房屋所有权人不得擅自转让、抵押之，即使房屋所有权人将被查封的房屋转让、抵押给他人，由此申请的转让转移登记、抵押权登记，登记机构也不得办理。换言之，查封登记限制的是处分被查封房屋产生的转移登记、抵押权登记的办理，如前所述，被查封的房屋上既有的抵押权效力不受查封的影响，仍然是合法有效的抵押权，权利人可以依自己的意思表示转让给他人，由此申请的抵押权转移登记，不受抵押房屋上存在的查封登记的限制，登记机构应当办理。

第58问 抵押权变更登记后是否影响该抵押权的顺位

某人申请因债务履行期间延长产生的房屋抵押权变更登记，现变更登记内容已经记载在登记簿上。问：登记簿上的登记时间是填写变更登记完成的时间，还是填写抵押权首次登记时间？如果填写变更登记完成时间，是否影响抵押权的顺位？

笔者认为，抵押权变更登记被记载在登记簿上的，登记时间应该填写变更登记完成时的时间，抵押权变更登记不影响抵押权既存的顺位。

一、基于法律行为产生的不动产登记，登记簿上记载的登记时间为该登记完成时的时间

《民法典》第二百一十四条规定，不动产物权的设立、变更、转让和消灭，依照法律规定应当登记的，自记载于不动产登记簿时发生效力。质言之，基于法律行为产生的不动产登记，自记载于登记簿上时起发生

法律效力，换言之，基于法律行为产生的不动产登记记载于登记簿上的时间是其产生法律效力的时点，故基于法律行为产生的登记内容记载在登记簿上后，登记时间应该填写该登记在登记簿上记载完成的时间。据此可知，本问中，抵押权首次登记与抵押权变更登记是两种不同的基于法律行为产生的不动产登记类型，登记簿上的登记时间应该分别填写抵押权首次登记在登记簿上记载完成的时间和抵押权变更登记在登记簿上记载完成的时间。

二、在抵押权首次登记基础上产生的变更登记等后续登记，不影响抵押权既存的顺位

按《民法典》第四百一十四条第（一）项规定，同一财产向两个以上债权人抵押的，拍卖、变卖抵押财产所得的价款，抵押权已登记的，按照登记的先后顺序清偿。据此可知，当一处不动产上有两个以上的抵押权时，抵押权的顺位在受偿顺序上具有重要意义，为此，抵押权的顺位成为抵押权人关注的重点也就顺理成章了。顺位，是指在一个标的物上设定两个以上的不动产物权，依其纳入不动产登记簿的时间先后享有顺位。顺位依登记时间确定[①]。质言之，不动产物权以登记簿上记载的设立登记的先后顺序决定顺位，且记载在前的顺位优先。换言之，不动产物权的顺位，以设立登记时记载在登记簿上的登记时间为准，登记时间在前的，顺位优先。房屋抵押权属于不动产物权，自然应当遵守此规则。按《民法典》第四百零二条规定，不动产抵押权自登记时设立。在不动产登记实务中，《不动产登记暂行条例实施细则》第二十四条规定，不动产首次登记，是指不动产权利第一次登记。未办理不动产首次登记的，不得办理不动产其他类型登记，但法律、行政法规另有规定的除外。据此可知，一般情形下，首次登记是不动产抵押权设立的登记类型。抵押

[①] 梁慧星：《中国民法典草案建议稿附理由：物权编》，法律出版社2004年版，第34页。

权首次登记完成后，在此基础上的抵押权转移登记、抵押权变更登记和抵押权更正登记，只是对已经记载在登记簿上的抵押权的主体或内容进行变动，并不是将抵押消灭后重新设立，因此，后续的抵押权转移登记、抵押权变更登记和抵押权更正登记不改变抵押权基于首次登记在登记簿上的记载次序，即不影响抵押权既存的顺位。

第 59 问　一人有限责任公司用其房产为其股东贷款作抵押申请的抵押权登记，登记机构可否受理

某一人有限责任公司的股东向银行贷款，用登记在该公司名下的房屋作抵押担保，当事人签订了借款合同和抵押合同后，向登记机构申请抵押权登记。问：一人有限责任公司用其房产为其股东贷款作抵押申请的抵押权登记，登记机构可否受理？另外，股东会同意以房屋作抵押的决定是否为必须提交的要件？

笔者认为，一人有限责任公司用其房产为其股东贷款作抵押申请的抵押权登记，登记机构应当受理。股东会同意以房屋作抵押的决定不是必须提交的要件。

一、一人有限责任公司以其房屋为其股东贷款作抵押担保不违反法律的规定

按《民法典》第三百九十五条第一款第（一）项规定，债务人或者第三人有权处分的建筑物和其他土地附着物可以作抵押物。据此可知，登记在一人有限责任公司名下的房屋，属于该公司有权处分的法人财产，可以为该公司自己或他人债务作抵押担保。《公司法》第十六条规定："公司向其他企业投资或者为他人提供担保，依照公司章程的规定，由董事会或者股东会、股东大会决议；公司章程对投资或者担保的总额及单项投资或者担保的数额有限额规定的，不得超过规定的限额。公司为公司股东或者实际控制人提供担保的，必须经股东会或者股东大会决议。前款规定的股东或者受前款规定的实际控制人支配的股东，不得参

加前款规定事项的表决。该项表决由出席会议的其他股东所持表决权的过半数通过。"笔者曾经据此认为,该条第三款规定表明,一人有限责任公司的股东,是公司的实际控制人,不得参加股东会表决,即股东会无法召开,何况形成决定?故该条第三款的规定是对一人有限责任公司以其财产为其股东作担保的规制。笔者现时认为,该条第三款规定是对公司内部行为进行约束的规定,但是,本问中,一人有限责任公司用其房产为其股东贷款作抵押担保,与抵押权人签订抵押合同,属于公司与他人建立的法律行为,属于公司的外部行为,不受该条第三款规定的约束,即在对外关系上,一人有限责任公司可以用其房产为其股东贷款作抵押担保,不受规制。换言之,一人有限责任公司以其房屋为其股东贷款作抵押担保不违反法律的规定。

二、一人有限责任公司以其房屋为其股东贷款作抵押申请抵押权登记时,无须提交股东会同意抵押的决定

《不动产登记操作规范(试行)》1.1.2条规定,不动产登记机构应严格贯彻落实《物权法》《不动产登记暂行条例》以及《不动产登记暂行条例实施细则》的规定,依法确定申请人申请登记所需材料的种类和范围,并将所需材料目录在不动产登记机构办公场所和门户网站公布。不动产登记机构不得随意扩大登记申请材料的种类和范围,法律、行政法规以及《不动产登记暂行条例实施细则》没有规定的材料,不得作为登记申请材料。笔者查阅现时的法律和行政法规,没有将公司股东会或股东代表会同意不动产抵押的证明作为公司与他人签订的抵押合同生效的前提的规定,也没有关于有限责任公司以其不动产抵押申请抵押权登记时,须提交公司股东会或股东代表会同意以不动产作抵押的证明的规定。在不动产登记实务中,《不动产登记暂行条例实施细则》的规定中,也没有同样的或类似的规定。因此,一人有限责任公司申请房屋抵押权登记时,股东会同意以房屋抵押的决定不是必须提交

的要件。至于行政规章《城市房地产抵押管理办法》中关于以有限责任公司房地产抵押的须经董事会或者股东大会通过的规定,属于抵押管理方面的规定,不属于办理抵押权登记方面的规定,登记机构无须遵守。

第 60 问 抵押合同上的被担保债权数额与主债权合同上的债权数额不一致时,登记簿应当记载哪个合同上的债权数额

当事人申请一般抵押权登记时,提交的借款合同载明的借款数额是 1000 万元,抵押合同载明的被担保债权数额是 600 万元。问:登记机构办理抵押权登记时,登记簿上记载的债权数额是 600 万元,还是 1000 万元?

笔者认为,申请人提交的借款合同载明的借款数额是 1000 万元,抵押合同载明的被担保债权数额是 600 万元时,登记簿上记载的债权数额应当是 600 万元。

一、登记簿上记载的债权数额应当区分情形确定

《不动产登记暂行条例实施细则》第六十八条第一款第(二)项规定,被担保债权的数额变更属于当事人申请变更登记的情形。质言之,被担保的主债权数额是登记簿上记载的抵押权的内容。但该实施细则没有规定登记簿上记载的被担保的主债权数额是以主债权合同载明的为准,还是以抵押合同载明的数额为准。在不动产登记实务中,被担保的主债权数额的显示有三种情形:

第一种情形,主债权合同载明的债权数额与抵押合同载明的被担保的主债权数额一致。此情形下,登记簿上应当记载的被担保的主债权数额的确定自无可言。

第二种情形,主债权合同载明的债权数额大于抵押合同载明的被担保的主债权数额。笔者认为,此情形下,被担保的债权数额应当以抵押合同的载明为准,如本问中,借款合同载明的借款数额是 1000 万元,抵押合同载明的被担保债权数额是 600 万元,表明在抵押房屋上设立的抵押权只担保 1000 万元债权中的 600 万元，余下的 400 万元有可能通过保证、质押或其他方式担保其实现。换言之，申请抵押权登记的房屋，担保 1000 万元债权中的 600 万元，这 600 万元就是登记机构在登记簿上记载的被担保的主债权数额。

第三种情形，主债权合同载明的债权数额小于抵押合同载明的被担保的主债权数额，如借款合同载明的借款数额是 600 万元，抵押合同载明的被担保主债权数额却是 1000 万元。笔者认为，抵押合同中载明的被担保的债权数额超出借款合同载明的 600 万元债权数额之外的 400 万元，是现时不存在的债权。此情形下，因抵押权为就抵押物卖得价金优先受自己债权的清偿的权利，故必从属于债权而存在。如无债权，也就无抵押权之可言①。即债权是抵押权存在的前提，债权不存在，抵押权自然也不应当存在。《民法典》第三百八十八条第一款规定，设立担保物权，应当依照本法和其他法律的规定订立担保合同。担保合同包括抵押合同、质押合同和其他具有担保功能的合同。担保合同是主债权债务合同的从合同。主债权债务合同无效的，担保合同无效，但是法律另有规定的除外。笔者据此认为，作为担保合同的抵押合同应当与主债权合同相对应，此对应具体到抵押合同与主债权合同载明的债权数额，就是抵押合同载明的被担保的主债权数额不能大于主债权合同载明的债权额，如果大于主债权合同载明的债权额，登记后产生的抵押权，不是基于主债权的存在而设立，即不与其担保的主债权同时存在，应当无效。因此，主债权合同载明的债权数额小于抵押合同载明的被担保的主债权数额，属于作为从合同的抵押合同与作为主合同的债权合同不相对应的情形，登记机构应当要求当事人予以修正后再申请。

二、登记机构应当将主债权数额与担保范围在登记簿上分别记载

《不动产登记暂行条例实施细则》第六十八条规定，担保的主债权数

---

① 陈华彬:《物权法》，法律出版社 2004 年版，第 470~471 页。

额变更和保范围变更分别属于当事人申请变更登记的情形。质言之，主债权数额、担保范围分别是登记簿上记载的抵押权的内容。据此可知，登记机构在登记簿上作记载时，应当对被担保的主债权数额、担保范围分别记载。《民法典》第三百八十九条规定，担保物权的担保范围包括主债权及其利息、违约金、损害赔偿金、保管担保财产和实现担保物权的费用。当事人另有约定的，按照其约定。据此可知，担保范围虽然涵盖主债权数额，如前所述，担保范围与主债权数额毕竟是登记簿上应当记载的不同内容，登记机构作记载时不应将两者混淆。

第61问 债务转让的，当事人是否申请抵押权变更登记

一般抵押权首次登记办理后，债务人经债权人、抵押人同意转让债务，且抵押人愿意为债务受让人继续作抵押担保，债权人、债务转让人、债务受让人、抵押人签订债务转让抵押协议后，欲向登记机构申请登记。问：债务转让的，当事人是申请抵押权变更登记，还是申请抵押权转移登记？

笔者认为，债务转让的，当事人应当凭债权人、债务转让人、债务受让人、抵押人签订的债务转让抵押协议及其他手续，分别申请原抵押权注销登记和新的抵押权首次登记。

一、因债务转让产生的登记不是抵押权变更登记，也不是抵押权转移登记

《不动产登记暂行条例实施细则》第六十八条规定："有下列情形之一的，当事人应当持不动产权属证书、不动产登记证明、抵押权变更等必要材料，申请抵押权变更登记：（一）抵押人、抵押权人的姓名或者名称变更的；（二）被担保的主债权数额变更的；（三）债务履行期限变更的；（四）抵押权顺位变更的；（五）法律、行政法规规定的其他情形。因被担保债权主债权的种类及数额、担保范围、债务履行期限、抵押权顺位发生变更申请抵押权变更登记时，如果该抵押权的变更将对其他抵

押权人产生不利影响的，还应当提交其他抵押权人书面同意的材料与身份证或者户口簿等材料。"质言之，抵押权变更登记适用于登记簿上记载的抵押权人之外的抵押权内容变更的情形。据此可知，本问中的债务转让，不属于登记簿上记载的抵押权的内容变更，故因债务转让产生的登记不适用抵押权变更登记。该实施细则第六十九条规定，因主债权转让导致抵押权转让的，当事人可以持不动产权属证书、不动产登记证明、被担保主债权的转让协议、债权人已经通知债务人的材料等相关材料，申请抵押权的转移登记。质言之，抵押权转移登记适用于登记簿上记载的抵押权人变动的情形。据此可知，本问中的债务转让，变动的是债务人，不是抵押权人（债权人），故因债务转让产生的登记也不适用抵押权转移登记。

二、因债务转让导致原债权消灭的，当事人应当向登记机构申请抵押权注销登记

《不动产登记暂行条例实施细则》第七十条第（一）项规定，主债权消灭属于当事人申请抵押权注销登记的情形。据此可知，本问中，债权人同意债务人转让债务，债务受让人意愿受让债务，并且签订了债务转让抵押协议，表明债权人与原债务人（债务转让人）的债权因此协议的签订而终止，即债权人对原债务人享有的债权消灭。笔者认为，债权因实现、权利人抛弃债权、生效的法律文书解除或撤销债权而使债权本身消灭是债权的绝对消灭。与之对应，债权因债务的转让而消灭则是债权的相对消灭，也属于当事人申请抵押权注销登记的事由，故抵押权人与抵押人应当共同向登记机构申请既有的抵押权注销登记。

三、因债务受让导致新的债权产生的，当事人可以向登记机构申请抵押权首次登记，以保障其实现

《不动产登记暂行条例实施细则》第六十六条第一款规定，自然人、法人或者其他组织为保障其债权的实现，依法以不动产设定抵押的，可

以由当事人持不动产权属证书、抵押合同与主债权合同等必要材料，共同申请办理抵押登记。据此可知，本问中，债务人经债权人、抵押人同意转让债务，且抵押人愿意为债务受让人继续作抵押担保，债权人、债务转让人、债务受让人、抵押人签订债务转让抵押协议，表明债权人与债务受让人基于此协议建立了新的债权关系，债权人对债务受让人（即新的债务人）享有债权。原抵押人愿意为债务受让人（即新的债务人）的债务履行作抵押担保，且基于此协议与债权人建立了抵押关系，此举是为债权人与债务受让人新建立的债权作担保，故抵押权人（债权人）与抵押人可以共同向登记机构申请抵押权首次登记。

第 62 问　登记机构可否为抵押合同中约定不得再抵押的房屋办理顺位抵押权登记

抵押当事人在抵押合同中约定：一般抵押权登记后，抵押房屋不得再为其他债权作抵押担保并申请顺位抵押权登记。一般抵押权登记后，抵押人又用该房屋作抵押，与新的抵押权人签订抵押合同并向登记机构申请顺位抵押权登记。问：登记机构可否为抵押合同中约定不得再抵押的房屋办理顺位抵押权登记？

笔者认为，登记机构可以为抵押合同中约定不得再抵押的房屋办理顺位抵押权登记。

一、抵押合同中关于抵押房屋不得再抵押的约定对登记机构无约束力

《民法典》第四百六十五条规定，依法成立的合同，受法律保护。依法成立的合同，仅对当事人具有法律约束力，但是法律另有规定的除外。质言之，一般情形下，依法成立的合同，由签订合同的当事人遵守，与合同无关的第三人无须遵守。据此可知，本问中，抵押当事人在抵押合同中约定的权利义务，由抵押当事人行使或履行，作为第三人的登记机构与之无任何权利义务关系，换言之，当事人在抵押合同中关于抵押房屋不得再抵押的约定对登记机构无约束力。因此，本问中，抵押人违反其与抵押权人在抵押合同关于抵押权登记后抵押房屋不得再为其他债权作抵押担保并申请顺位抵押权登记的约定，由抵押人对抵押权人承担违约责任，与登记机构无关。

二、当事人申请的顺位抵押权登记，登记机构应当办理

按《民法典》第四百零九条第一款规定，抵押权人可以放弃抵押权或者抵押权的顺位。抵押权人与抵押人可以协议变更抵押权顺位以及被担保的债权数额等内容。据此可知，在一个或一处抵押物上设立顺位的抵押权有法律上依据。笔者认为，当事人申请顺位抵押权登记时，在登记申请材料齐全的情形下，登记机构就应当支持。登记机构对抵押合同的审查，主要是在抵押合同生效的前提下审查其载明的须记载在登记簿上的信息的合法性、真实性和有效性。抵押当事人在抵押合同中关于抵押登记后抵押房屋不得再为其他债权作抵押担保并申请顺位抵押权登记的约定不是登记簿记载的内容，登记机构无须注意。

三、其他

按《民法典》第四百一十四条第（一）项规定，同一财产向两个以上债权人抵押的，拍卖、变卖抵押财产所得的价款，抵押权已经登记的，按照登记的先后顺序清偿。据此可知，房屋抵押权登记后，抵押人用此抵押房屋再为其他债权作抵押担保并申请顺位抵押权登记的，该顺位抵押权记载在登记簿上后，不影响之前的抵押权人的利益，即在实现抵押权时，之前的抵押权人基于其在先的顺位优于后顺位的抵押权人受偿，申请人申请顺位抵押权登记时，无须提交前顺位抵押权人同意或知晓的证明。

另外，按《民法典》第四百零九条规定，准许抵押人用抵押房屋作顺位抵押担保，有利于充分发挥房屋的效用，也有利于抵押人的资金融通，进而有利于债务人的生活或生产经营，对债务人按时还本付息也是有益的。

第 63 问　抵押权被不当注销后可否适用更正登记予以恢复

某企业用房屋作抵押在银行获得贷款，办理了一般抵押权登记。在该企业没有了结贷款债权的前提下，由于种种原因，抵押权人银行出具不真实的债权了结的证明并申请办理了抵押权注销登记手续。现抵押权人银行持债权仍然存在的证明等材料申请更正登记，欲将已经被注销的抵押权恢复到注销前的状态。问：抵押权被不当注销后，可否适用更正登记予以恢复？

笔者认为，抵押权被不当注销后，可以适用更正登记予以恢复。

一、不当注销的抵押权可以通过更正登记予以恢复

《民法典》第二百二十条第一款规定，权利人、利害关系人认为不动产登记簿记载的事项错误的，可以申请更正登记。不动产登记簿记载的权利人书面同意更正或者有证据证明登记确有错误的，登记机构应当予以更正。据此可知，更正登记是对登记簿上记载的错误内容予以纠正的一种不动产登记类型。导致登记簿记载内容错误的原因，有来自登记机构的，如申请人申请登记的房屋位于第3层，登记机构记载为第5层导致的错误记载；有来自申请人的，如某人采用瞒报手段将他人应有的房屋份额作为自己享有的份额申请登记并被记载于登记簿上导致的错误记载；也在来自登记机构和申请人之外的，如登记机构依行政复议决定将有关事项记载在登记簿上后，该行政复议决定被人民法院生效的判决撤销导致的错误记载等。就本问而言，错误的原因来自抵押权人银行提供的不真实的债权了结证明。按《民法典》第三百九十三条第（一）项规定，主债权消灭是担保物权消灭的原因。质言之，担保物权是为担保主债权实现而存在的从权利，相对于被担保的主债权，抵押权具有绝对的附从性，主债权消灭，抵押权亦消灭[①]，换言之，一般情形下，主债权不消灭，附于其上的担保物权也不消灭。据此可知，本问中，因债务人某

[①] 王利明、尹飞、程啸：《中国物权法教程》，人民法院出版社2007年版，第522页。

企业没有履行偿还贷款债务的义务而不能使债权消灭，为担保此贷款债权实现的抵押权也不应当消灭，只是由于抵押权人银行提供不真实的债权了结证明而使登记簿上记载的抵押权因错误的注销登记而消灭，并最终导致了登记簿记载的错误，故可以通过更正登记纠正此错误而将其恢复到注销前的状态。但是，如果使抵押权消灭的错误的注销登记产生了不利后果的，应当由有过错的抵押权人银行承担。

二、不当注销的抵押权的更正登记的实务处理

在不动产登记实务中，按《不动产登记暂行条例实施细则》第七十九条规定，更正登记可以由权利人、利害关系人申请，其中，利害关系人申请更正登记的，应当提交利害关系材料、证实不动产登记簿记载错误的材料以及其他必要材料。据此可知，本问中，由于抵押权已经被注销掉而消灭，银行不再是登记簿上记载的权利人，却是与登记簿上现时记载的错误的注销登记有利害关系的人，故银行只能以利害关系人的身份申请更正登记。银行申请更正登记时，应当提交的利害关系材料，是指由银行出具的错误的注销登记导致不该消灭的抵押权消灭，致使其债权悬空，无顺利实现的保障的说明。登记簿记载错误的证明是指抵押权人银行出具的提供不真实的债权了结证明的错误原因和债权仍然存在的情况说明。登记机构受理后，应当将更正登记内容予以公告，以查明申请更正登记的内容的真实性，但此公告系登记机构自行启动，不属于《不动产登记暂行条例实施细则》第十七条规定的应当公告的情形，故公告期间应当计入登记办结期限。

三、不当注销的抵押权通过更正登记恢复后，抵押人有异议时的救济途径

按《民法典》第二百二十条规定，权利人、利害关系人认为不动产登记簿记载的事项错误的，可以申请更正登记。更正登记不能的，可以申请异议登记，异议登记后十五日内向法院起诉。据此可知，抵押权人

银行被注销的抵押权通过更正登记恢复后，抵押人对其有异议时，可以通过更正登记、诉讼等途径予以救济，如在证据充分的情形下，向登记机构申请将通过更正登记恢复的抵押权再更正登记回已经注销的状态；凭还款证明等材料起诉银行，请求法院判决确认被更正登记恢复效力的抵押权无效等。登记机构在整个过程中，须注意的就是严格遵守相应的登记程序。

第64问　在建建筑物可否为他人债务履行作抵押担保

问：在建建筑物可否为抵押人以外的人的贷款或借款债务履行作抵押担保？

笔者认为，在建建筑物可以为抵押人以外的人的贷款或借款债务履行作抵押担保。

一、在建建筑物抵押权可以为抵押人以外的人的债务履行作抵押担保

《民法典》第三百九十五条第一款第（五）项规定，债务人或第三人有权处分的正在建造的建筑物属于可以抵押的财产。据此可知，若债务人以其有权处分的正在建造的建筑物为自己的债务履行作抵押担保，则债务人与抵押人同一；若第三人以其有权处分的正在建造的建筑物为他人的债务履行作抵押担保，则债务人与抵押人不同一。申言之，正在建造的建筑物可以为抵押人以外的人的债务履行作抵押担保。

二、在建建筑物抵押权可以为民事活动中合法产生的任何债权的实现作抵押担保

《民法典》第三百八十七条第一款规定，债权人在借贷、买卖等民事活动中，为保障实现其债权，需要担保的，可以依照本法和其他法律的规定设立担保物权。质言之，一般情形下，民事活动中依法产生的债权都可以设立担保物权保障其实现。据此可知，民事活动中依法产生的债权,除贷款或借款债权外,货物供销、加工、运输等债权,也可以设立担保物权保障其实现。按《民法典》第四分编"担保物权"规定,在正在建造的建筑物上设定的抵押权属于担保物权,申言之,一般情形下,在正在建造的建筑物上设定的抵押权也可以为民事活动中依法产生的任何债权的实现作抵押担保。

三、《民法典》《城市房地产抵押管理办法》中关于在建建筑物抵押权的不一致的规定的处理

在抵押管理实务中,行政规章《城市房地产抵押管理办法》第三条第五款规定,在建工程抵押,是指抵押人为取得在建工程继续建造资金的贷款,以其合法方式取得的土地使用权连同在建工程的投入资产,以不转移占有的方式抵押给贷款银行作为偿还贷款履行担保的行为。据此可知,正在建造的建筑物只能为该建筑物取得后续建造资金产生的贷款或借款债权的实现作抵押担保,且抵押人与债务人须同一。笔者曾经也坚决地支持并执行此规定,现在不再坚持了。笔者认为,《城市房地产抵押管理办法》生效于《民法典》颁布实施前,且是下位法,就同一内容与《民法典》的规定不一致时,应当以《民法典》的规定为准,即一般情形下,正在建造的建筑物,可以为抵押人以外的人的债务履行作抵押担保,也可以为民事活动中合法产生的任何债权的实现作抵押担保。

第 65 问　登记机构可否办理以一次性付款的预购商品房作抵押产生的抵押权登记

某人一次性付款预购了一处商品房,签订了商品房买卖合同且办理了商品房买卖合同备案手续。该人与银行签订抵押合同,用此预购的商品房为其因生意产生的流动资金借款债务的履行作抵押担保,现向登记机构申请抵押权登记。问:登记机构可否为一次性付款的预购商品房办理抵押权登记?

笔者认为,登记机构不能办理以一次性付款的预购商品房作抵押产生

的抵押权登记。

一、只有物权才可以作抵押权的标的

《民法典》第三百九十五条规定："债务人或者第三人有权处分的下列财产可以抵押：（一）建筑物和其他土地附着物；（二）建设用地使用权；（三）海域使用权；（四）生产设备、原材料、半成品、产品；（五）正在建造的建筑物、船舶、航空器；（六）交通运输工具；（七）法律、行政法规未禁止抵押的其他财产。抵押人可以将前款所列财产一并抵押。"据此可知，可以作抵押权标的的财产性权利只能是物权。那么，一次性付款的预购商品房是一种什么样的权利呢？

二、一次性付款的预购商品房是债权，不能作抵押权的标的

《民法典》第一百一十八条第二款规定，债权是因合同、侵权行为、无因管理、不当得利以及法律的其他规定，权利人请求特定义务人为或者不为一定行为的权利。据此可知，预购商品房买卖合同，是买卖双方当事人签订的以取得将来竣工的商品房的所有权为目的的合同，换言之，预购商品房买卖合同建立的是以取得将来竣工的商品房的所有权为目的的债权，此债权目的实现，权利人才取得物权——将来竣工的房屋的所有权。因此，一次性付款的预购商品房是预购人基于预购商品房买卖合同享有的债权。如前所述，该合同债权不能作抵押权的标的，那么，合同债权可以作什么权利的标的呢？

三、一次性付款的预购商品房债权可以作质权的标的

《民法典》第四百四十条规定："债务人或者第三人有权处分的下列权利可以出质：（一）汇票、本票、支票；（二）债券、存款单；（三）仓单、提单；（四）可以转让的基金份额、股权；（五）可以转让的注册商标专用权、专利权、著作权等知识产权中的财产权；（六）现有的以及将有的应收账款；（七）法律、行政法规规定可以出质的其他财产权利。"

据此可知，债权可以作为权利质权的标的。因此，一次性付款的预购商品房作为预购人享有的债权，可以作为质权的标的。

四、当事人申请的以一次性付款的预购商品房作抵押产生的抵押权登记，登记机构应当不予办理

《不动产登记暂行条例实施细则》第七十八条规定："申请预购商品房抵押登记，应当提交下列材料：（一）抵押合同与主债权合同；（二）预购商品房预告登记材料；（三）其他必要材料。预购商品房办理房屋所有权登记后，当事人应当申请将预购商品房抵押预告登记转为商品房抵押权首次登记。"据此可知，本条前面的表述是"申请预购商品房抵押登记"，后面的表述是"当事人应当申请将预购商品房抵押预告登记转为商品房抵押权首次登记"，究竟是关于预购商品房抵押权登记的规定，还是关于预购商品房抵押预告登记的规定？本条所在的位置是《不动产登记暂行条例实施细则》第四章不动产权利登记中的第九节"抵押权登记"，结合本实施细则第五章中的第三节关于预告登记的规定来判定，本条是关于预购商品房抵押权登记的规定，即按本条规定，当事人可以在预购商品房上设定为一般债务作担保的抵押权，登记机构应当根据当事人的申请为其办理的是作为担保物权的预购商品房抵押权登记，而非预购商品房抵押预告登记。但通过前面的论述可知，本条规定与法律的规定相抵触，在不动产登记实务中，当事人申请的以一次性付款的预购商品房作抵押产生的抵押权登记，登记机构应当不予办理。

第 66 问 抵押权担保的债权是否可以超过抵押物的价值

问：当事人申请抵押权登记时，抵押权担保的债权是否可以超过抵押物的价值？

一、《民法典》实施前笔者的认为

有观点认为，《物权法》第十三条规定，登记机构不得要求对不动产进行评估。该法第一百九十九条规定,同一财产向两个以上债权人抵押的,拍卖、变卖抵押财产所得的价款,抵押权已登记的,按照登记的先后顺序清偿。因此,对抵押当事人申请的抵押权登记,登记机构无须过问抵押物的价值,更无须过问申请登记的抵押权担保的债权是否超过抵押物的价值,由此造成的风险由抵押当事人自负。笔者不支持此观点。

(一)抵押权担保的债权超过抵押物价值属于违反法律强制性规定的情形

《物权法》第十六条规定,不动产登记簿是物权归属和内容的根据。质言之,不动产登记簿记载的内容是有公信力的,但公信力的支撑是登记簿记载的内容必须合法、真实、有效。《担保法》第三十五条第一款规定,抵押人所担保的债权不得超出其抵押物的价值。质言之,如果抵押权担保的债权超过抵押物的价值则属于违反法律强制性规定的情形。据此可知,如果登记机构将担保的债权超过抵押物价值的抵押权记载在登记簿上,即将违反法律强制性规定的信息记载在登记簿上,有损登记簿记载内容的公信力。《不动产登记暂行条例》第二十二条第(一)项规定,登记申请违反法律、行政法规规定属于不予登记的情形。据此可知,申请人申请登记的内容应当符合法律、行政法规的规定。本问中,当事人申请登记的担保的债权超过抵押物价值的抵押权,不符合《担保法》第三十五条的规定,登记机构即使受理后,也应当作不予登记处理。

(二)《物权法》中没有关于抵押权担保的债权可以超过抵押物价值的规定

《物权法》第十三条规定,登记机构不得要求对不动产进行评估。质言之,此规定是对登记机构强制要求当事人对抵押的不动产进行价值评估的不当行为予以规制,并不表明申请登记的抵押权担保的债权可以超过抵押物的价值。《担保法》第五十四条规定,同一财产向两个以上债权人抵押的,拍卖、变卖抵押物所得的价款按照抵押物登记的先后顺序清偿。据此可知,前述《物权法》第一百九十九条规定,是对《担保法》

第五十四条规定的重申,且这是关于一个抵押物在登记簿上有两个以上的抵押权存在时变现抵押物价值的受偿顺序的规定,而不是关于申请登记的抵押权担保的债权可以超过抵押物价值的规定。在《担保法》中,有此规定的同时,也明文规定禁止抵押权担保的债权超过抵押物的价值。因此,认为《物权法》的规定允许抵押权担保的债权可以超过抵押物的价值是没有依据的。

(三)《担保法》中禁止抵押权担保的债权超过抵押物价值的规定与《物权法》的规定不相冲突

《物权法》第一百七十八条规定,担保法与本法的规定不一致的,适用本法。据此可知,就担保物权的规定,担保法的规定与物权法的规定相冲突时,以物权法的规定为准。因此,如前所述,关于抵押权担保的债权不可以超过抵押物的价值,《物权法》没有明确的或类似的规定,但《担保法》有明确、具体的规定,故此规定不与《物权法》的规定相冲突,因此,抵押当事人应当遵守《担保法》关于禁止抵押权担保的债权超过抵押物的价值的规定。

二、《民法典》实施后笔者的认为

按《民法典》第三百八十八条规定,设立担保物权,应当依照本法和其他法律的规定订立担保合同。担保合同包括抵押合同、质押合同和其他具有担保功能的合同。据此可知,一般情形下,当事人设立抵押权应当签订抵押合同,就抵押物担保的债权数额等相关事宜在抵押合同中约定。笔者认为,抵押合同中约定的抵押物担保的债权数额即使大于抵押物的价值,表明抵押权人愿意承担由此产生的不利后果,在对外法律关系上,不影响国家利益、社会公共利益和他人合法权益。抵押合同属于民事法律行为,抵押当事人签订的有效的抵押合同,是其真实意思的表示,应当得到尊重。简言之,当事人申请抵押权登记时,登记机构无须过问抵押物担保的债权数额是否超过抵押物的价值。

如前所述,《民法典》颁布前,抵押物担保的债权数额不得超过抵押物的价值的法律依据是《担保法》第三十五条第一款规定"抵押人所担保的债权不得超出其抵押物的价值"。《民法典》第一千二百六十条规定,本法自 2021 年 1 月 1 日起施行。《中华人民共和国婚姻法》、《中华人民共和国继承法》、《中华人民共和国民法通则》、《中华人民共和国收养法》、《中华人民共和国担保法》、《中华人民共和国合同法》、《中华人民共和国物权法》、《中华人民共和国侵权责任法》、《中华人民共和国民法总则》同时废止。据此可知,自《民法典》实施时起,《担保法》作废,抵押物担保的债权数额不得超过抵押物的价值没有法律上的依据。

概言之,登记机构办理抵押权登记时,不再审查超值抵押事宜。

第 67 问　登记机构可否办理因"代偿债权"设立的抵押权登记

甲公司以其房屋向银行作抵押获取贷款,办理了抵押权登记。尔后,乙公司、甲公司、银行签订三方协议约定:由乙公司代甲公司向银行履行偿债义务后,乙公司向甲公司主张相应的债权,甲公司须以抵押给银行的房屋再抵押给乙公司作此债权实现的担保。问:乙公司代甲公司偿还债务后,登记机构可否办理甲公司将抵押给银行的房屋再抵押给乙公司,保障其"代偿债权"实现产生的抵押权登记?

笔者认为,乙公司代甲公司偿还债务后,登记机构可以办理甲公司将抵押给银行的房屋再抵押给乙公司,保障其"代偿债权"实现产生的抵押权登记。

一、"代偿债权"辨析

本问中,乙公司、甲公司、银行三方签订的协议约定:由乙公司代甲公司向银行履行偿债义务后,乙公司向甲公司主张相应的债权。表明此债权不是乙公司购买的银行对甲公司享有的贷款债权,故不存在抵押权随主债权转移而转移的情形,也不存在当事人申请抵押权转移登记的前提。此债权也不是乙公司变相向甲公司发放贷款产生的债权,而是纯粹的乙公司代甲公司清偿债务产生的债权，笔者称之为"代偿债权"。

二、第三人代为履行债务导致债权灭失的，抵押权人和抵押人应当申请抵押权注销登记

《民法典》第五百二十三条规定，当事人约定由第三人向债权人履行债务，第三人不履行债务或者履行债务不符合约定的，债务人应当向债权人承担违约责任。按该法第三百九十三条第（一）项规定，主债权消灭是担保物权消灭的原因。据此可知，由第三人代为清偿债务有法律上的依据，且该第三人代为清偿债务而使被抵押权担保的主债权消灭，成就了抵押权消灭的事由。在不动产登记实务中，《不动产登记暂行条例实施细则》第七十条第（一）项规定，主债权消灭属于当事人申请抵押权注销登记的情形。据此可知，被抵押权担保的主债权消灭的，当事人可以申请抵押权注销登记。因此，本问中，按乙公司、甲公司、银行三方签订的协议约定，乙公司代甲公司向银行履行还款义务后，银行、甲公司可以凭还款凭证等材料共同向登记机构申请抵押权注销登记。

三、第三人因代偿债务建立代偿债权的，抵押权人和抵押人可以申请抵押权首次登记

《民法典》第三百八十七条第一款规定，债权人在借贷、买卖等民事活动中，为保障实现其债权，需要担保的，可以依照本法和其他法律的规定设立担保物权。据此可知，一般情形下，民事主体在民事活动中产生的借贷、买卖等合法的债权，都可以设立担保物权保障其实现。本问中，如前所述，"代偿债权"属于当事人在民事活动中产生的合法债权，也可以设立抵押权担保其实现。在不动产登记实务中，《不动产登记暂行条例实施细则》第六十六条第二款规定，抵押合同可以是单独订立的书面合同，也可以是主债权合同中的抵押条款。据此可知，本问中，如前所述，乙公司、甲公司、银行签订的三方协议中既有"代偿债权"建立的条款，也有房屋抵押条款，属于包括主债权合同与抵押合同的二合一协议。因此，银行既有的抵押权注销登记完成后，乙公司、甲公司可凭此三方协议等材料另行向登记机构申请抵押权首次登记，以保障"代偿债权"的实现，记载在登记簿上的抵押权人为乙公司。

四、延伸思考

《民法典》第五百二十四条第二款规定，债权人接受第三人履行后，其对债务人的债权转让给第三人，但是债务人和第三人另有约定的除外。笔者据此认为，一般情形下，第三人代债务人清偿债务后据此向债务人享有相应的"代偿债权"，本质上就是债权人的债权转让给代为清偿债务的第三人。因此，本问中，为了简化当事人间的法律关系，也为了便捷办理登记，登记机构可以引导申请人凭前述"三方签订的协议"申请抵押权转移登记，此举不影响乙代甲偿还债务，也不影响乙对甲享有债权，同时，通过申请抵押权转移登记并被记载于登记簿上后，乙对甲享有的债权也有甲的房屋作抵押担保，其实现也有保障。

第68问　登记机构可否办理因"以贷还贷"申请的抵押权登记

2020年1月3日，某企业用房地产抵押向银行贷款100万元，2021年1月2日到期。办理了抵押权登记。到期后，该企业仅结清了100万元的贷款利息，但没有履行100万元贷款本金的还款义务。2021年1月4日，银行与该企业重新签订100万元的借款合同，约定该笔借款用以归还2020年未还的100万元贷款本金，借款期限1年。尔后，该企业和银行也签订了房地产抵押合同，约定用已经抵押的房地产再为该笔借款作抵押担保，在没有注销原来登记的抵押权的前提下，向登记机构申请抵押权首次登记。问：登记机构可否办理因"以贷还贷"申请的抵押权登记？

笔者认为，登记机构可以办理此件因"以贷还贷"申请的抵押权登记。

第五部分　抵押权登记

一、"以贷还贷"债权也是合法的债权，可以设立抵押权保障其实现

本问中，企业在同一家银行获取贷款，并且用后面的贷款归还前面的贷款，属于"以贷还贷"行为。在司法实务中，《担保法司法解释》第三十九条规定，主合同当事人双方协议以新贷偿还旧贷，除保证人知道或者应当知道的外，保证人不承担民事责任。质言之，以贷还贷行为产生诉讼时，人民法院不会确认其为非法行为。申言之，以贷还贷产生的债权属于合法债权。按《民法典》第三百八十七条第一款规定，一般情形下，民事主体在民事活动中产生的借贷、买卖等合法的债权，都可以设立担保物权保障其实现。据此可知，"以贷还贷"产生的债权也可以设立抵押权保障其实现。

二、为保障"以贷还贷"债权实现设立的抵押权，应当办理顺位抵押权登记

按《民法典》第四百零九条规定，抵押权人可以放弃抵押权或者抵押权的顺位。抵押权人与抵押人可以协议变更抵押权顺位以及被担保的债权数额等内容。据此可知，在一个或一处抵押物上设立顺位的抵押权有法律上的依据。本问中，当事人间签订的以贷还贷合同不同于当事人原来签订的借款合同，以贷还贷合同属于新的借款法律关系，即属于当事人新签订的借款合同，建立的是新的借款债权，如果此债权在有抵押权存在的房屋上再设立抵押权担保其实现，属于在同一房屋上设立两个抵押权的情形，但此抵押权属于后顺位抵押权。笔者认为，当事人申请顺位抵押权登记时，在登记申请材料齐全的情形下，登记机构就应当支持。

本问中，尽管两个抵押权的抵押权人是同一家银行，但在已经登记的抵押权没有完成注销登记的情形下，再在该抵押房屋上申请另一个抵押权首次登记的，必须按顺位抵押权设立登记办理，不可以按所谓的"并

列顺位的抵押权"办理登记，这是没有法理和法律依据的提法。

第 69 问　债务履行期间届满后签订的展期协议，登记机构可否用作办理抵押权变更登记的证据材料

当事人申请抵押权登记时，提交的主合同上的债务履行期间是 2020 年 1 月 6 日—2021 年 1 月 5 日。2021 年 1 月 8 日，当事人申请因债务履行期间变更产生的抵押权变更登记，但提交的展期协议却签订于 2021 年 1 月 7 日。问：当事人于债务履行期间届满后签订的抵押权变更协议，登记机构可否用作抵押权变更登记的材料？

笔者认为，当事人于债务履行期间届满后签订的展期协议，登记机构可以用作抵押权变更登记的材料。

一、合同变更，是对既有的有效的合同内容予以变更

《民法典》第五百四十三条规定，当事人协商一致，可以变更合同。质言之，合同变更，是对已经成立并生效的合同内容（即合同条款）予以变动。换言之，如果合同未依法成立并生效，对当事人则无约束力，更无协商变更其内容可言。该法第六百七十八条规定，借款人可以在还款期限届满前向贷款人申请展期；贷款人同意的，可以展期。据此可知，展期是对原借款合同中债务履行期间的变更，当事人因此签订的展期协议，实质上是原借款合同变更协议。因此，本问中，用于抵押权登记的主合同应当是已经依法成立并生效的合同，当事人在意思表示一致的前提下，可以对作为合同主要内容之一的债务履行期间予以变更，变更的具体体现形式即其签订的展期协议。

二、超过债务履行期间和诉讼时效期间的合同债权仍然有效

《民法典》第五百五十七条规定："有下列情形之一的，债权债务终止：（一）债务已经履行；（二）债务相互抵销；（三）债务人依法将标的物提存；（四）债权人免除债务；（五）债权债务同归于一人；（六）法律规定或者当事人约定终止的其他情形。合同解除的，该合同的权利义务关系终止。"据此可知，债务履行期间届满不是合同权利义务（债权债务）终止的法定事由。换言之，即使债务履行期间届满，已经依法成立的合同债权，其效力仍然存在。《民法典》第五百七十七条规定，当事人一方不履行合同义务或者履行合同义务不符合约定的，应当承担继续履行、采取补救措施或者赔偿损失等违约责任。据此可知，如果合同中约定的债务履行期间届满，债务人未履行债务时，债务人应当承担继续履行、采取补救措施或者赔偿损失等违约责任。换言之，债务履行期间届满，既有的合同债权仍然有效。《民法典》第一百九十二条规定，诉讼时效期间届满的，义务人可以提出不履行义务的抗辩。诉讼时效期间届满后，义务人同意履行的，不得以诉讼时效期间届满为由抗辩；义务人已经自愿履行的，不得请求返还。质言之，债权虽然因超过诉讼时效期间不受人民法院的保护，但是不消灭。如果债权消灭，义务人在债权消灭后，自愿履行义务，债权人也接受的，则债权人的接受没有法律上的原因，形成不当得利，义务人可以请求返还。显然，这不是立法的本意。因此，超过诉讼时效后，债权仍然存在并有效。申言之，依法建立的合同债权，在超过诉讼时效的前提下，只是不受人民法院的保护，但其仍然是有效的合同债权。概言之，超过债务履行期间和诉讼时效期间的合同债权仍然是有效的。

三、展期协议可以在债务履行期间届满后签订

《民法典》第六百七十八条规定，借款人可以在还款期限届满前向贷款人申请展期；贷款人同意的，可以展期。据此可知，如前所述，展期是对原借款合同中债务履行期限的变更，当事人因此签订的展期协议，实质上是原借款合同变更协议。只是借款人欲向贷款人申请展期，必须在还款期限届满前提出。但是，借款人的展期申请须在还款期限届满前提出，贷款人则可能在还款期限届满后同意，换言之，展期协议，即债

务履行期间变更的合同可以在还款期限届满后签订。申言之，当事人于债务履行期限届满后签订展期协议于法有据。因此，本问中，当事人可以在债务履行期间届满后，甚至可以在诉讼时效期间届满后协商签订展期协议以延长债务履行期间。

结论：超过诉讼时效期间的合同债权和债务履行期间届满的合同债权均是有效的债权，当事人在意思表示一致的前提下，可以对其债务履行期间予以变更。因此，本问中，当事人于债务履行期间届满后签订的展期协议合法、有效，登记机构可以用作抵押权变更登记的材料。

第 70 问 债权确定期间可否在债权发生期间之后

当事人申请最高额抵押权登记时，提交的循环借款合同显示：银行在 2019 年 1 月 4 日—2021 年 1 月 3 日，向借款人发放最高限额不超过 5 000 万元的贷款。但是，最高额抵押合同中，抵押人与抵押权人约定的被担保的债权确定期间却是 2019 年 1 月 4 日— 2021 年 1 月 6 日。现向登记机构申请最高额抵押权确定登记。问：抵押人与抵押权人约定的被担保债权的确定期间可否在债权发生期间之后？

笔者认为，抵押人与抵押权人约定的被担保债权的确定期间可以在债权发生期间之后。

一、债权确定期间是登记簿记载的最高额抵押权的内容

所谓债权确定期间，也称"决算期"，即抵押人与抵押权人约定的确定最高额抵押权担保的债权的期间。据此可知，债权确定期间，是抵押当事人约定的，对最高额抵押权担保的在一定期间内连续发生的债权予以清算、确定的期间。在不动产登记实务中，按《国土资源部关于启用不动产登记簿证样式（试行）的通知》（国土资发〔2015〕25 号）附《不动产登记簿样式及使用填写说明》规定，债权确定期间是登记簿记载的最高额抵押权的内容。

二、当事人可以依自己的意思表示，将债权确定期间约定在债权发生期间之后

按当事人签订最高额抵押合同时适用的《物权法》第二百零六条第（一）项规定，约定的债权确定期间届满，是抵押权人的债权确定的法定事由。（现时的《民法典》第四百二十三条第（一）项做了同样的规定。）据此可知，抵押当事人约定的债权确定期间届满之日，是被最高额抵押权担保的连续发生的不特定的债权确定之时。换言之，债权确定期间届满前，当事人对此前发生的债权进行清算、明确，之后发生的债权不再是最高额抵押权担保的债权。其中"约定的债权确定期间"，是指法律赋予抵押当事人依自己的意思表示，对被担保的债权的确定期间进行协商议定，换言之，是将该期间确定在债权发生期间内还是之后，完全由当事人决定。如果债权人在债权发生期间届满后，债权确定期间届满前，继续向债务人发放贷款，债务人也接受的，系以行为表明变更了债权发生期间，在此期间内，发生的债权，也属于最高额抵押权担保的范围。但是，如果债权人在债权确定期间届满后，继续向债务人发放贷款，债务人也接受的，则此期间内发生的债权，不属于最高额抵押权担保的范围。

三、将债权确定期间约定在债权发生期间之后的合同，登记机构可以用作登记材料

按当事人签订最高额抵押合同时适用的《合同法》第八条规定，依法成立的合同，对当事人具有约束力。该法第五十二条规定："有下列情形之一的，合同无效：（一）一方以欺诈、胁迫的手段订立合同，损害国家利益；（二）恶意串通，损害国家、集体或者第三人利益；（三）以合法形式掩盖非法目的；（四）损害社会公共利益；（五）违反法律、行政法规的强制性规定。"（现时的《民法典》第四百六十五条第二款规定，依法成立的合同，仅对当事人具有法律约束力，但是法律另有规定的除

外。按该法第一百四十四条、第一百四十五条、第一百四十六条、第一百五十三条、第一百五十四条和第一百五十五条规定，下列民事法律行为无效：(一)无民事行为能力人实施的民事法律行为；(二)限制民事行为能力人依法不能独立实施的民事法律行为；(三)行为人与相对人以虚假的意思表示实施的民事法律行为；(四)违反法律、行政法规关于效力性强制性规定的民事法律行为和违背公序良俗的民事法律行为；(五)行为人与相对人恶意串通，损害他人合法权益的民事法律行为。无效的民事法律行为自始没有法律约束力。)据此可知，本问中，抵押人与抵押权人在作为民事法律行为的最高额抵押合同中自愿约定被担保的债权确定期间，主要是约束双方当事人，保护各自的合法权益，在不损害国家、集体或者他人利益，也不损害社会公益的前提下，此约定是有效的。换言之，本问中，无论抵押当事人将债权确定期间与债权发生期间约定为一致，还是约定在债权发生期间之后，都是有效的，由此产生的合同，登记机构可以用作登记的证据材料。

第 71 问 增加抵押房屋适用何种登记

甲用房屋作抵押向银行获取贷款，办理了一般抵押权登记。不久，银行与甲协商，要求增加其另外的一处房屋为同一笔贷款作抵押担保。问：增加抵押物产生的登记适用何种登记类型？

笔者认为，本问中，增加的抵押房屋仍然属登记簿上记载的抵押人所有，适用抵押权变更登记。

一、抵押当事人约定增加抵押房屋于法有据

按《民法典》第四百条第二款第(三)项规定，抵押财产的名称、数量是抵押合同应当载明的内容。《民法典》第五百四十三条规定，当事人协商一致，可以变更合同。据此可知，抵押合同的当事人在协商一致的前提下，可以对抵押合同的内容作变更。换言之，抵押当事人经协商，可以增加或减少抵押合同中约定的为债权的实现作抵押担保的抵押物的

数量。本问中，银行与甲协商，要求甲增加一处自己的房屋为同一笔贷款债权的实现作抵押担保于法有据。

二、增加的抵押房屋仍然属于原抵押人所有，适用抵押权变更登记

按《民法典》第三百九十五条规定，抵押人必须对抵押物有处分权。据此可知，如果房屋及其占用范围内的土地作为抵押物时，抵押人必须是房屋的所有权人和该房屋占用范围内的土地的使用权人。换言之，只有房屋的所有权人和该房屋占用范围内的土地使用权人，才能与抵押权人签订抵押合同将其房屋及该房屋占用范围内的土地抵押给抵押权人。因此，本问中，若甲与银行协商用甲享有所有权的另一处房屋为其同一笔贷款债权作抵押担保，是变更原抵押合同的内容，不是其与他人产生新的抵押关系，由此也只导致登记簿上记载的原抵押权的内容变动，故产生的登记适用抵押权变更登记。

三、增加的抵押房屋不属于原抵押人的，适用抵押权首次登记

本问中，如果甲、乙、银行协商，约定增加乙的房屋为甲的前述债权作抵押担保，则属于乙与银行基于此约定新建立的抵押关系，乙与银行可凭此约定向登记机构申请抵押权首次登记。至于乙的房屋担保前述债权的数额，可以在此约定中载明，也可以由乙与银行另行约定。若乙与银行约定全额担保原债权的，属于两个房屋抵押权共同担保一个债权实现的情形。若乙与银行约定只担保原债权中的一部分时，则可能导致甲与银行已经登记的抵押权担保的债权数额变动，若如此，甲与银行应当向登记机构申请被担保的债权数额变动产生的抵押权变更登记。

第 72 问　因担保典当债权的实现，当事人可否申请最高额抵押权登记

问：因担保典当债权的实现，当事人可否申请最高额抵押权登记？

笔者认为，因担保典当债权的实现，当事人可以申请最高额抵押权登记。

一、最高额抵押权简述

《民法典》第四百二十条规定，为担保债务的履行，债务人或者第三人对一定期间内将要连续发生的债权提供担保财产的，债务人不履行到期债务或者发生当事人约定的实现抵押权的情形，抵押权人有权在最高债权额限度内就该担保财产优先受偿。最高额抵押权设立前已经存在的债权，经当事人同意，可以转入最高额抵押担保的债权范围。据此可知，最高额抵押权担保的债权是基于一个基础法律关系，于一定期间在一个最高限额内连续产生的若干个债权，且这些债权可以是已经发生了的，也可以是正在发生的，还可以是将要发生的，即这些债权具有不确定性。以贷款债权为例，被最高额抵押权担保的贷款债权，一般情形下，债权人在最高限额内向债务人发放贷款的次数应当在两次以上，否则，体现不出债权发生的连续性和不确定性。如果基于一个法律关系发生的是单笔的、具体的且已经发生的债权，则基于此设立的只能是一般抵押权。

二、典当债权是合法的债权，可以设立抵押权以保障其实现

《民法典》第三百八十七条第一款规定，债权人在借贷、买卖等民事活动中，为保障实现其债权，需要担保的，可以依照本法和其他法律的规定设立担保物权。质言之，一般情形下，民事活动中合法建立的债权，当事人都可以设立抵押权保障其实现。那么，当事人基于典当建立的是一种什么样的权利？此权利是否合法呢？现行的法律、行政法规没有关于典当的规定。在司法实务中，《民法通则司法解释》第一百二十条规定，在房屋出典期间或者典期届满时，当事人之间约定延长典期或者增减典价的，应当准许。据此可知，因房屋典当产生诉讼时，房屋典当的合法性会得到人民法院的支持，换言之，房屋典当是合法的。在典当实务中，《典当管理办法》第三十条第一款规定，当票是典当行与当户之间的借贷契约，是典当行向当户支付当金的付款凭证。质言之，基于典当建立的是一种借贷债权。概言之，基于房屋典当建立的借贷债权是合法的，可

以设立抵押权保障其实现。

三、因担保典当债权的实现，当事人可以申请最高额抵押权登记

《典当管理办法》第三十一条第（四）项、第（六）项规定，当票应当载明的是"当金数额""典当日期、典当期、续当期"。据此可知，作为典当债权合同表现形式的当票，应当载明的是"当金数额"，没有表述为"最高当金数额"，应当载明的是"典当日期、典当期、续当期"，没有表述为"当金确定日期"。笔者据此认为，当票就是载明某笔明确、具体的债权数额的债权契约，当金应当由典当行根据当票载明的数额一次性支付给当户，而不应该是两次以上支付给当户，也就不存在当金的确定问题。因此，基于典当的当票建立的是一个单笔的、具体的债权，当票是申请人申请抵押权登记时应当提交的主债权合同，与之相附的也只能是一般抵押合同，故当事人基于当票申请的是一般抵押权登记。

《典当管理办法》第三十条第二款规定，典当行和当户就当票以外事项进行约定的，应当补充订立书面合同，但约定的内容不得违反有关法律、法规和本办法的规定。据此可知，当票以外的内容，当事人才可以以合同的方式约定，换言之，如前所述，当票是当事人间的借贷契约，是当事人间债权债务的表现方式，不能以其他方式表现，即当票是当事人间债权债务的唯一表现方式。那么，当事人申请抵押权登记时提交的是典当合同，而非当票，登记机构可否将典当合同用作登记的证据材料？

按《民法典》第四百六十九条规定，当事人订立合同，可以采用书面形式、口头形式或者其他形式。书面形式是合同书、信件、电报、电传、传真等可以有形地表现所载内容的形式。据此可知，当事人以合同书方式订立的合同，属于法律规定的合同方式。因此，当事人以典当合同的方式建立的借贷合同，属于《民法典》规定的合同订立的方式，虽然与《典当管理办法》第三十条的规定不符，但《民法典》是法律，《典当管理办法》属于行政规章，《典当管理办法》是《民法典》的下位法，

基于下位法服从上位法的法律适用原则，应当以《民法典》的规定为准，所以，当事人申请抵押权登记时，提交的是典当合同，而非当票，登记机构可以将典当合同用作登记的证据材料。如果当事人在典当合同中载明最高当金数额、每次支取当金的数额（两次以上）、当金确定日期等"一定期间在一个最高限额内连续产生的若干个债权"的内容，且与该典当合同相匹配的是最高额抵押合同的，当事人就可以申请最高额抵押权登记。典当经营人违反《典当管理办法》第三十条的规定，不属于法律规定的导致典当合同无效的情形，该典当合同，登记机构可以用作登记的证据材料。

第 73 问　保险公司可否作反担保抵押中的抵押权人

某保险公司为借款人向银行贷款提供保证担保，然后由借款人向该保险公司提供房屋作反担保抵押。现保险公司和借款人向登记机构申请因反担保抵押产生的抵押权登记。问：保险公司可否作反担保抵押中的抵押权人？

笔者认为，保险公司可以作反担保抵押中的抵押权人。

《民法典》第六百八十三条规定，机关法人不得为保证人，但是经国务院批准为使用外国政府或者国际经济组织贷款进行转贷的除外。以公益为目的的非营利法人、非法人组织不得为保证人。在司法实务中，按《担保法司法解释》第十七条、第十八条规定，企业法人的分支机构未经法人书面授权提供保证的和企业法人的职能部门提供保证的，保证合同无效。据此可知，机关法人、以公益服务为目的的非营利法人和非法人组织、无企业法人书面授权的该企业的分支机构、企业法人的职能部门，不能作保证人，即不可以成为反担保抵押中的抵押权人。换言之，具有民事行为能力的自然人、企业法人或企业法人书面授权的该企业的分支机构、营利性的非法人组织可以作保证人，即可以成为反担保抵押中的抵押权人。本问中的某保险公司，如果是公司法人或是公司法人书面授权的该公司法人的分支机构，就可以作保证人，也可以作反担保抵押中的抵押权人。在担保实务中，按《融资性担保公司管理暂行办法》和《非融资性担保机构规范管理指导意见》规定，只有经营担保业务的组织或机构，才须取得相关监管机关的许可并领取相应的资质证书或许可证明，在办理营业执照后方可经营担保业务，此类组织或机构名称中须有"担保"字样，这也是登记机构判定申请人是否经营担保业务的主要依据。据此可知，如果申请人名称中没有"担保"字样的，登记机构就没有理由确定其是经营担保业务的组织或机构，也无须要求申请人提交经营担保业务的资质证书或许可证明。因此，本问中，某保险公司的名称中没有"担保"字样，表明其不是经营担保业务的组织或机构，申请抵押权登记时，无须提交相应的资质证书或许可证明。

在反担保抵押关系中，被担保的主债权是当事人基于保证合同建立的保证债权，即保证合同才是主债权合同。

第74问 异地开展贷款业务的小额贷款公司申请的房屋抵押权登记，登记机构可否办理

注册在甲市的某小额贷款公司，营业执照的经营范围载明：在甲市范围内办理各项小额贷款、银行业金融机构委托贷款业务。某人与该小额贷款公司签订借款合同后，又与此小额贷款公司签订抵押合同约定：用借款人在乙市的房屋作贷款抵押担保。贷款合同和抵押合同载明的签订地点均为乙市。现小额贷款公司与抵押人共同向乙市登记机构申请抵押权登记，问：在注册地之外开展贷款业务的小额贷款公司申请的房屋抵押权登记，乙市登记机构可否办理？

有观点认为，《关于小额贷款公司试点的指导意见》（银监发〔2008〕23号）规定，小额贷款公司是由自然人、企业法人与其他社会组织投资设立，不吸收公众存款，经营小额贷款业务的有限责任公司或股份有限公司。据此可知，小额贷款公司经营的是小额贷款业务。经营小额贷款

的具体方式以签订借款合同并向借款人发放贷款来体现。按《民法典》第四百七十条第一款第（六）项规定，合同的履行地点是合同应当载明的内容。该法第四百九十三条规定，当事人采用合同书形式订立合同的，最后签名、盖章或者按指印的地点为合同成立的地点，但是当事人另有约定的除外。据此可知，本问中，小额贷款公司与借款人签订的借款合同应当载明合同的履行地点和合同的成立地点。但小额贷款公司的营业执照载明：在甲市范围内办理各项小额贷款、银行业金融机构委托贷款业务。因此，该小额贷款公司只能在甲市范围内与借款人签订借款合同并向借款人发放贷款，换言之，该小额贷款公司与借款人签订借款合同的地点是甲市，就没有在超出营业执照核准的区域开展贷款经营业务，基于此建立的借款债权合法，此借款合同可以用作抵押权登记的证据材料，但该小额贷款公司提交的作为抵押权登记申请材料的借款合同却是在乙市签订的，故此借款合同不得作为抵押权登记的证据材料，由此申请的抵押权登记，登记机构不得办理。笔者不支持此观点。

按《民法典》第一百四十四条、第一百四十五条、第一百四十六条、第一百五十三条、第一百五十四条和第一百五十五条规定，下列民事法律行为无效：（一）无民事行为能力人实施的民事法律行为；（二）限制民事行为能力人依法不能独立实施的民事法律行为；（三）行为人与相对人以虚假的意思表示实施的民事法律行为；（四）违反法律、行政法规关于效力性强制性规定的民事法律行为和违背公序良俗的民事法律行为；（五）行为人与相对人恶意串通，损害他人合法权益的民事法律行为。无效的民事法律行为自始没有法律约束力。笔者认为，本问中，某人与小额贷款公司在异地签订的借款合同属于民事法律行为，"异地签订借款合同"不是前述民事法律行为无效的情形。笔者查阅现时的其他法律、行政法规和司法解释，也没关于小额贷款公司与借款人在异地签订的合同无效的规定，"法无禁止则可为"。据此可知，本问中，某人与该小额贷款公司签订借款合同，无论是在小额贷款公司的注册地甲市签订的，还是在甲市外签订的，合同并不因此而无效，均可用作申请抵押权登记的证据材料。

《民法典》第三百八十七条第一款规定，债权人在借贷、买卖等民事活动中，为保障实现其债权，需要担保的，可以依照本法和其他法律的规定设立担保物权。质言之，一般情形下，民事活动中合法建立的债权，当事人都可以设立抵押权保障其实现。据此可知，如前所述，本问中的小额贷款公司开展贷款经营业务，基于此建立的借款债权合法，可以设立作为担保物权之一的房屋抵押权保障其实现。《不动产登记暂行条例》第七条第一款规定，不动产登记由不动产所在地的县级人民政府不动产登记机构办理；直辖市、设区的市人民政府可以确定本级不动产登记机构统一办理所属各区的不动产登记。据此可知，不动产登记实行属地登记原则，即不动产权利及相关事项由不动产所在地的登记机构负责登记。本问中，小额贷款公司与抵押人签订的抵押合同中约定抵押的房屋在乙市，故在此房屋上设立的抵押权应当由乙市的登记机构负责登记。

结论：虽然小额贷款公司与借款人签订借款合同的地点在其注册地之外的乙地，但此借款合同仍然合法、有效，登记机构可以用作办理抵押权登记的证据材料，且该小额贷款公司与抵押人签订的抵押合同中约定抵押的房屋在乙市，因此，乙市登记机构应当根据当事人的申请为其办理抵押权登记。

第75问　民间借贷产生的债权可否作抵押权登记中的主债权

问：民间借贷产生的债权可否作抵押权登记中的主债权？

有观点认为，《民法典》第三百八十七条第一款规定，债权人在借贷、买卖等民事活动中，为保障实现其债权，需要担保的，可以依照本法和其他法律的规定设立担保物权。质言之，一般情形下，只有在民事活动中建立的合法、有效的债权，才可以设立抵押权保障其实现。《贷款通则》第二条规定，贷款人系指在中国境内依法设立的经营贷款业务的中资金融机构。质言之,贷款人必须是依法经营借贷业务的金融机构,换言之,只有依法经营借贷业务的金融机构享有的借贷债权才是合法的。概言之,民间借贷产生的债权,因债权人不是依法设立的经营贷款业务的金融机构,不能依法享有借贷债权,因此,民间借贷产生的债权不能作抵押权登记中的主债权。笔者不支持此观点。

一、民间借贷的主要情形

《最高人民法院关于审理民间借贷案件适用法律若干问题的规定》(法释〔2015〕18号)第一条规定,民间借贷,是指自然人、法人、其他组织之间及其相互之间进行资金融通的行为。据此可知,民间借贷,主要指自然人、法人、其他组织之间发生的借贷关系,主要情形有:一是自然人间发生的借贷关系;二是自然人与非经营贷款业务的法人或其他组织间发生的借贷关系;三是非经营贷款业务的法人、其他组织间或其相互间发生的借贷关系。

二、自然人间产生的借贷债权作抵押权登记中的主债权于法有据

《民法典》第六百六十七条规定,借款合同是借款人向贷款人借款,到期返还借款并支付利息的合同。该法第六百七十九条规定,自然人之间的借款合同,自贷款人提供借款时成立。质言之,借款合同是产生借贷关系的主要体现方式,自然人之间订立的借贷合同自贷款人向借款人发放借款时起发生法律上的效力。换言之,自然人间以借款合同方式建立借贷关系于法有据,由此产生的借款债权合法,可以作抵押权登记中的主债权。

三、非经营贷款业务的法人、其他组织间或其相互间基于生产、经营建立的借贷债权可以作抵押权登记中的主债权

《最高人民法院关于审理民间借贷案件适用法律若干问题的规定》(法释〔2015〕18号)第十一条规定,法人之间、其他组织之间以及它们相互之间为生产、经营需要订立的民间借贷合同,除存在合同法第五十

二条、本规定第十四条规定的情形外,当事人主张民间借贷合同有效的,人民法院应予支持。据此可知,一般情形下,非经营贷款业务的法人之间、其他组织之间及其相互间基于生产、经营的目的,签订借贷合同建立的借款债权,产生诉讼时,会得到人民法院的支持。换言之,非经营贷款业务的法人之间、其他组织之间及其相互间基于生产、经营的目的,签订借贷合同建立的借款债权,也是合法的债权,可以作抵押权登记中的主债权。

四、自然人与非经营贷款业务的法人或其他组织间基于生产、经营建立的借贷债权才可以作抵押权登记中的主债权

《最高人民法院关于审理民间借贷案件适用法律若干问题的规定》(法释〔2015〕18号)第十二条规定,法人或者其他组织在本单位内部通过借款形式向职工筹集资金,用于本单位生产、经营,且不存在合同法第五十二条、本规定第十四条规定的情形,当事人主张民间借贷合同有效的,人民法院应予支持。据此可知,法人或者其他组织与其职工(债权人)基于生产、经营的目的,签订借贷合同建立的借款债权,产生诉讼时,会得到人民法院的支持。换言之,法人或者其他组织与其职工(债权人)基于生产、经营的目的,签订借贷合同建立的借款债权,也是合法的债权,可以作抵押权登记中的主债权。

五、基于生产、经营建立的债权的判定标准

《民法典》第六百六十八条第二款规定,借款合同的内容一般包括借款种类、币种、用途、数额、利率、期限和还款方式等条款。笔者据此认为,非经营贷款业务的法人、其他组织、自然人等当事人申请借贷产生的抵押权登记时,登记机构凭其提交的借款合同载明的借款用途为生产、经营来判定债权的合法性,并以此为据办理抵押权登记,之后,此合同被证明是非法集资合同或非法经营贷款的合同,导致抵押权被人民法院确认无效或撤销的,登记机构因尽到合理审慎的注意义务,一般情形下，也可能不承担不利后果。

六、民间借贷中的法规、政策适用

《最高人民法院关于裁判文书引用法律、法规等规范性法律文件的规定》（法释〔2009〕14号）第五条规定，行政裁判文书应当引用法律、法律解释、行政法规或者司法解释。对于应当适用的地方性法规、自治条例和单行条例、国务院或者国务院授权的部门公布的行政法规解释或者行政规章，可以直接引用。质言之，诉讼活动中，司法解释的规定优于行政规章使用。申言之，司法解释的效力高于行政规章。据此可知，《贷款通则》是中国人民银行发布实施的行政规章，因此，关于民间借贷债权的规定，应当以司法解释《最高人民法院关于审理民间借贷案件适用法律若干问题的规定》的规定为准。

结论：自然人间因借贷产生的债权可以作抵押权登记中的主债权。法人、其他组织间或其相互间、自然人与法人或其他组织间基于生产、经营的目的产生的借贷债权，才可以作抵押权登记中的主债权。

第76问 债务履行期间届满的债权是否可以设立抵押权保障其实现

当事人申请抵押权登记时，提交的主债权合同显示债务履行期间已经届满。问：当事人申请抵押权登记时，被担保的主债权债务履行期间已经届满，登记机构可否为其办理抵押权登记？

笔者认为，债务履行期间届满的债权也可以设立抵押权保障其实现，当事人因此申请的抵押权登记，登记机构应当办理。

《民法典》第三百八十七条第一款规定，债权人在借贷、买卖等民事活动中，为保障实现其债权，需要担保的，可以依照本法和其他法律的规定设立担保物权。质言之，一般情形下，只要是民事主体在民事活动中建立的合法、有效的债权，就可以设立抵押权保障其实现。那么，本问中，债务履行期间已经届满的债权是否为合法有效的债权呢？《民法典》第五百七十七条规定，当事人一方不履行合同义务或者履行合同义务不符合约定的,应当承担继续履行、采取补救措施或者赔偿损失等违约责任。据此可知,如果合同中约定的债务履行期间届满,债务人未履行债务时,债务人应当承担继续履行、采取补救措施或者赔偿损失等违约责任。换言之,债务履行期间届满,既有的合同债权仍然有效,故此债权可以设立抵押权保障其实现,当事人因此申请的抵押权登记,登记机构应当办理,登记簿上记载的债务履行期间仍然以主债权合同上载明的为准。

《民法典》第三百九十四条第一款规定,为担保债务的履行,债务人或者第三人不转移财产的占有,将该财产抵押给债权人的,债务人不履行到期债务或者发生当事人约定的实现抵押权的情形,债权人有权就该财产优先受偿。据此可知,一是债务履行期间届满而债务人未履行债务的,债权人可以实现抵押权;二是抵押当事人约定的实现抵押权的条件成就时,债权人可以实现抵押权。本问中,申请登记的抵押权在债务履行期间届满之后,即自抵押权记载于登记簿上时起,债权人就可以变现抵押房屋优先受偿而实现抵押权。《民法典》第六条规定,民事主体从事民事活动,应当遵循公平原则,合理确定各方的权利和义务。笔者据此认为,本问中,债权人虽然可以自抵押权记载于登记簿上时起,变现抵押房屋优先受偿而实现抵押权,但鉴于登记簿上记载的抵押权毕竟是在债务履行期间届满之后登记的事实,基于公平原则,债权人应当给予抵押人一定的宽限期间。对此宽限期间,现时的法律、行政法规没有作规定。在司法实务中,《最高人民法院关于人民法院执行设定抵押的房屋的规定》(法释〔2005〕14号)第二条规定,人民法院对已经依法设定抵押的被执行人及其所扶养家属居住的房屋,在裁定拍卖、变卖或者抵债后,应当给予被执行人六个月的宽限期。笔者据此认为,抵押权人给予抵押人的宽限期间,一是可以由抵押当事人具体约定;二是抵押当事人不能约定的,抵押权人可参照《最高人民法院关于人民法院执行设定抵押的房屋的规定》(法释〔2005〕14号)第二条规定中的"六个月"

的宽限期确定,即自抵押权人向抵押人表明实现抵押权意思之日起,抵押权人对抵押人的宽限期间为"六个月",在此期间内,抵押人要么履行债务,要么做好抵押房屋被变现实现抵押权的准备。

第77问 扩建中的房屋已经登记并领取不动产权属证书的部分,可否作在建建筑物抵押的标的物

某企业有一处3层的厂房,已经办理所有权首次登记并持有不动产权属证书。经规划许可加建2层,即加层后,由原来的3层变更成5层。现在,第4层的加层扩建正在进行中,为了取得后续建造资金,当事人用原来的3层作为在建建筑物的已完工部分向银行作抵押贷款,签订了借款合同、在建建筑物抵押合同后,向登记机构申请在建建筑物抵押权登记。问:当事人用扩建中的房屋的已经登记并持有不动产权属证书的部分,作为在建建筑物的已完工部分向银行作抵押贷款申请的在建建筑物抵押权登记,登记机构可否办理?

笔者认为,当事人用扩建中的房屋已经登记并持有不动产权属证书的部分,作为在建建筑物的已完工部分向银行作抵押贷款申请的在建建筑物抵押权登记,登记机构应当不予办理。

按《民法典》第三百九十五条规定,正在建造的建筑物可以单独作担保债权实现的抵押物,也可以与已经完工的建筑物及其他财产一并抵押作担保债权实现的抵押物,但正在建造的建筑物与已完工的建筑物及其他财产仍然是不同的抵押物,对应的应当是建筑物抵押权、在建建筑物抵押权或其他财产抵押权。在房地产抵押监管实务中,《城市房地产抵押管理办法》第三条第五款规定,在建工程抵押,是指抵押人为取得在建工程继续建造资金的贷款,以其合法方式取得的土地使用权连同在建工程的投入资产,以不转移占有的方式抵押给贷款银行作为偿还贷款履行担保的行为。笔者据此认为,其中的"在建工程的投入资产",应当是指整个正在建造的工程的已完工部分。据此可知,本问中,用作抵押的原来的 3 层房屋，虽然是整个厂房的组成部分，但是其早于扩建部分完工，且已经完成所有权首次登记并持有不动产权属证书，即不是该厂房扩建工程部分的已完工部分。因此，当事人不得将其作为在建建筑物的已完工部分向银行作抵押标的物，以此作在建建筑物抵押权的标的物产生的在建建筑物抵押权登记，登记机构不得办理。

《民法典》第二百三十一条规定，因合法建造、拆除房屋等事实行为设立或者消灭物权的，自事实行为成就时发生效力。质言之，合法建造的建筑物、构筑物自竣工时起，当事人无须登记即依法、即时享有所有权，反之，在建建筑物虽然是合法建造但没有竣工的，当事人不能对其依法享有所有权。申言之，作为在建建筑物抵押权标的物的虽然是工程的已完工部分，但该部分由于工程整体未完工也不能成为所有权的客体，当事人不能基于此设立房屋抵押权，只能依法设立在建建筑物抵押权。已经经过所有权首次登记宣示所有权存在的建筑物、构筑物，当事人可以基于此设立房屋抵押权、构筑物抵押权。因此，本问中，当事人可以用已经完成所有权首次登记并持有不动产权属证书的 3 层房屋向银行作贷款抵押，申请房屋抵押权登记，但不能用其作在建建筑物抵押权的标的物。

第 78 问　一个一般抵押权可否同时担保两个主债权

王某与两个债权人甲、乙分别签订借款合同借了两笔款，然后，王某用登记在其名下的房地产作抵押，担保这两笔借款债务。与甲、乙共同签订了一份抵押合同，即甲、乙为共同抵押权人，王某为抵押人，设立一个一般抵押权保障两个借款债权的实现，抵押合同载明的被担保主债权数额为甲、乙向王某发放的借款总额。问：一个一般抵押权可否同时担保两个主债权？甲、乙和王某共同申请的一件一般抵押权登记，登记机构可否办理？

笔者认为，一个一般抵押权可以同时担保两个主债权，对甲、乙和王某共同申请的一件一般抵押权登记，登记机构应当办理。

笔者从担保物权的不可区分性来解释此问题。

被担保的债权在未受全部清偿前，担保物权人得就担保标的物的全部行使其权利，称为担保物权的不可分性①。担保物的不可以分性有两种情形：一是指担保物的各个部分均对整个债权有担保责任。如一间大的商铺因担保贷款债权经登记设立抵押权后，抵押人取得规划许可手续，将该间大商铺分割成两间小商铺，两间小商铺均对前述贷款债权承担担保责任，即作为抵押物的大商铺虽然产生分割，但在该大商铺上的抵押权在分割后的小商铺上仍然存续。二是债权是否被分割或部分履行，均不对担保物权的存在产生影响。据此可知，一个债权分割成两个债权后，仍然被原来的担保物权担保。申言之，两个新建立的债权也可以设立一个担保物权保障其实现。按《民法典》第三百八十八条第一款规定，设立担保物权，应当依照本法和其他法律的规定订立担保合同。担保合同包括抵押合同、质押合同和其他具有担保功能的合同。担保合同是主债权债务合同的从合同。据此可知，在有主债权债务合同存在的情形下，当事人设立担保物权的，应当签订抵押合同等担保合同，担保合同是主债权债务合同的从合同。笔者据此认为，当事人设立担保物权时，不管是两个主债权债务合同对应一个担保合同，还是一个主债权债务合同对应两个担保合同，只要从主债权债务合同与担保合同中，能够明确主债权债务合同中的债权是欲基于担保合同设立的担保物权担保的债权，则此主债权债务合同与担保合同可形成担保物权设立的原因证明，抵押权属于担保物权，也应当遵循这些规则。本问中，甲、乙和王某共同申请登记的是同时担保两个债权实现的一个一般抵押权，属于前述担保物权的不可区分性的情形之一，且不违反法律规定，登记机构应当办理。至于甲、乙享有抵押权的份额，由其向王某发生的贷款数额决定。

---

① 陈华彬：《物权法》，法律出版社2004年版，第467页。

第79问　自然人间因借款申请抵押权登记时是否提交债权发生的证明

自然人之间因借款产生了房屋抵押关系，办理了房屋抵押权登记。现抵押人持人民法院的生效判决书申请抵押权注销登记，该判决书中表述了人民法院查明的借款未发生的事实，但判决结论中没有解除抵押关系或确认抵押权无效的表述。问：对抵押人凭载明人民法院查明的借款未发生的事实的生效判决书申请的抵押权注销登记，登记机构可否办理？

笔者认为，对抵押人凭载明人民法院查明的借款未发生的事实的生效判决书申请的抵押权注销登记，登记机构不能办理，但可以引导抵押人申请更正登记或登记机构按程序启动更正登记。

一、基于人民法院查明的借款未发生的事实的生效判决书申请的抵押权注销登记，登记机构不能办理

在不动产登记实务中，《不动产登记操作规范（试行）》14.2.2条规定："不动产登记簿记载的抵押权人与抵押人可以共同申请抵押权的注销登记。债权消灭或抵押权人放弃抵押权的，抵押权人可以单方申请抵押权的注销登记。人民法院、仲裁委员会生效法律文书确认抵押权消灭的，抵押人等当事人可以单方申请抵押权的注销登记。"据此可知，人民法院、仲裁机构生效的法律文书确认抵押权消灭的情形下，抵押人才可以单方申请抵押权注销登记。本问中，抵押人申请抵押权注销登记时，提交的是载明人民法院查明的借款未发生的事实的生效判决书，而非载明确认抵押权消灭的生效判决书。因此，抵押人凭载明人民法院查明的借款未发生的事实的生效判决书申请的抵押权注销登记，登记机构不能办理。

二、自然人间因借款申请抵押权登记时，应当提交债权已经发生的证明

《民法典》第三百八十七条第一款规定，债权人在借贷、买卖等民事活动中，为保障实现其债权，需要担保的，可以依照本法和其他法律的

规定设立担保物权。质言之，债权的合法存在是抵押权设立的前提。《民法典》第六百七十九条规定，自然人之间的借款合同，自贷款人提供借款时成立。据此可知，自然人之间虽然签订了借款合同，但借款的事实须发生，借款合同才生效，否则，借款合同不生效。申言之，在不动产登记实务中，登记机构办理自然人间因借款产生的抵押权登记时，在收取借款合同的同时，还应当收取借款已经产生的证明（如贷款人已经发放贷款的证明或借款人收到借款的证明等），以证明借款合同已经生效。如果没有借款已经产生的证明佐证借款合同已经生效，则借款合同的效力不能确定，由此产生的借款债权是否合法产生并存在也不能确定，抵押权的设立失去前提。因此，本问中，抵押人提交的人民法院查明的借款未发生的事实的生效判决书表明用作登记证据的借款合同未生效，登记机构办理的抵押权登记错误。

三、本问的实务处理

按《民法典》第二百二十条第一款规定，权利人、利害关系人认为不动产登记簿记载的事项错误的，可以申请更正登记。质言之，登记簿上记载的事项错误的，应当通过更正登记予以纠正。因此，本问中，如前所述，登记机构办理的抵押权登记错误，应当通过更正登记予以纠正。在不动产登记实务中，《不动产登记暂行条例实施细则》第七十九条第一款规定，权利人、利害关系人认为不动产登记簿记载的事项有错误，可以申请更正登记。按该实施细则第八十一条规定，不动产登记机构发现不动产登记簿记载的事项错误，应当通知当事人在30个工作日内办理更正登记。当事人逾期不办理的，不动产登记机构应当在公告15个工作日后，依法予以更正。据此可知，本问中，由于错误的抵押权记载在抵押人的房屋上，对其处分房屋可能有不利影响，故抵押人属于此错误抵押权的利害关系人，登记机构可以引导抵押人凭此判决书等材料申请更正登记。若抵押人不配合，登记机构可以启动依职权更正登记程序。更正登记完成后，错误的抵押权登记失去效力，使房屋的所有权恢复到圆满状态。

第 80 问　债权确定期间届满后，登记机构可否办理因债权确定期间变更产生的最高额抵押权变更登记

一最高额抵押权的债权确定期间：2018 年 12 月 31 日—2020 年 12 月 30 日。2021 年 1 月 4 日，当事人签订协议变更债权确定期间为 2018 年 12 月 31 日—2021 年 12 月 30 日，并向登记机构申请最高额抵押权变更登记。问：当事人于债权确定期间届满后申请的因债权确定期间变更产生的最高额抵押权变更登记，登记机构可否办理？

笔者认为，当事人于债权确定期间届满后申请的因债权确定期间变更产生的最高额抵押权变更登记，登记机构不予办理。

一、当事人于债权确定期间届满后签订协议变更债权确定期间，不符合法律的规定

《民法典》第四百二十二条规定，最高额抵押担保的债权确定前，抵押权人与抵押人可以通过协议变更债权确定的期间、债权范围以及最高债权额。但是，变更的内容不得对其他抵押权人产生不利影响。该法第四百二十三条第（一）项规定，当事人约定的债权确定期间届满的，抵押权人的债权确定。概言之，当事人约定的债权确定期间届满前，抵押权人与抵押人可以通过协议变更债权确定期间，反之不然。据此可知，本问中，当事人约定的最高额抵押权的债权确定期间是 2018 年 12 月 31 日—2020 年 12 月 30 日。但当事人签订变更债权确定期间为 2018 年 12 月 31 日—2021 年 12 月 30 日的协议的时间却是 2021 年 1 月 4 日，即当事人在债权确定期间届满后才签订协议变更债权确定期间，不符合《民法典》第四百二十二条规定。《不动产登记暂行条例》第二十二条第（一）项规定，登记申请违反法律、行政法规规定属于不予登记的情形。据此可知，申请登记的内容应当符合法律、行政法规的规定。本问中，变更后的债权确定期间是申请人申请最高额抵押权变更登记的主要内容，如前所述，该内容不符合《民法典》第四百二十二条规定，登记机构不得应当事人的申请为其办理最高额抵押权变更登记。

按《民法典》第四百二十三条第（一）项规定，最高额抵押权担保的不特定债权因当事人约定的债权确定期间届满而确定，转化为单笔具体的、特定的债权，担保原不特定债权的最高额抵押权随之转化为一般抵押权而终止，在此基础上转化而来的一般抵押权设立。据此可知，本问中，当事人须先行申请最高额抵押权确定登记并被登记机构记载于登记簿上后，才可以通过合同或协议的形式变更抵押权的内容，因此产生的登记属于一般抵押权变更登记，但债权确定期间不是一般抵押权的内容。

二、延伸思考

如果当事人于2020年12月29日签订协议变更债权确定期间为2018年12月31日—2021年12月30日，但于2021年1月4日才向登记机构申请最高额抵押权变更登记。试问：登记机构可否为当事人办理最高额抵押权变更登记？

笔者认为，登记机构也不得为当事人办理最高额抵押权变更登记。

当事人变更最高额抵押权担保的债权确定期间为2018年12月31日—2021年12月30日的协议签订于2020年12月29日，即变更债权确定期间的协议签订于债权确定期间届满前，虽然符合《民法典》第四百二十二条规定，但是，《民法典》第二百一十四条规定，不动产物权的设立、变更、转让和消灭，依照法律规定应当登记的，自记载于不动产登记簿时发生效力。质言之，基于法律行为变更的不动产物权自记载于登记簿上时起生效。据此可知，本延伸思考问题中，当事人虽然签订了以变更债权确定期间为主要内容的协议，却没有在当事人原来约定的债权确定期间届满前申请最高额抵押权变更登记，即最高额抵押权变更登记没有被记载在登记簿上，当事人约定的债权确定期间变更的效力没有产生。相反，如前所述，按《民法典》第四百二十三条第（一）项规定，最高额抵押权担保的不特定债权因当事人原来约定的债权确定期间届满而确定，转化为单笔具体的、特定的债权，担保原不特定债权的最高额抵押权随之转化为一般抵押权而终止，在此基础上转化而来的一般抵押权设立。换言之，2021年1月4日，当事人向登记机构申请最高额抵押权变更登记时，提交的变更债权确定期间的抵押权变更协议，虽然签订于原债权确定期间届满前，但最高额抵押权已经因被其担保的债权确定而随之转化为一般抵押权，申请最高额抵押权变更登记的前提丧失。

第81问　申请人以发生第一笔贷款的借款合同作主合同申请的最高额抵押权登记，登记机构可否受理

抵押人和抵押权人银行向登记机构申请最高额抵押权登记时，只提交了最高额抵押合同和发生第一笔贷款的借款合同（该合同载明其系基于连续发生借款的合同产生）等材料，其中，以发生第一笔贷款的借款合同作为主债权合同。问：对抵押人和抵押权人银行凭最高额抵押合同和发生第一笔贷款的借款合同申请的最高额抵押权登记，登记机构可否受理？

笔者认为，对抵押人和抵押权人银行凭最高额抵押合同和发生第一笔贷款的借款合同申请的最高额抵押权登记，登记机构不得受理。

一、申请人以发生第一笔贷款的借款合同为主债权合同申请的最高额抵押权登记，登记机构不得受理

《民法典》第四百二十条规定，为担保债务的履行，债务人或者第三人对一定期间内将要连续发生的债权提供担保财产的，债务人不履行到期债务或者发生当事人约定的实现抵押权的情形，抵押权人有权在最高债权额限度内就该担保财产优先受偿。最高额抵押权设立前已经存在的债权，经当事人同意，可以转入最高额抵押担保的债权范围。质言之，最高额抵押权担保的主债权是一定期间内，在最高债权限额内连续发生的债权，此一定期间内连续发生的债权可以是已经发生的债权，也可以是正在发生的债权，还可以是将要发生的债权。换言之，最高额抵押权担保的债权不是某笔具体的、特定的债权。申言之，在最高额抵押权登记中，申请人提交给登记机构的主债权合同应该是一定期间内连续发生若干笔不特定债权的合同，而不是只发生某一笔具体的、特定的债权的合同。因此，本案中，抵押人和抵押权人银行向登记机构申请最高额抵押权登记时，提交给登记机构的主合同是发生第一笔贷款的借款合同，属于只发生某一笔具体的、特定的债权的合同。换言之，抵押人和抵押权人银行向登记机构申请最高额抵押权登记时，提交给登记机构的不是一定期间内连续发生若干笔不特定债权的合同，与《民法典》第四百二十条规定相悖。《不动产登记暂行条例》第十七条第（三）项规定，申请材料不齐全或者不符合法定形式的，登记机构应当当场书面告知申请人不予受理并一次性告知需要补正的全部内容。在不动产登记实务中，《不动产登记暂行条例实施细则》第七十一条第一款规定，一定期限内连续发生债权的合同，是申请人申请最高额抵押权登记时应当向登记机构提交的材料。因此，本问中，申请人提交的主合同是发生第一笔贷款的借款合同，而非一定期间内连续发生债权的合同，对当事人据此申请的最高额抵押权登记，登记机构不得受理并告知申请人补充一定期间内连续发生债权的合同后再申请。

另外，如前所述，最高额抵押权担保的主债权是一定期间内连续发生的若干笔不特定的债权，不是某笔具体的、特定的债权。本案中，抵押人和抵押权人银行向登记机构申请最高额抵押权登记时，提交给登记机构的只是发生第一笔贷款的借款合同，此笔贷款只是基于主债权合同——一定期间内连续发生债权的合同发生的其中的一笔具体的、特定的债权，换言之，在最高额抵押权登记中，被最高额抵押权担保的一定期间内连续发生的若干笔不特定债权中的某笔具体的、特定的债权，虽然属于最高额抵押权担保的范围，但不能涵盖一定期间内连续发生的若干笔不特定的债权，故该发生第一笔贷款的借款合同不能作为申请人申请最高额抵押权登记时的主债权合同。

二、申请人不提交一定期间内连续发生债权的合同时，登记机构不能凭最高额抵押合同为其办理最高额抵押权登记

在不动产登记实务中，有申请人认为，将来的债权还没有发生，就不应该向登记机构提交债权合同，而最高额抵押权合同中载明了被担保的最高债权数额、债权确定期间等登记簿应当记载的内容，登记机构应该凭最高额抵押合同为申请人办理最高额抵押权登记。笔者不支持此观点，按《民法典》第三百八十八条规定，设立担保物权，应当依照本法和其他法律的规定订立担保合同。担保合同包括抵押合同、质押合同和其他具有担保功能的合同。担保合同是主债权债务合同的从合同。质言之，担保合同是设立担保物权的原因，但担保合同存在的依附是主债权债务合同，换言之，担保物权依附于被其担保的主债权成立、存在。本问中，最高额抵押权属于《民法典》规定的担保物权之一，作为设立最高额抵押权原因的最高额抵押合同，也必须依附于主债权债务合同才能成立、存在，按《民法典》第四百二十条规定，一定期间内连续发生债权的合同，是建立被最高额抵押权担保的已经发生、正在发生和将要发生的不特定的债权的基础法律关系，换言之，基于此基础法律关系建立的一定期间内已经发生、正在发生和将要发生的不特定的债权，是最高额抵押权成立、存在的前提，即一定期间内连续发生债权的合同才是最高额抵押合同依附的主债权合同。换言之，一定期间内连续发生债权的合同不存在，最高额抵押合同失去依托也应该不成立、不存在，最高额抵押权则没有设立的前提、原因而无法设立。《不动产登记暂行条例》第十七条第（三）项规定，申请材料不齐全或者不符合法定形式的，登记机构应当当场书面告知申请人不予受理并一次性告知需要补正的全部内

容。在不动产登记实务中,《不动产登记暂行条例实施细则》第七十一条第一款规定,一定期间内连续发生债权的合同和最高额抵押合同,是申请人申请最高额抵押权登记时应当向登记机构提交的材料。据此可知,申请人申请最高额抵押权登记时,只提交最高额抵押合同,不提交一定期间内连续发生债权的合同的,登记机构应当不予受理,更不能凭最高额抵押合同为其办理最高额抵押权登记。

第 82 问　登记机构办理因典当产生的抵押权登记时,是否审查当票上的当金数额符合规定与否

《典当管理办法》第四十四条第(五)项规定,房地产抵押典当余额不得超过注册资本。注册资本不足 1000 万元的,房地产抵押典当单笔当金数额不得超过 100 万元。注册资本在 1000 万元以上的,房地产抵押典当单笔当金数额不得超过注册资本的 10%。问:登记机构办理因典当产生的抵押权登记时,是否审查当票上的当金数额符合《典当管理办法》的规定与否?

笔者认为,登记机构办理因典当产生的抵押权登记时,无须审查当票上的当金数额符合《典当管理办法》的规定与否。

一、笔者曾经的认为

《物权法》第十六条规定,不动产登记簿是物权归属和内容的根据。质言之,登记簿记载的内容具有公信力。公信力的支撑是什么?是登记簿记载内容的合法、真实、有效。具体到因典当产生的抵押权登记,记载在登记簿上的主债权内容,即当金,应当是合法的。登记簿记载内容的合法、真实、有效的保证,应当依靠登记人员综合审查登记材料后做出的判断。按《物权法》第十二条第一款第(一)项规定,查验申请人提供的权属证明和其他必要材料是登记机构必须履行的职责。笔者据此认为,对登记申请材料的查验,也包括对登记申请材料记载信息的合法性、真实性和有效性的判定。具体到因典当产生的抵押权登记,当票上的当金数额属于抵押权的内容,当票是抵押权的权源材料,如果当票上的当金数额不符合《典当管理办法》的相关规定，则此权源材料不合法，至少关于当金的部分不应当有效，据此产生的抵押权登记，登记机构应当不予办理。概言之，因典当申请的抵押登记中，对作为主债权合同的当票上载明的当金数额是否符合规定进行审核，属于登记机构应当履行的职责。

在司法实务中，《合同法司法解释（一）》第十条规定，当事人超越经营范围订立合同，人民法院不因此认定合同无效。但违反国家限制经营、特许经营以及法律、行政法规禁止经营规定的除外。据此可知，一般情况下，当事人超越经营范围订立的合同，人民法院可以不认定合同无效，但是，经营范围属于国家限制经营、特许经营时，当事人超越经营范围订立的合同，人民法院是要认定合同无效的，认定无效的情形，可能是合同全部无效，也可能是部分无效。具体到典当，《典当管理办法》第十七条规定，依法成立并经营的典当机构，应当同时持有《典当经营许可证》和《特种行业许可证》。据此可知，典当属于必须履行行政许可手续的特许经营行业。因此，如果当票上的当金数额不满足《典当管理办法》的规定，产生争执时，至少当金部分是否合法，是否有效，难以得到人民法院的保护，基于此申请的抵押权登记，登记机构应当不予支持。

《不动产登记暂行条例》第十八条第（三）项规定，不动产登记机构受理不动产登记申请时，查验登记申请是否违反法律、行政法规规定是其职责。质言之，查验登记申请的合法性是登记机构的职责，据此可知，本问中，《典当行管理办法》属于公开发布的行政规章，且与登记职责相关，登记人员应该也有能力知晓，具体办理登记时，申请人提交的作为身份证明的营业执照上有注册资金，登记人员只需作简单核算便可以把握。概言之，登记机构办理因典当申请的抵押权登记时，在力所能及的范围内可以判定当票上的当金数额是否符合规定，以履行查验登记申请的合法性的职责。换言之，登记机构办理因典当申请的抵押权登记时，如果不审查当票上的当金数额是否符合规定的，属于怠于履行其审查职责的情形，可能承担由此产生的不利后果。

概言之，登记机构办理因典当申请的抵押权登记时，应当审查当票上的当金数额是否符合规定。

二、笔者现时的认为

《典当管理办法》第三十条第一款规定，当票是典当行与当户之间的借贷契约，是典当行向当户支付当金的付款凭证。《不动产登记暂行条例实施细则》第六十六条第一款规定，主债权合同是当事人申请一般抵押权登记时应当向登记机构提交的材料。据此可知，当票是典当行与当户之间建立借款债权的合同，是当事人申请因典当产生的抵押权登记时应当向登记机构提交的材料。

《民法典》第二百一十六条规定，不动产登记簿是物权归属和内容的根据。质言之，登记簿记载的内容具有公信力。公信力的支撑来自登记簿记载内容的合法、真实、有效。具体到因典当产生的抵押权登记中，记载在登记簿上的主债权内容，即当金数额，应当是合法的。那么，当票上记载的当金数额不符合《典当管理办法》第四十四条第（五）项规定时，是否合法、有效呢？

《民法典》第一百五十三条第一款规定，违反法律、行政法规的强制性规定的民事法律行为无效。但是，该强制性规定不导致该民事法律行为无效的除外。据此可知，违反法律、行政法规的效力性强制性规定属于作为民事法律行为的合同无效的情形。本问中，如前所述，《典当管理办法》第四十四条第（五）项规定虽然是对当票上记载的当金数额予以限制的规定，也是从行业管理的角度对典当行的经营行为予以限制的规定。但《典当管理办法》是由国家商务部和公安部联合发布实施的行政规章，不是国务院发布实施的行政法规，更不是全国人民代表大会或其常务委员会发布实施的法律，因此，即使当票上记载的当金数额不符合

《典当管理办法》第四十四条第（五）项规定时，当票也是有效的，当票上记载的当金数额也当然有效。

《民法典》第五百零五条规定，当事人超越经营范围订立的合同的效力，应当依照本法第一编第六章第三节和本编的有关规定确定，不得仅以超越经营范围确认合同无效。在司法实务中，《合同法司法解释（一）》第十条规定，当事人超越经营范围订立合同，人民法院不因此认定合同无效。但违反国家限制经营、特许经营以及法律、行政法规禁止经营规定的除外。笔者据此认为，按《企业经营范围登记管理规定》第三条和第四条规定，企业的经营范围即企业登记机构登记核准的企业的经营项目。据此可知，典当行只要从事的是《营业执照》载明的典当经营项目，就没有超出其经营范围，换言之，典当行向当户出具的当票上载明的当金数额虽然不符合《典当管理办法》的规定，但也不是超出其经营范围的行为，产生诉讼时，当票也不会被人民法院判决无效。申言之，载明的当金数额不符合《典当管理办法》的规定的当票可以作抵押权登记中的主债权合同，由此产生的抵押权登记，登记机构应当办理。另外，笔者澄清曾经对特许经营的错误理解，《商业特许经营管理条例》第三条规定，商业特许经营，是指拥有注册商标、企业标志、专利、专有技术等经营资源的企业（以下称特许人），以合同形式将其拥有的经营资源许可其他经营者（以下称被特许人）使用，被特许人按照合同约定在统一的经营模式下开展经营，并向特许人支付特许经营费用的经营活动。据此可知，特许经营并非笔者曾经认为的须取得《特种行业许可证》才可以实施的经营行为。

概言之，登记机构办理因典当产生的抵押权登记时，无须审查当票上的当金数额符合《典当管理办法》的规定与否。

第83问　因仓储合同建立的债权可否作抵押权担保的主债权

甲公司将仓库有偿提供给乙公司存放货物，签订了仓储合同。乙公司为了货物存储安全，要求甲公司用其房屋作抵押担保，甲、乙签订了房屋抵押合同。现甲、乙持仓储合同、房屋抵押合同等手续向登记机构申请抵押权登记。问：甲、乙持仓储合同、房屋抵押合同等手续向登记机构申请的抵押权登记，登记机构可否办理？

笔者认为，甲、乙持仓储合同、房屋抵押合同等手续向登记机构申请的抵押权登记，登记机构应当办理。

一、基于仓储合同建立的债权，也可以设立抵押权保障其实现

《民法典》第四百六十四条第一款规定，合同是民事主体之间设立、变更、终止民事法律关系的协议。该法第九百零四条规定，仓储合同是保管人储存存货人交付的仓储物，存货人支付仓储费的合同。据此可知，仓储合同是当事人建立因存储货物产生的民事权利义务的合同，换言之，基于仓储合同建立的债权也是当事人在民事活动中依法产生的债权。本问中，甲、乙基于仓储合同建立了保管人甲对存货人乙负有保证存储货物安全的债务，存货人乙对保管人甲享有保证存储货物安全的债权。

《民法典》第三百八十七条第一款规定，债权人在借贷、买卖等民事活动中，为保障实现其债权，需要担保的，可以依照本法和其他法律的规定设立担保物权。质言之，一般情形下，只要是当事人在民事活动中建立的合法的债权，就可以设立作为担保物权的抵押权保障其实现。本问中，如前所述，甲、乙基于仓储合同建立的是保证存储货物安全的仓储债权，属于当事人在民事活动中依法建立的债权，可以设立抵押权保障其实现，由此申请的抵押权登记，登记机构应当办理。

二、办理基于仓储合同申请的抵押权登记的实务处理

在不动产登记实务中，《国土资源部关于启用不动产登记簿证样式（试行）的通知》（国土资发〔2015〕25号）附不动产登记簿样式及使用填写说明载明：被担保的主债权金额或最高债权额是登记簿应当记载的抵押权的内容。本问中，甲、乙基于仓储合同建立的是保证存储货物安

全的仓储债权，即一旦存储货物因甲提供的存储条件或因甲造成的其他原因受到损害，对存货人乙负有保证存储货物安全债务的甲公司应当承担相应的赔偿责任，因此，此类债权本质上属于赔偿债权，故在仓储合同即申请人申请抵押权登记时的主合同中应当约定存储的货物价值额度或受到损害时的最高赔偿额度，该货物价值额度或受到损害时的最高赔偿额度，就是登记簿应当记载的主债权金额。

第 84 问　最高额抵押权确定登记后，登记机构可否办理因债务履行期限变更产生的抵押权变更登记

问：最高额抵押权确定登记记载在登记簿上后，抵押当事人因债务履行期限变更，向登记机构申请抵押权变更登记，登记机构可否办理？

笔者认为，在最高额抵押权确定登记完成后，抵押当事人向登记机构申请的因债务履行期限变更产生的抵押权变更登记，登记机构应当办理。

一、最高额抵押权确定登记，实质上是由该最高额抵押权转化而来的一般抵押权的首次登记

《民法典》第四百二十三条规定："有下列情形之一的，抵押权人的债权确定：（一）约定的债权确定期间届满；（二）没有约定债权确定期间或者约定不明确，抵押权人或者抵押人自最高额抵押权设立之日起满二年后请求确定债权；（三）新的债权不可能发生；（四）抵押权人知道或者应当知道抵押财产被查封、扣押；（五）债务人、抵押人被宣告破产或者解散；（六）法律规定债权确定的其他情形。"据此可知，发生法定的事由时，最高额抵押权担保的不特定债权确定，转化为单笔特定的、具体的债权，换言之，被担保债权确定后所发生的任何债权，不属于抵押担保的范围。[①]在不动产登记实务中，《不动产登记暂行条例实施细则》

[①] 梁慧星：《中国民法典草案建议稿附理由：物权编》，法律出版社 2004 年版，第 355 页。

第七十三条规定，当发生导致最高额抵押权担保的债权被确定的事由，从而使最高额抵押权转变为一般抵押权时，当事人应当持不动产登记证明、最高额抵押权担保的债权已确定的材料等必要材料，申请办理确定最高额抵押权的登记。据此可知，当发生导致最高额抵押权担保的债权被确定的事由时，最高额抵押权担保的债权确定，也表明最高额抵押权因此转化为一般抵押权而终止，且在此基础上转化而来的一般抵押权属于新设立，换言之，当事人申请的最高额抵押权确定登记，实质上是由该最高额抵押权转化而来的一般抵押权首次登记，但该一般抵押权因系最高额抵押权转化而来，故应当享有原最高额抵押权的顺位。

二、当事人对因最高额抵押权确定登记转化而来的一般抵押权，可以申请因债务履行期限变更产生的抵押权变更登记

《民法典》第四百条第二款规定："抵押合同一般包括下列条款：（一）被担保债权的种类和数额；（二）债务人履行债务的期限；（三）抵押财产的名称、数量等情况；（四）担保的范围。"该法第四百二十四条规定，最高额抵押权除适用本节规定外，适用本章第一节的有关规定。在不动产登记实务中，《国土资源部关于启用不动产登记簿证样式（试行）的通知》（国土资发〔2015〕25号）附《不动产登记簿样式及使用填写说明》载明：一般抵押权应当记载债务履行期限，最高额抵押权应当登记债权确定期间。据此可知，债务履行期限也可以是最高额抵押合同载明的内容。虽然最高额抵押权登记时登记簿上不记载债务履行期限，但最高额抵押合同若载明了债务履行期限的，在最高额抵押权因完成确定登记而转化为一般抵押权后，原最高额抵押合同中载明的债务履行期限则属于该一般抵押权的内容，登记机构应当在办理最高额抵押权确定登记时，将其记载在登记簿上，此债务履行期限届满，则抵押权人实现抵押权的事由成就。在不动产登记实务中，《不动产登记暂行条例实施细则》第六十八条第一款第（三）项规定，债务履行期限变更属于当事人申请一般

抵押权变更登记的情形。据此可知，本问中，若原最高额抵押合同中载明债务履行期限的，抵押当事人可以在最高额抵押权确定登记完成后，向登记机构申请因债务履行期限变更产生的一般抵押权变更登记，登记机构也应当办理。

最高额抵押权完成确定登记而转化为一般抵押权后，因债权数额、担保范围等变更的，抵押当事人也可以向登记机构申请一般抵押权变更登记。

第 85 问　抵押权注销登记的申请人，是否必须是抵押当事人

甲是抵押权人，乙是抵押人，丙是有利害关系的第三人，甲、乙申请并办理了一般抵押权登记。甲、乙签订的作为抵押权登记申请材料的主债权合同被人民法院终审判决确认无效，现丙持人民法院的终审判决书等材料申请抵押权注销登记。问：对第三人丙持人民法院确认主债权合同无效的终审判决书等材料申请的抵押权注销登记，登记机构可否办理？

笔者认为，对第三人丙持人民法院确认主债权合同无效的终审判决书等材料申请的抵押权注销登记，登记机构不得办理。

一、人民法院终审判决书确认主债权合同无效而消灭主债权，属于当事人申请抵押权注销登记的情形

《民法典》第一百五十五条规定，无效的或者被撤销的民事法律行为自始没有法律约束力。质言之，合同属于民事法律行为，基于无效的合同建立的债权自始就不成立，申言之，建立主债权的合同被确认无效的，被抵押权担保的该主债权已经消灭。《民法典》第三百九十三条第（一）项规定，主债权消灭是担保物权消灭的情形之一。据此可知，抵押权属于担保物权，被担保的主债权消灭也是抵押权消灭的情形之一。在不动产登记实务中，《不动产登记暂行条例实施细则》第七十条第（一）项规定，主债权消灭是当事人申请抵押权注销登记的情形之一。概言之，主

债权合同被人民法院的终审判决书确认无效而导致被抵押权担保的主债权消灭,成就了当事人申请抵押权注销登记的事由。因此,本问中,甲、乙签订的作为抵押权登记申请材料的主债权合同被人民法院终审判决确认无效,表明被乙的房屋抵押权担保的主债权已经消灭,当事人可据此申请抵押权注销登记。

二、申请抵押权注销登记的当事人是抵押权人和抵押人

《民法典》第四百条第一款规定,设立抵押权,当事人应当采用书面形式订立抵押合同。据此可知,抵押合同的当事人是指签订抵押合同的抵押权人和抵押人,换言之,抵押权的当事人是抵押权人和抵押人。在不动产登记实务中,《不动产登记暂行条例实施细则》第七十条规定,抵押权注销登记由当事人持不动产登记证明、抵押权消灭的材料等必要材料申请。《不动产登记操作规范(试行)》14.4.2 条之第一款和第二款规定,不动产登记簿记载的抵押权人与抵押人可以共同申请抵押权的注销登记。债权消灭或抵押权人放弃抵押权的,抵押权人可以单方申请抵押权的注销登记。据此可知,在使抵押权消灭的情形出现时,应当由抵押权人和抵押人共同申请抵押权注销登记,或由抵押权人单方申请抵押权注销登记。本问中,第三人丙单方持人民法院确认主债权合同无效的终审判决书等材料申请抵押权注销登记,由于丙不是抵押权的当事人,作为抵押权注销登记的申请主体不适格,对其申请的抵押权注销登记,登记机构不得办理。

三、本问的实务处理

《民事诉讼法》第二条规定,确认民事权利义务关系是民事诉讼法的任务。该法第三条规定,人民法院受理公民之间、法人之间、其他组织之间以及他们相互之间因财产关系和人身关系提起的民事诉讼,适用本法的规定。在不动产登记实务中,《不动产登记操作规范(试行)》14.4.2 条第三款规定,人民法院、仲裁委员会生效法律文书确认抵押权消灭的,

抵押人等当事人可以单方申请抵押权的注销登记。笔者据此认为，其中"抵押人等当事人"，是指法律文书上载明的原告、被告、第三人或仲裁申请人、被申请人。据此可知，本问中，抵押权属于民事权利，登记机构应当告知丙凭人民法院确认主债权合同无效的终审判决书起诉抵押权人甲，请求人民法院判决确认登记在甲名下的抵押权无效，之后，作为原告的丙持人民法院生效的确认抵押权消灭的法律文书申请的抵押权注销登记，登记机构应当办理。

第86问 抵押权预告登记能否保全未来抵押权的顺位

甲用登记在其名下的房屋向乙银行作贷款抵押，办理了房屋抵押权预告登记。之后，甲又用此房向丙银行作贷款抵押，甲、丙持乙同意甲再用此房向丙银行作贷款抵押的证明等材料，办理了抵押权登记。现甲、乙共同向登记机构申请房屋抵押权预告登记转房屋抵押权登记。问：对乙基于预告登记转本登记后享有的房屋抵押权，登记机构在登记簿上是作第一顺位记载，还是作第二顺位记载？

笔者认为，对乙基于预告登记转本登记后享有的房屋抵押权，登记机构应当在登记簿上作第一顺位记载。

一、抵押权顺位原则简述

《民法典》第二百一十四条规定，不动产物权的设立、变更、转让和消灭，依照法律规定应当登记的，自记载于不动产登记簿时发生效力。在不动产登记实务中，《不动产登记暂行条例实施细则》第六十七条规定，同一不动产上设立多个抵押权的，不动产登记机构应当按照受理时间的先后顺序依次办理登记，并记载于不动产登记簿。当事人对抵押权顺位另有约定的，从其规定办理登记。据此可知，一般情形下，抵押权自记载于登记簿上时起生效，且记载于登记簿上的时点作为确定抵押权顺位的时点。换言之，先记载在登记簿上的抵押权顺位优先。概言之，抵押权的顺位按其在登记簿上记载的先后确定是法律和行政规章的规定确立的原则。

二、抵押权预告登记具有保全抵押权顺位的效力

《民法典》第二百二十一条第一款规定，当事人签订买卖房屋的协议或者签订其他不动产物权的协议，为保障将来实现物权，按照约定可以向登记机构申请预告登记。预告登记后，未经预告登记的权利人同意，处分该不动产的，不发生物权效力。据此可知，预告登记的效力：（1）保全效力，即保障请求权所指定的效果的效力；（2）顺位保全效力，即保障请求权所指定的物权变动享有登记的顺位；（3）破产保护效力，即在相对人陷入破产时，排斥他人而保障请求权发生指定的效果[1]。其中，保存顺位的效力，即通过预告登记，被保全的权利与其顺位同时登记。不动产权利的顺位不是依现实登记的日期确定，而是以预告登记的日期为准加以确定。因此，本问中，乙自房屋抵押权预告登记记载于登记簿上时起，就已经为将来由房屋抵押权预告登记转化而来的房屋抵押权取得了相应的顺位，即虽然丙的抵押权登记的时间在乙的抵押权登记之前，但由于乙的抵押权因基于先于丙的抵押权记载在登记簿上的房屋抵押权预告登记转化而来，据此享有优于丙的抵押权的顺位，概言之，登记机构对乙享有的房屋抵押权在登记簿上应当作第一顺位记载，对丙享有的房屋抵押权在登记簿上则作第二顺位记载，此为法律和行政规章的规定确立的抵押权的顺位按其在登记簿上记载的先后确定的原则的例外情形。

三、本问的实务处理

《不动产登记暂行条例实施细则》第二十四条第一款规定，不动产首次登记，是指不动产权利第一次登记。据此可知，本问中，虽然甲的房屋上有乙的房屋抵押权预告登记存在，该预告登记虽然保全了因此转

---

[1] 梁慧星：《中国民法典草案建议稿附理由：物权编》，法律出版社2004年版，第39页。

化而来的房屋抵押权的顺位,但房屋抵押权预告登记毕竟没有房屋抵押权的效力,故甲的房屋上现时没有乙享有的抵押权记载,换言之,现时乙申请在甲的房屋上登记抵押权,是该抵押权的第一次登记,故甲、乙共同向登记机构申请房屋抵押权预告登记转房屋抵押权登记,应当适用抵押权首次登记。登记机构在登记簿上作记载时,应当在该抵押权处加注"房屋抵押权预告登记转房屋抵押权登记,第一顺位",既遵循法律的规定,也克服了登记技术上的困难。

第 87 问 在建建筑物抵押权可否随被其担保的主债权转移

被一般抵押权性质的在建建筑物抵押权担保的主债权转让,转让人和受让人持债权转让协议等材料向登记机构申请在建建筑物抵押权转移登记。问:当事人申请的在建建筑物抵押权随被其担保的主债权转让产生的转移登记,登记机构可否办理?

笔者认为,对当事人申请的在建建筑物抵押权随被其担保的主债权转让产生的转移登记,登记机构应当办理。

按《民法典》第三百九十五条第一款第(五)项规定,债务人或第三人有权处分的正在建造的建筑物属于可以抵押的财产。质言之,在正在建造的建筑物上可以设立担保债权实现的抵押权,换言之,在建建筑物抵押权是法律规定的不动产抵押权。《民法典》第四百零七条规定,抵押权不得与债权分离而单独转让或者作为其他债权的担保。债权转让的,担保该债权的抵押权一并转让,但是法律另有规定或者当事人另有约定的除外。质言之,一般情形下,抵押权应当随被其担保的债权的转让而转让。据此可知,如前所述,在建建筑物抵押权是法律规定的不动产抵押权,也可以随被其担保的债权的转让而转让。在不动产登记实务中,按《不动产登记暂行条例实施细则》第七十七条第一款规定,在建建筑物抵押权发生转移的,当事人应当申请转移登记。据此可知,本问中,如前所述,在建建筑物抵押权随被其担保的主债权转让而转让于法有据,当事人因此申请的在建建筑物抵押权转移登记，登记机构应当办理。

第 88 问　抵押权担保的主债权的债务履行期间超过企业营业期间的，登记机构可否登记

2021 年 1 月 4 日，当事人申请抵押权登记时，提交的主债权合同上载明的债务履行期间为 2020 年 12 月 31 日—2021 年 12 月 30 日，但提交的公司营业执照上载明营业期限：2011 年 5 月 5 日—2021 年 5 月 4 日。问：当事人申请抵押权登记时，主债权的债务履行期间超过公司营业期限的，登记机构可否登记？

笔者认为，当事人申请抵押权登记时，主债权的债务履行期间超过公司营业期限的，登记机构应当登记。

《公司法》第一百八十一条第（一）项规定，营业期限届满是公司解散的事由。该法第一百八十四条规定，公司因营业期限届满解散的须进行清算。该法第一百八十五条和第一百八十七条规定，清理债权、债务并清偿之是公司清算组织的职责。据此可知，营业期限届满虽然是公司解散的事由，但不导致公司既有的债务消灭，债权人对公司享有的债权继续有效，并有权受偿。因此，本问中，当事人申请抵押权登记时，主债权的债务履行期间虽然超过公司营业期限，但该债权存续的合法性、真实性和有效性并不因此而受不利影响。当事人签订主债权合同时适用的《物权法》第一百七十一条第一款规定，债权人在借贷、买卖等民事活动中，为保障实现其债权，需要担保的，可以依照本法和其他法律的规定设立担保物权。（现时的《民法典》第三百八十七条第一款做了同样的规定。）质言之，一般情形下，当事人在民事活动中合法建立的债权，都可以设立抵押权担保其实现。据此可知，如前所述，本问中，当事人申请抵押权登记时，主债权的债务履行期间虽然超过公司营业期限，但该债权的存在、存续是合法的，可以设立抵押权担保其实现，由此申请的抵押权登记，登记机构应当办理。

另外，在司法实务中，《最高人民法院关于适用〈中华人民共和国企业破产法〉若干问题的规定（二）》第三条第二款规定，对债务人的特定财产在担保物权消灭或者实现担保物权后的剩余部分，在破产程序中可用以清偿破产费用、共益债务和其他破产债权。据此可知，在企业破产清算偿债中，抵押权也优于其他债权优先受偿，申言之，在企业解散清算偿债中，抵押权亦优于其他债权优先受偿。因此，本问中，登记机构办理担保债务履行期间超过公司营业期限的债权实现产生的抵押权登记，不会给抵押权人造成损害，登记机构也不会因此承担不利后果。

第 89 问　申请人申请的债务履行期限超过抵押土地使用期限的抵押权登记，登记机构可否办理

某公司申请抵押权登记时，其提交的主债权合同上载明的债务履行期限超过了不动产权属证书上载明的工业用地出让期限。问：当事人申请抵押权登记时，债务履行期限超过土地出让期限的，登记机构可否办理？

笔者认为，当事人申请抵押权登记时，债务履行期限超过土地出让期限的，登记机构不得办理。

按《民法典》第三百九十五条第一款第（二）项规定，债务人或者第三人有权处分的建设用地使用权属于可以抵押的财产。质言之，债务人或第三人无权处分的建设用地使用权不可以抵押。《房地产管理法》第八条规定，土地使用权出让，是指国家将国有土地使用权在一定年限内出让给土地使用者，由土地使用者向国家支付土地使用权出让金的行为。该法第二十二条第二款规定，土地使用权出让合同约定的使用年限届满，土地使用者未申请续期或者虽申请续期但依照前款规定未获批准的，土地使用权由国家无偿收回。质言之，我国实行的是国有土地使用权有偿有限期使用制度，且土地使用期限届满，土地使用者未申请续期或者虽申请续期但未获批准的，土地使用权由国家无偿收回而消灭。据此可知，本问中，作为国有土地使用权之一的工业用途的建设用地使用权，因使用期限届满被国家收回后，该建设用地使用权亦消灭。换言之，虽然当事人在建设用地出让期限内申请抵押权登记，但抵押人（债务人或第三人）只对出让期限内的建设用地使用权有处分权，对超过土地出让期限后的建设用地使用权无处分权。因此，被担保的主债权的债务履行期间超过土地出让期限时，属于抵押人（债务人或第三人）将未来无权处分的建设用地使用权也做了抵押，不符合《民法典》第三百九十五条第一款第（二）项规定。

《民法典》第三百九十四条第一款规定，为担保债务的履行，债务人或者第三人不转移财产的占有，将该财产抵押给债权人的，债务人不履行到期债务或者发生当事人约定的实现抵押权的情形，债权人有权就该财产优先受偿。质言之，抵押权人设立抵押权的目的，就是保障其债权实现。本问中，在债务履行期限超过工业用地出让期限的情形下，如果登记机构为当事人办理抵押权登记，工业用途的建设用地使用权因出让期限届满被国家无偿收回而消灭，附于其上的抵押权在实现抵押权的条件成就前就随该建设用地使用权的消灭而消灭了，不利于抵押权人利益的保护，也不符合《民法典》第三百九十四条规定。

《不动产登记暂行条例》第二十二条第（一）项规定，登记申请违反法律、行政法规规定的，属于不予登记的情形。据此可知，申请登记的内容应当符合法律、行政法规的规定。本问中，当事人申请的抵押权登记中，债务履行期限是申请登记的内容，但该债务履行期限超过工业用地出让期限，不符合前述法律的规定，故当事人申请抵押权登记时，债务履行期限超过工业用地出让期限的，登记机构不得办理。

第 90 问　抵押已经停工两年的未完工房屋申请的在建建筑物抵押权登记，登记机构可否办理

2018 年 12 月，甲公司因资金问题，使其在某国有建设用地上修建了一半的综合楼停工，且停工后未再复工。2021 年 1 月，甲公司将该未完

第五部分 抵押权登记

工的综合楼抵押给乙银行作贷款的抵押担保。尔后，甲、乙持借款合同、抵押合同等材料向登记机构申请在建建筑物抵押权登记。问：对甲、乙因抵押已经停工两年的未完工综合楼申请的在建建筑物抵押权登记，登记机构可否办理？

笔者认为，对甲、乙因抵押已经停工两年的未完工的综合楼申请的在建建筑物抵押权登记，登记机构不能办理。

一、从实体上看，处于停工状态的未完工综合楼不是在建建筑物

按《民法典》第三百九十五条第一款第（五）项规定，正在建造的建筑物属于可以抵押的财产。在不动产登记实务中，《不动产登记暂行条例实施细则》第七十五条第一款和第三款规定，以建设用地使用权以及全部或者部分在建建筑物设定抵押的，应当一并申请建设用地使用权以及在建建筑物抵押权的首次登记，在建建筑物，是指正在建造、尚未办理所有权首次登记的房屋等建筑物。换言之，在建建筑物是现时仍然处于建造状态但尚未竣工的建造物。据此可知，正在建造的建筑物，即在建建筑物，才可以作为担保债权实现的抵押物，并可以向登记机构申请在建建筑物抵押权登记。本问中，用于抵押的是已经停工两年的未完工的综合楼，现时不处于正在建造状态，不是正在建造中的建筑物，即不属于在建建筑物，换言之，本问中，用于抵押的已经停工两年的未完工的综合楼不是法定的可以抵押的在建建筑物，当事人不能申请在建建筑物抵押权登记。

二、从程序上看，抵押停工状态的未完工综合楼签订的抵押合同不能用作登记材料

本问中，用于抵押的已经停工两年的未完工的综合楼，虽然不是在建建筑物，但也不是《民法典》第三百九十九条规定的不得抵押的财产，那么，该已经停工两年的未完工的综合楼可否抵押？在司法实务中，《担保法司法解释》第四十九条第一款规定，以尚未办理权属证书的财产抵押的，在第一审法庭辩论终结前能够提供权利证书或者补办登记手续的，可以认定抵押有效。据此可知，当事人将需要办理权属证书（权属登记）但又尚未办理权属证书（权属登记）的财产作抵押的，诉讼进行中，权利人能够提交权属证书（权属登记凭证）的，人民法院才能够认定该抵押合同有效。反之，人民法院不能够认定该抵押合同有效。《民法典》第二百三十一条规定，因合法建造、拆除房屋等事实行为设立或者消灭物权的，自事实行为成就时发生效力。据此可知，合法建造并竣工的建筑物才是房屋，才是房屋所有权的客体。申言之，合法建筑并竣工的房屋才可以申请办理权属登记并领取权属证书。本问中，用于抵押的已经停工两年的未完工的综合楼，不是房屋所有权的客体，当事人不能申请办理房屋所有权登记，亦不能领取载明房屋所有权的不动产权属证书或权属登记凭证，即用该已经停工两年的未完工的综合楼作抵押签订的抵押合同，不是有效的抵押合同，登记机构不得用作登记的证据材料。

三、本问的实务处理

本问中，该未完工的综合楼：一是继续建造，竣工后办理权属登记并领取权属证书后，才可以作抵押物；二是按规定复工使综合楼处于正在建造状态后，也可以作抵押物；三是如前所述，抵押地上未完工的建筑物（实质上是建筑材料的堆砌物）不能申请抵押权登记，但若当事人以其占用范围内的国有建设用地使用权抵押并申请抵押权登记时，登记机构则应当支持。

第 91 问　抵押房屋被查封后又解封的，当事人可否直接申请债权确定期间变更产生的最高额抵押权变更登记

一公司用房屋向银行作抵押获取贷款，办理了最高额抵押权登记，发生了若干笔贷款债权后，抵押房屋被人民法院查封，人民法院将查封事宜告知了银行。不久，实施查封的人民法院解除查封。现抵押当事人申请债权确定期间变更产生的最高额抵押权变更登记（当事人约定的债权确定期间未届满）。问：抵押房屋被查封后又解封的，当事人可否直接申请债权确定期间变更产生的最高额抵押权变更登记？

笔者认为，抵押房屋被查封后又解封的，当事人不可以直接申请债权确定期间变更产生的最高额抵押权变更登记。

按《民法典》第四百二十三条第（四）项规定，抵押权人知道或者应当知道抵押财产被查封、扣押的，抵押权人的债权确定。质言之，自抵押权人知道抵押财产被查封时起，被最高额抵押权担保的债权确定。最高额抵押权担保的债权确定，是指最高额抵押权担保的在一定期间内连续发生的不特定的债权，因一定事由的出现，使该被担保的不特定债权得以具体、特定①。最高额抵押担保的债权一经特定，无论出于何种原因，担保债权的流动性随之丧失，该抵押权所担保的不特定债权变为特定债权，此时最高额抵押权的从属性与普通抵押权完全相同。①在司法实务中，《担保法司法解释》第八十三条第一款规定，最高额抵押权所担保的不特定债权，在特定后，债权已届清偿期的，最高额抵押权人可以根据普通抵押权的规定行使其抵押权。概言之，自抵押权人知道抵押财产被查封时起，最高额抵押权因被其担保的债权确定而转化为一般抵押权，即最高额抵押权在此情形下转化为一般抵押权是法定的，不以登记为生效前提。在不动产登记实务中，《不动产登记暂行条例实施细则》第七十三条规定，当发生导致最高额抵押权担保的债权被确定的事由，从而使最高额抵押权转变为一般抵押权时，当事人应当持不动产登记证明、最高额抵押权担保的债权已确定的材料等必要材料，申请办理确定最高额抵押权的登记。质言之，抵押当事人对最高额抵押权因被其担保的债权确定转化而来一般抵押权，应当申请最高额抵押权确定登记。据此可知，本问中，抵押房屋被查封后又被解封的，当事人不可以直接申请债权确定期间变更产生的最高额抵押权变更登记，而应当先行申请最高额抵押

---

① 刘守君：《房屋登记收件实务》，西南交通大学出版社2014年版，第152页。
① 王利明、尹飞、程啸：《中国物权法教程》，人民法院出版社2007年版，第503页。

权确定登记。另外，最高额抵押权因被其担保的债权确定而转化为一般抵押权后，债权确定期间不是一般抵押权的内容，债务履行期间才是一般抵押权的内容，因此，当事人也不可以申请因债权确定期间变更产生的一般抵押权变更登记，若是原主债权合同上载明的债务履行期间发生变更的，抵押当事人则可以在最高额抵押权确定登记完成后，申请因债务履行期间变更产生的一般抵押权变更登记。

第 92 问　抵押权人无法联系，抵押人怎样才能注销自己房屋上的抵押权

张某向甲小额贷款公司借款，但该公司为规避一些问题，以公司员工李某名义与张某签订借款合同和房屋抵押合同，办理了一般抵押权登记。现该小额贷款公司已结束破产程序，李某也无法联系。张某欲还款，但找不到"庙门"，如果没有证据证明债务了结，张某的房屋抵押权就一直存在。问：张某该如何处理，才能注销自己房屋上的抵押权？

笔者认为，张某应该申请公证机构办理还款提存，然后凭提存证明单方申请抵押权注销登记。

一、提存是消灭债权的方式

按《民法典》第五百五十七条第一款第（三）项规定，债务人依法将标的物提存的，债权债务终止。据此可知，按《合同法》的规定（现《民法典》的规定），提存是指因债权人的原因致使债务人难以履行其到期债务的，债务人依法将合同标的物交付给提存部门保管，从而消灭自己债务的制度[①]。换言之，自债务人将合同标的交给提存部门保管时起，债权人对其享有的债权消灭。《公证法》第十二条第（二）项规定，应当事人的申请，公证机构可以办理提存事务。据此可知，公证机构属于可以办理提存事务的部门。因此，本问中，在债权人（抵押权人）李某无

---

① 王利明：《民法学》，复旦大学出版社2004年版，第722页。

法联系的情形下，债务人（抵押人）张某难以向李某履行债务，故张某可以申请公证机构办理还款提存，以消灭李某对其享有的债权。

二、以提存方式使债权消灭的，抵押人可以直接单方申请抵押权注销登记

《民法典》第五百五十九条规定，债权债务终止时，债权的从权利同时消灭，但是法律另有规定或者当事人另有约定的除外。质言之，一般情形下，主债权消灭附于其上的从权利随之消灭。申言之，主债权消灭，保障其实现的抵押权失去前提，随之消灭。概言之，主债权在消灭的同时产生抵押权消灭的结果。《不动产登记暂行条例》第十四条第二款第（三）项规定，人民法院、仲裁委员会生效的法律文书或者人民政府生效的决定等设立、变更、转让、消灭不动产权利的，当事人可以单方申请注销登记。据此可知，人民法院、仲裁机构生效的法律文书或者人民政府生效的决定消灭不动产权利的，当事人可以单方申请注销登记。笔者据此认为，"举轻以明重"，人民法院、仲裁机构生效的法律文书或者人民政府生效的决定消灭不动产权利的，当事人尚可单方申请注销登记，基于法律的规定消灭的不动产权利，当事人也可以单方申请注销登记。本问中，张某自申请公证机构办结还款提存时起，消灭了李某对其享有的债权，同时也消灭了李某对其享有的作为不动产权利的房屋抵押权，张某可以持还款提存等材料单方申请抵押权注销登记。对张某据此申请的抵押权注销登记，登记机构应当办理。

第六部分　更正登记

第93问　权利人申请的因互换姓名产生的登记，是否适用更正登记

多年前，张三与李四互换了姓名，即张三使用李四的姓名，李四使用张三的姓名，并各自取得了合法的身份证明。张三用李四的姓名完成了学历，参加了工作，也买房并以李四的姓名登记取得了不动产权属证书。现张三、李四协商，相互归还各自的姓名给对方，公安局作了姓名变更后向当事人颁发了居民身份证。现李四申请将其所有的但登记在张三名下的房屋登记到自己名下。问：李四申请的因互换姓名产生的登记，是否适用更正登记？

笔者认为，李四申请的因互换姓名产生的登记应当适用变更登记。

按《民法典》第二百二十条第一款规定，权利人、利害关系人认为不动产登记簿记载的事项错误的，可以申请更正登记。质言之，更正登记是由权利人、利害关系人针对登记簿记载内容错误而申请启动的纠正该错误的一种不动产登记类型。换言之，登记簿记载的事项无错误的，则无须更正登记。本问中，张三、李四互换姓名后，均取得了合法的身份证明，且张三申请房屋所有权登记时，提交的是合法、真实、有效的载明其当时使用李四姓名的身份证明，虽然登记簿上记载的房屋所有权人与真实的房屋所有权人的姓名不一致，似乎是登记簿的记载错误，应当适用更正登记，但此错误的存在是基于申请人提交的真实、合法、有效的身份证明，故适用更正登记不符合《民法典》第二百二十条第一款规定的本意。笔者认为，应当将张三曾经用过的李四的姓名理解成其曾用名，张三此时申请登记的原因则是基于权利人的姓名变更，若如此，则更直接、简单地体现了张三申请登记的目的。在不动产登记实务中,《不动产登记暂行条例实施细则》第二十六条第(一)项规定,权利人姓名变更属于申请变更登记的情形。据此可知,本问中,李四申请的因互换姓名产生的登记应当适用变更登记。

第 94 问　当事人基于房屋归属的民事调解书申请的更正登记,登记机构可否办理

一处房屋登记在继承人甲名下。2020 年 6 月 30 日,另一继承人乙以甲为被告向人民法院起诉,请求确认其与甲对现时还登记在甲名下的该房屋基于继承而共同享有所有权。2020 年 12 月 28 日,人民法院经过审理,以民事调解书的方式结案,民事调解书载明:登记在甲名下的房屋归甲、乙共有,其中甲享有三分之二份额,乙享有三分之一份额。现在,甲、乙持不动产权属证书、民事调解书向登记机构申请更正登记。问:对甲、乙申请的更正登记,登记机构可否办理?

笔者认为,对甲、乙申请的更正登记,登记机构应当办理。

《民法典》第二百二十条第一款规定,权利人、利害关系人认为不动产登记簿记载的事项错误的,可以申请更正登记。不动产登记簿记载的权利人书面同意更正或者有证据证明登记确有错误的,登记机构应当予以更正。据此可知,当不动产登记簿的记载有错误时,登记簿记载的权利人或与登记簿的记载有利害关系的人,可以向登记机构申请更正登记,通过更正登记将登记簿上错误的记载纠正为正确的记载。《民法典》第一千一百二十一条第一款规定,继承从被继承人死亡时开始。该法第二百三十条规定,因继承取得物权的,自继承开始时发生效力。据此可知,自被继承人死亡时起,继承人无须登记,即依法、即时享有被继承人遗留不动产的物权。本问中,结案的民事调解书载明现时还登记在甲名下的房屋的所有权由同为继承人的甲和乙共有,确认了乙是房屋所有权的共有人,但登记簿却只记载了甲,与实际的所有权人不一致而形成了登记簿的记载错误,且造成该错误的原因是甲的瞒报,故登记簿上现时记载的权利人甲和登记簿上现时记载的内容与其有利害关系的乙共同向登记机构申请的更正登记，登记机构应当办理，即将现时登记在甲名下的房屋更正登记在甲和乙名下，并注明甲享有三分之二份额，乙享有三分之一份额。

第 95 问　夫妻复婚后撤销原离婚协议中赠与儿子房屋的内容产生的登记，登记机构该怎样办理

夫妻双方在离婚协议中约定"登记在男方名下但属于夫妻共有的房屋归女方和十四岁的儿子共有"，但至今未申请离婚转移登记。现夫妻复婚，重新约定该房屋属夫妻共有并据此向登记机构申请房屋登记，欲将房屋登记在夫妻名下。现儿子已经成年。问：在未经儿子同意的前提下，夫妻二人可否申请将房屋由男方名下登记到夫妻二人名下？如果可以，登记机构该怎样办理？

笔者认为，在未经儿子同意的前提下，夫妻二人可以申请将房屋由男方名下登记到夫妻二人名下，登记机构办理时应当适用更正登记。

一、未完成赠与转移登记的，受赠人不享有房屋所有权

《民法典》第一千零八十七条第一款规定，离婚时，夫妻的共同财产由双方协议处理；协议不成的，由人民法院根据财产的具体情况，按照照顾子女、女方和无过错方权益的原则判决。据此可知，一般情形下，离婚时，夫妻的共有财产可以由其以协议的方式处理。本问中，夫妻双方在离婚协议中约定，"登记在男方名下但属于夫妻共有的房屋归女方和十四岁的儿子共有。"此举即夫妻双方对其共有房屋的协议处理，于法有据。但夫妻离婚时，儿子还未成年，属于夫妻二人的抚养对象和监护对象，应该视为夫妻将房屋的一部分赠与未成年的儿子。《民法典》第二百一十四条规定，不动产物权的设立、变更、转让和消灭，依照法律规定应当登记的，自记载于不动产登记簿时发生效力。该法第二百一十五条规定，当事人之间订立有关设立、变更、转让和消灭不动产物权的合同，除法律另有规定或者当事人另有约定外，自合同成立时生效；未办理物权登记的，不影响合同效力。质言之，基于合同或协议等法律行为取得的不动产物权，自记载于登记簿上时起生效。未经登记的，合同有效，物权未生效。据此可知，本问中，儿子基于父母的离婚协议受赠取得的房屋所有权，没有办理离婚（赠与）产生的转移登记，即没有将房屋由男方名下转移登记到女方和儿子名下，则儿子不依法享有该房屋的所有权，换言之，法律意义上，房屋权属还处于原来的状态。

二、受赠与取得的房屋所有权转移登记到受赠人名下前，赠与人可以撤销赠与

《民法典》第六百五十八条规定，赠与人在赠与财产的权利转移之前可以撤销赠与。经过公证的赠与合同或者依法不得撤销的具有救灾、扶贫、助残等公益、道德义务性质的赠与合同，不适用前款规定。据此可知，一般情形下，在赠与财产的权利转移之前，赠与人可以基于自己的意思表示撤销该赠与。本问中，如前所述，儿子基于父母的离婚协议受赠与取得的房屋所有权还没有转移登记到其名下，即儿子受赠的房屋所有权没有发生法律效力。鉴于此情形，夫妻复婚后重新约定该房屋属夫妻共有，并向登记机构申请由此产生的房屋登记，此举即将其离婚协议中赠与儿子房屋的内容予以撤销，符合《民法典》第六百五十八条规定。

三、将夫妻共有的房屋从登记在配偶一方名下恢复登记到夫妻名下的，适用更正登记

《民法典》第二百二十条第一款规定，权利人、利害关系人认为不动产登记簿记载的事项错误的，可以申请更正登记。不动产登记簿记载的权利人书面同意更正或者有证据证明登记确有错误的，登记机构应当予以更正。质言之，更正登记是纠正登记簿记载内容错误的一种不动产登记类型，当事人申请更正登记的证据充分确凿的，登记机构应当予以更正登记。据此可知，本问中，原房屋虽然登记在男方名下，但因其是在

婚姻存续期间取得的，属于夫妻共有财产，换言之，该房屋既然属于夫妻共有财产，就应该登记在夫妻二人名下，却登记在男方一人名下，与实际权利人状况不相符合而导致登记簿的记载错误。离婚时，虽然夫妻约定部分权利归儿子，但该部分房屋权利没有转移登记到儿子名下，换言之，房屋的权属状态没有发生变动，仍然属于夫妻共有，夫妻可以持原婚姻状况证明等材料共同向登记机构申请更正登记，将房屋由男方名下更正登记到夫妻二人名下，由于儿子不依法享有该房屋的所有权，申请更正登记时，无须取得儿子的同意。

第七部分 异议登记

第 96 问　父母可否以阻止儿子卖房为由对其房屋申请异议登记

父母出资给儿子买的婚房,房屋已经登记在儿子名下。现在,儿子不务正业,想卖房子,父母不同意,欲向登记机构申请异议登记以阻止儿子卖房。问:父母可否以阻止儿子卖房为由对其房屋申请异议登记?

笔者认为,父母不能以阻止儿子卖房为由对其房屋申请异议登记。

按《民法典》第二百二十条规定,权利人、利害关系人认为不动产登记簿记载的事项错误的,可以申请更正登记。不动产登记簿记载的权利人不同意更正的,利害关系人可以申请异议登记。据此可知,异议登记的申请人只能是利害关系人,此处的利害关系人,是指登记簿上现时记载的内容对其不动产物权有直接的利害关系或可能影响其不动产物权存在、实现的人。利害关系人申请异议登记的前提是登记簿上记载的内容错误,且先行申请更正登记而不能。本问中,父母欲对登记在其儿子名下的房屋申请异议登记,不是因为现时登记在儿子名下的房屋对其不动产物权有直接的利害关系或可能影响其不动产物权存在、实现,而是为了阻止儿子卖房,为此,父母作为异议登记申请人不适格。另外,房屋既然是父母出资为儿子购买,应当视为父母对儿子的赠与,且房屋已经登记在儿子名下,赠与已经完成,父母赠与儿子房屋的目的已经实现,表明登记簿上的记载并无错误,不具备申请异议登记的前提。因此,本问中,出资为儿子购房的父母不能以阻止儿子卖房为由对其房屋申请异议登记。

第 97 问 对登记簿上失效的异议登记，登记机构该如何处理

问：申请人在异议登记之日起 15 日内不起诉，异议登记失效。那么，15 日的期间届满，申请人是否起诉，登记机构如何知晓？如果申请人没有起诉，异议登记自动失效，对失效的异议登记，是由登记机构依职权注销登记，还是由当事人申请注销登记？

笔者认为，异议登记申请人是否起诉，登记机构无须过问。对失效的异议登记，应当由当事人申请注销登记，登记机构不能依职权办理该异议登记的注销登记。

一、异议登记申请人在法定期间内是否起诉，登记机构无须过问

按《民法典》第二百二十条第二款规定，登记机构予以异议登记的，申请人自异议登记之日起十五日内不提起诉讼的，异议登记失效。据此可知，《民法典》第二百二十条第二款关于异议人应当在异议登记被记载于登记簿上之日起 15 日内起诉的规定，既是对登记簿上记载的异议人予以约束的规定，警示其不得怠于行使自己的权利，也是使登记簿上记载的异议登记效力在超过法定期间后自动消灭的规定。笔者认为，异议人是否起诉，起诉后的后果如何，均与登记机构无关，登记机构也无须主动探寻登记簿上记载的异议人是否起诉或起诉的后果如何。

二、登记机构不得依职权注销失效的异议登记

不动产登记属于具体的行政行为，应当遵守"法无授权不可为"的行政法原则。记载在登记簿上的失去效力的异议登记，现时的法律、法规、规章和政策均无授权登记机构径为注销的规定，即登记机构没有权利自行注销登记簿上失去效力的异议登记，否则，有超越职权行政之嫌。换言之，在现时的制度环境下，当事人申请或有权的国家机关嘱托，是注销登记簿上失去效力的异议登记的前提。

三、失效的异议登记的实务处理

在不动产登记实务中，《不动产登记暂行条例实施细则》第八十四条

第七部分　异议登记

规定，异议登记期间，不动产登记簿上记载的权利人以及第三人因处分权利申请登记的，不动产登记机构应当书面告知申请人该权利已经存在异议登记的有关事项。申请人申请继续办理的，应当予以办理，但申请人应当提供知悉异议登记存在并自担风险的书面承诺。质言之，异议登记只对欲与有异议负担的不动产为交易的人有警示、提醒作用，而对权利人处分该不动产无限制作用。据此可知，如果登记簿上记载的异议登记失效，无人申请或嘱托注销，登记机构让其在登记簿上空挂，该办理的登记按正常程序办理即可。如果有权的国家机关嘱托注销的，凭相关嘱托文书办理注销登记。如果承受异议登记负担的不动产权利人申请异议登记注销登记的，则应当提交异议人在 15 日的法定期限内没有起诉的证明，或人民法院不受理、不支持异议人诉讼请求的证明。但是，承受异议登记负担的不动产权利人是否是适格的异议登记注销登记的申请人呢？

在不动产登记实务中，《不动产登记操作规范（试行）》17.2.2 条规定，注销异议登记申请人是异议登记申请人。质言之，除登记簿上记载的异议人外，其他人不得申请异议登记注销登记。但是《民法典》第二百一十一条规定，当事人申请登记，应当根据不同登记事项提供权属证明和不动产界址、面积等必要材料。笔者据此认为，一般情形下，不动产登记以当事人的申请为启动前提，此处的当事人，一是登记簿上现时记载的权利人；二是基于非法律行为设立、变更、转移和消灭不动产权利的人；三是基于法律行为设立、变更、转移和消灭不动产权利的人；四是与登记簿上现时记载的内容有利害关系的人。具体到承受异议登记负担的不动产权利人作异议登记注销登记的申请人，因该异议登记的记载，对其处分不动产可能有不利影响，即异议登记与其行使不动产权利中的处分权能有利害关系，换言之，承受异议登记负担的不动产权利人是该异议登记的利害关系人，异议登记属于不动产登记，承受异议登记负担的不动产权利人，以该异议登记利害关系人的身份申请异议登记注销登记，符合《民法典》第二百一十一条规定，因此，承受异议登记负担的不动产权利人是适格的异议登记注销登记的申请人。

第 98 问　卖方不配合申请转移登记时，买方可否以利害关系人的名义申请异议登记

如果买方与卖方签订房屋买卖合同后，买方付清了购房款，但卖方不配合申请买卖转移登记。问：卖方不配合申请转移登记时，买方为了防止卖方再卖房屋，可否以利害关系人的名义申请异议登记？

笔者认为，卖方不配合申请转移登记时，买方为了防止卖方再卖房屋的，不能以利害关系人的名义申请异议登记。

按《民法典》第二百二十条规定，权利人、利害关系人认为不动产登记簿记载的事项错误的，可以申请更正登记。不动产登记簿记载的权利人不同意更正的，利害关系人可以申请异议登记。据此可知，异议登记的申请人是登记簿上现时记载的不动产的利害关系人。申请异议登记须以登记簿的记载错误且申请更正登记不能为前提。申言之，可以申请异议登记的只能是不动产的利害关系人，申请异议登记的法定事由须是登记簿上现时记载的内容错误且与申请人有利害关系。本问中，一是买方申请异议登记的事由是卖方不配合申请买卖转移登记，不是申请异议登记的法定事由；二是买方与卖方之间存在的是合同履行纠纷，与登记簿上现时记载的内容无关，即买方不是与登记簿上记载的内容有利害关系的人，换言之，买方不是申请异议登记的适格主体。因此，买方以卖方不配合申请转移登记为由申请的异议登记，登记机构应当不予办理。

第 99 问　承租人可否对出租房屋的所有权申请异议登记

乙是甲的房屋的承租人，租赁期间，甲欲转让乙承租的房屋，经征询乙的意见，乙表示放弃优先购买权。甲遂将房屋转让给丙，甲、丙向登记机构申请转让转移登记，登记机构受理后，将转移登记记载于登记簿上前，乙以租赁权受到影响为由，就甲记载在登记簿上的房屋所有权，

以利害关系人的名义向登记机构申请异议登记。问：承租人乙对出租人甲的房屋所有权申请的异议登记，登记机构可否办理？

笔者认为，承租人乙对出租人甲的房屋所有权申请的异议登记，登记机构不得办理。

一、承租人对出租人的房屋所有权申请异议登记的，申请主体不适格

按《民法典》第二百二十条规定，权利人、利害关系人认为不动产登记簿记载的事项错误的，可以申请更正登记。不动产登记簿记载的权利人不同意更正的，利害关系人可以申请异议登记。质言之，申请异议登记的主体是其不动产物权与登记簿上现时记载的内容有利害关系的人，申请异议登记的事由须是登记簿上记载的内容错误并与申请主体有利害关系。本案中，乙对甲的房屋享有的租赁权建立在甲记载在登记簿上的所有权基础上，该所有权不但不妨碍或影响乙行使、享有既有的租赁权，而且对乙享有、行使租赁权有支撑作用，即登记簿上记载在甲名下的该房屋的所有权与乙的不动产物权无利害关系，乙不是该房屋所有权的利害关系人。因此，承租人乙对出租人甲记载在登记簿上的房屋所有权申请异议登记，申请主体不适格，由此申请的异议登记，登记机构不得办理。

二、房屋租赁纠纷不是申请异议登记的法定事由

《民法典》第七百二十五条规定，租赁物在承租人按照租赁合同占有期限内发生所有权变动的，不影响租赁合同的效力。质言之，出租人在租赁期间转让出租物的，租赁合同继续对受让人产生效力，即"买卖不破租赁"。据此可知，本问中，甲虽然在租赁期间将房屋转让给丙，丙取得出租房屋所有权后，甲、乙间已经存在的房屋租赁合同继续有效，换言之，丙受让取得出租房屋所有权后，不得妨碍、影响乙对房屋享有的租赁权，即使丙妨碍、影响乙对房屋享有的租赁权，也属于乙、丙间的

租赁纠纷,即丙享有的房屋所有权不是妨碍、影响乙对房屋享有的租赁权的原因,乙也不能对此申请异议登记,换言之,房屋租赁纠纷不是申请异议登记的法定事由,但乙、丙发生房屋租赁纠纷时,乙应当申请仲裁机构或向人民法院起诉解决丙违反法律规定产生的租赁纠纷。

三、其他

按《房地产管理法》第四章规定,租赁属于房地产交易行为之一。在不动产登记实务中,《不动产登记暂行条例实施细则》第九十七条第三款规定,因不动产交易、继承、诉讼等涉及的利害关系人可以查询、复制不动产自然状况、权利人及其不动产查封、抵押、预告登记、异议登记等状况。据此可知,本问中,承租人乙不是可以对出租人甲或丙记载在登记簿上的房屋所有权申请异议登记的利害关系人,但在产生房屋租赁纠纷时,却是申请查询甲或丙的房屋所有权的相关登记资料的利害关系人。

第八部分　预告登记

第 100 问　以按揭方式购买的商品房，当事人可否申请预购商品房最高额抵押预告登记

某人以按揭方式购买了一处商业房产，总价值 3000 万元，办理了预购商品房预告登记。首付 1200 万元后，欲以此房作抵押向银行贷款 1800 万元作后续购房款。银行出于风险防范，欲按工程进度分若干次向贷款人发放贷款，当事人签订循环借款合同和最高额抵押合同后，向登记机构申请预购商品房最高额抵押预告登记。问：以按揭方式购买的商品房，当事人可否申请预购商品房最高额抵押预告登记？

笔者认为，以按揭方式购买的商品房，当事人可以申请预购商品房最高额抵押预告登记。

按《民法典》第二百二十一条第一款规定，当事人签订买卖房屋的协议或者签订其他不动产物权的协议，为保障将来实现物权，按照约定可以向登记机构申请预告登记。质言之，当事人签订的以取得不动产物权为目的的协议或合同，都可以向登记机构申请预告登记，以保障预告登记的权利人在将来确定地取得相应的不动产物权。按《民法典》第二编第四分编规定，最高额抵押权属于不动产担保物权。据此可知，以取得不动产最高额抵押权为目的的合同或协议，当事人也可以申请预告登记。申言之，本问中，当事人签订以预购商品房作抵押标的的最高额抵押合同，旨在设定最高额抵押权，为在一定期限内连续发生的最高额限度内的购房后续资金贷款债务的履行作担保，为了确保抵押权人在将来取得该预购商品房的最高额抵押权，当事人可以向登记机构申请预购商品房最高额抵押预告登记。按《民法典》第二编第四分编"担保物权"规定，不动产抵押权有一般抵押权和最高额抵押权两种。在不动产登记实务，《不动产登记暂行条例实施细则》第八十五条第一款第（三）项规定，以预购商品房设定抵押权属于当事人可以申请预告登记的情形。其中"以预购商品房设定抵押权"是个原则性的宽泛的规定，没有明确规定以预购商品房设定的抵押，将来产生的是一般抵押权还是最高额抵押权。笔者据此认为，以预购商品房设定抵押，将来产生的既可以是一般抵押权，也可以是最高额抵押权。因此，本问中，当事人申请的预购商品房最高额抵押预告登记满足登记要求时，登记机构应当准予登记。

第101问　未成年人因按揭购房申请的预购商品房抵押预告登记，登记机构可否办理

监护人与房地产开发企业持以未成年人名义签订的按揭购房的商品房买卖合同和以未成年人名义签订的借款合同、抵押合同等材料，向登记机构申请预购商品房预告登记和预购商品房抵押预告登记。问：未成年人因按揭购房申请的预购商品房抵押预告登记，登记机构可否办理？

笔者认为，未成年人因按揭购房申请的预购商品房抵押预告登记，登记机构不应当办理。

按《民法典》第三十五条第一款规定，监护人除为维护被监护人利益外，不得处分被监护人的财产。据此可知，本问中，以未成年人名义签订的按揭购房的商品房买卖合同和借款合同、抵押合同，可能是为了改善未成年人的居住条件，也与未成年人的利益有关。但笔者认为，一般情形下，"为被监护人的利益"是指被监护人因就医、就学和承担民事责任产生的费用。改善未成年人的居住条件，首先是监护人在力所能及的范围内承担的责任，其次才是未成年在不承担任何义务的前提下得到的较之于现时居住条件较好的居所。以未成年人预购的房屋抵押获取贷

款，属于处理未成年人财产的行为，且该行为获取的贷款是用于购买房屋，不属于"为被监护人的利益"的情形，即因按揭购房而以未成年人名义签订借款合同、抵押合同，属于违反《民法典》第三十五条第一款规定的情形。法律解释上，《民法通则》之规定（现《民法典》之规定）监护制度，纯粹为保护被监护人的利益，绝对不允许监护人借监护以谋取自身利益[1]，据此可知，本问中，虽然是以被监护的未成年人的名义签订按揭性质的商品房预售合同，但可能由作为监护人的父母履行还款义务，实质上是借被监护的未成年人的名义谋其改善居住条件、回避限购等利益，属于《民法通则》（现《民法典》）禁止的行为。《不动产登记暂行条例》第二十二条第（一）项规定，登记申请违反法律、行政法规规定的属于不予登记的情形。据此可知，申请登记的内容应当符合法律、行政法规的规定。本问中，如前所述，以未成年人名义签订的以按揭购房为标的的抵押合同，建立的是以取得将来的房屋抵押权为目的的债权，申请预告登记保全的债权，是登记簿记载的内容，但此内容违反前述法律的规定，由此申请的预购商品房抵押预告登记，登记机构应当不予办理。

第102问 房屋竣工前预告登记的权利人死亡，继承人该怎样申请不动产登记

某机关单身职工甲以按揭方式购买商品住房一套，与房地产开发企业签订了商品房预售合同后，又与银行签订了借款合同和抵押合同，并办理了预购商品房预告登记和预购商品房抵押预告登记。但在房屋竣工后，甲意外死亡。现甲的独生儿子乙持有继承权公证书。问：持有继承权公证书的乙，该怎样申请不动产登记？

笔者认为，乙持继承权公证书可以单方申请预购商品房预告登记转移登记，登记机构应当为乙办理预购商品房预告登记的继承转移登记，

---

[1] 梁慧星：《民法总论》，法律出版社2007年版，第103页。

之后，再与银行共同申请原预购商品房抵押预告登记注销登记和新的预购商品房抵押预告登记首次登记。

一、乙单方申请预购商品房预告登记的继承转移登记

《民法典》第二百二十一条第一款规定，当事人签订买卖房屋的协议或者签订其他不动产物权的协议，为保障将来实现物权，按照约定可以向登记机构申请预告登记。预告登记后，未经预告登记的权利人同意，处分该不动产的，不发生物权效力。质言之，预告登记只是一种使权利人在将来确定地取得基于不动产物权协议或合同设立的相应的不动产物权的保全措施。换言之，被预告登记保全的是以取得不动产物权为目的的协议或合同债权。《民法典》第一千一百二十二条第一款规定，遗产是自然人死亡时遗留的个人合法财产。质言之，一般情形下，凡自然人死亡时遗留的合法财产，都属于可以被继承人继承的遗产。据此可知，本问中，甲与房地产开发企业签订了商品房预售合同，建立的是以取得房屋所有权为目的的合同债权，甲死亡后，该经过预告登记的合同债权可以作为遗产被乙继承。《不动产登记暂行条例》第十四条第二款第（二）项规定，继承、接受遗赠取得不动产权利属于当事人单方申请登记的情形。在不动产登记实务中，《不动产登记暂行条例实施细则》第二十七条第（五）项规定，继承、受遗赠导致权利发生转移属于当事人申请转移登记的情形。据此可知，本问中，乙继承取得甲遗留的以取得房屋所有权为目的合同债权办理了预购商品房预告登记，属于继承取得不动产权利的情形，乙可以单方持继承权公证书申请预购商品房预告登记的继承转移登记，登记机构应当为其办理预购商品房预告登记转移登记，将预告登记的权利人由甲转移登记到乙名下并向乙颁发不动产登记证明。房屋交付后，乙须与房地产开发企业持其名下的不动产登记证明及其他相关材料共同向登记机构申请转移登记，才能将房屋转移登记到其名下。

第八部分 预告登记

二、乙与银行共同申请原预购商品房抵押预告登记注销登记和新的预购商品房抵押预告登记首次登记

按《民法典》第一千一百五十九条规定，分割遗产，应当清偿被继承人依法应当缴纳的税款和债务。质言之，继承人在因继承享有被继承人遗留的权利的同时，也因继承负有履行被继承人遗留债务的义务。据此可知，本问中，乙继承的甲遗留的预购商品房，系甲与银行签订借款合同和抵押合同，以抵押贷款的方式购得，乙在继承预购商品房权利的同时，也应当代甲履行还本付息义务，即乙继承了甲对银行的还款义务。换言之，乙继承的预购商品房上的预购商品房抵押预告登记负担，由乙承继。另外，也继承了甲应当向房地产开发公司履行的相关义务。

如前所述，乙承继了继承的预购商品房上的预购商品房抵押预告登记负担，但在该预购商品房转移登记到乙名下后，由于预购商品房抵押预告登记的义务人（抵押人）是被继承人甲，故预购商品房抵押预告登记不能直接转换为房屋抵押权，预购商品房抵押预告登记的目的实现受到限制。怎么办？

在不动产登记实务中，《不动产登记暂行条例实施细则》第八十五条第一款第（四）项规定，以预购商品房抵押属于当事人可以申请预告登记的情形。该实施细则第八十九条第（二）项规定，债权消灭属于当事人可以申请预告登记注销登记的情形。据此可知，本问中，乙继承甲对银行的还款债务，实质上使债务由甲转移给了乙，乙承接债务后使甲对银行承担的债务终止，导致银行对甲享有的债权消灭，而乙对银行承担的债务新建立，且该债权仍然用原预购商品房作抵押保障其实现。由于甲对银行承担的债务办理了预购商品房抵押预告登记，基于此，分别产生了甲与银行登记的预购商品房抵押预告登记注销登记的事由和乙与银行申请预购商品房抵押预告登记首次登记的事由。因此，乙与银行可凭继承权公证书、载明预购商品房抵押权预告登记的不动产登记证明等材

料，一并申请银行与甲办理的预购商品房抵押预告登记注销登记和以乙为义务人的预购商品房抵押预告登记首次登记。以乙为义务人的预购商品房抵押预告登记首次登记完成后，后续的预购商品房抵押预告登记直接转换为房屋抵押权才没有限制，预购商品房抵押预告登记的目的才能实现。

第 103 问 未经抵押权人同意，有抵押权负担的房屋因离婚产生的所有权转移预告登记，登记机构可否办理

甲、乙是夫妻，有一套住宅登记为甲、乙按份共有，各占50%份额。甲、乙因生意需要，用此房屋作抵押向银行获得贷款，办理了抵押权登记。后来，甲、乙离婚，约定房屋归甲所有，但贷款未还，抵押权也未注销。现甲、乙持约定房屋归甲所有的离婚协议等材料（无抵押权人同意转移的证明）申请房屋所有权转移预告登记。问：对甲、乙在未经抵押权人同意的情形下，持约定房屋归甲所有的离婚协议等材料申请的房屋所有权转移预告登记，登记机构可否办理？

笔者认为，对甲、乙在未经抵押权人同意的情形下，持约定房屋归甲所有的离婚协议等材料申请的房屋所有权转移预告登记，登记机构可以办理。

《民法典》第一千零八十七条第一款规定，离婚时，夫妻的共同财产由双方协议处理；协议不成的，由人民法院根据财产的具体情况，按照照顾子女、女方和无过错方权益的原则判决。质言之，一般情形下，夫妻对其婚姻存续期间取得的共同财产，可以以离婚协议的方式处分。据此可知，本案中，甲、乙在离婚协议中约定夫妻按份共有的房屋归甲所有即是对房屋的处分，此处分有法律上的依据。《房地产管理法》第三十七条规定，房地产转让，是指房地产权利人通过买卖、赠与或者其他合法方式将其房地产转移给他人的行为。《民法典》第四百零六条第一款规定，抵押期间，抵押人可以转让抵押财产。当事人另有约定的，按照其约定。抵押财产转让的，抵押权不受影响。据此可知，一般情形下，有抵押权存在的房屋，未经抵押权人同意的情形下，抵押人可以转让或赠与他人，因此签订的转让、赠与合同或协议有效，基于此建立的以取得房屋所有权为目的的债权也是合法的。但抵押财产上既有的抵押权负担，由该财产的受让人承接。本问中，甲、乙在离婚协议中约定夫妻按份共有的房屋归甲所有，是乙将其享有的且有抵押权存在的房屋份额转让或赠与甲，此离婚协议中转让或赠与房屋部分有效。按《民法典》第二百二十一条第一款规定，当事人签订买卖房屋的协议或者签订其他不动产物权的协议，为保障将来实现物权，按照约定可以向登记机构申请预告登记。据此可知，本问中，乙通过离婚协议，将其有抵押权负担的房屋转让或赠与甲的行为合法，据此申请的预告登记，登记机构应当办理。

与本问原理相同，对当事人申请的有抵押权负担的房屋因买卖、投资入股等处分房屋产生的房屋所有权转移预告登记，登记机构也可以办理。

第 104 问　申请人申请转移登记时，载明预购商品房预告登记的不动产登记证明遗失，是否也应当声明作废

问：按《不动产登记暂行条例实施细则》第三十八条规定，不动产登记证明不是当事人申请商品房转移登记时应当向登记机构提交的材料，那么，房屋交付后，申请转移登记时，载明预购商品房预告登记的不动产登记证明遗失的，预告登记的权利人是否一定要先行刊载遗失作废声明？

笔者认为，申请转移登记时，载明预购商品房预告登记的不动产登记证明遗失的，预告登记的权利人应当在登记机构的门户网站上刊载遗失声明，或由登记机构公告其作废。

一、不动产登记证明是申请人申请基于预购商品房预告登记产生的商品房转移登记时应当提交的材料

按《民法典》第二百一十六条和第二百一十七条规定，不动产登记簿是物权归属和内容的根据。不动产权属证书是权利人享有该不动产物权的证明。不动产权属证书记载的事项,应当与不动产登记簿一致。据此可知,不动产物权的归属以登记簿的记载为准,与不动产登记簿记载内容相对应的不动产权属证书是不动产物权的外在表征形式,是权利人向他人表明自己享有相应的不动产物权的法定凭证。在不动产登记实务中,《不动产登记暂行条例实施细则》第二十条第一款和第二款规定,不动产登记机构应当根据不动产登记簿,填写并核发不动产权属证书或者不动产登记证明。除办理抵押权登记、地役权登记和预告登记、异议登记,向申请人核发不动产登记证明外,不动产登记机构应当依法向权利人核发不动产权属证书。据此可知,《不动产登记暂行条例实施细则》的规定,将《民法典》中的不动产权属证书细化为不动产权属证书和不动产登记证明。申言之,不动产登记证明也是权利人向他人表征自己依法享有相应的不动产物权或与不动产物权相关的权利的法定凭证。因此,本问中,载明预购商品房预告登记的不动产登记证明,是预告登记的权利人(购房人)享有将来确定地取得预购商品房所有权权利的凭证,该不动产登记证明也是一种有公信力的凭证。

《不动产登记暂行条例实施细则》第三十八条规定:"申请国有建设用地使用权及房屋所有权转移登记的,应当根据不同情况,提交下列材料:(一)不动产权属证书;(二)买卖、互换、赠与合同;(三)继承或者受遗赠的材料;(四)分割、合并协议;(五)人民法院或者仲裁委员会生效的法律文书;(六)有批准权的人民政府或者主管机关的批准文件;(七)相关税费缴纳凭证;(八)其他必要材料。不动产买卖合同依法应当备案的,申请人申请登记时须提交经备案的买卖合同。"据此可知,其中的"不动产权属证书",是指登记机构基于登记簿的记载向房地产开发企业发放的载明房屋所有权的不动产权属证书,而非载明购房人为权利人的预购商品房预告登记的不动产登记证明。但是,不动产登记证明载明的预购商品房预告登记的权利,在商品房转移登记完成后失去效力,该不动产登记证明因此而失去权利表征作用,应当由登记机构收回归档,以免其流失社会造成负面影响。笔者据此认为，载明预购商品房预告登记的不动产登记证明属于《不动产登记暂行条例实施细则》第三十八条第一款第（八）项规定的"其他必要材料"，而且与《不动产登记暂行条例实施细则》配套的《不动产登记操作规范（试行）》9.3.3 条之 5 规定，申请人申请国有建设用地使用权及房屋所有权转移登记，提交申请材料时，已经办理预告登记的，提交不动产登记证明。因此，载明预购商品房预告登记的不动产登记证明是申请人申请基于预购商品房预告登记产生的商品房转移登记时应当向登记机构提交的材料。

二、申请人申请基于预购商品房预告登记产生的商品房转移登记时，遗失的不动产登记证明的实务处理

（一）由权利人声明不动产登记证明遗失

《不动产登记暂行条例实施细则》第二十二条第二款规定，不动产权属证书或者不动产登记证明遗失、灭失，不动产权利人申请补发的，由不动产登记机构在其门户网站上刊发不动产权利人的遗失、灭失声明 15 个工作日后，予以补发。据此可知，权利人遗失不动产登记证明后申请补发的，在不动产登记机构的门户网站上刊发遗失声明是必经程序。本问中，如前所述，权利人遗失的不动产登记证明是其申请基于商品房预告登记产生的商品房所有权转移登记时应当向登记机构提交的材料，但权利人若申请补办，新领取的不动产登记证明提交给登记机构后随商品房所有权转移登记的完成作废归档，仅起纯粹的程序充分的作用，无实质性的权利表征意义，但此纯粹的程序充分的作用可以权利人在不动产登记机构的门户网站上刊发遗失声明的证明来代替，换言之，载明预购商品房预告登记的不动产登记证明遗失后，申请转移登记时，预告登记的权利人应当在登记机构的门户网站上刊载遗失声明，登记机构应当将该声明截屏后转化为纸质材料归档，自遗失声明刊发之日起 15 个工作日后，方可将转移登记记载于登记簿。

（二）由登记机构公告未收回的不动产登记证明作废

《不动产登记暂行条例实施细则》第二十三条规定，因不动产权利灭失等情形，不动产登记机构需要收回不动产权属证书或者不动产登记证明的，应当在不动产登记簿上将收回不动产权属证书或者不动产登记证明的事项予以注明；确实无法收回的，应当在不动产登记机构门户网站或者当地公开发行的报刊上公告作废。据此可知，本问中，登记机构因办理预购商品房转移登记而使预购商品房预告登记的权利消灭，在载明预购商品房预告登记的不动产登记证明不能被收回时，可以由登记机构办结转移登记后，在其门户网站或者当地公开发行的报刊上公告未收回的不动产登记证明作废，将此公告截屏，转化为纸质材料后归档，也可以将刊载作废公告的报刊直接归档。

第 105 问　商品房所有权首次登记后，登记机构可否办理预购商品房抵押预告登记的更正登记

办理预购商品房抵押预告登记后，商品房竣工并完成了房屋所有权首次登记。申请转移登记前，抵押权人银行发现一本不动产登记证明上载明的预购商品房抵押预告登记的债权数额与借款合同上载明的债权数额不一致，遂向登记机构申请预购商品房抵押预告登记的更正登记。问：商品房所有权首次登记完成后，抵押权人申请的预购商品房抵押预告登记的更正登记，登记机构可否办理？

笔者认为，商品房所有权首次登记完成后，抵押权人申请的预购商品房抵押预告登记的更正登记，登记机构应当办理。

《民法典》第二百二十条第一款规定，权利人、利害关系人认为不动产登记簿记载的事项错误的，可以申请更正登记。不动产登记簿记载的权利人书面同意更正或者有证据证明登记确有错误的，登记机构应当予以更正。在不动产登记实务中，《不动产登记暂行条例实施细则》第七十九条第一款规定，权利人、利害关系人认为不动产登记簿记载的事项有错

误，可以申请更正登记。质言之，更正登记的申请人是登记簿上现时记载的权利人或与登记簿上现时记载的内容有利益冲突的人，更正登记是纠正登记簿上现时记载的内容错误的不动产登记类型。登记簿上现时记载的权利人书面同意更正，或者申请人有充分的证据证明登记簿记载内容确有错误的，登记机构就应当予以更正。据此可知，本问中，预购商品房抵押预告登记的更正登记由登记簿上现时记载的抵押权人（权利人）申请，且有当时申请预购商品房抵押预告登记时提交的借款合同作为登记簿记载内容确有错误的证据，因此，权利人申请的预购商品房抵押预告登记的更正登记，满足法律和行政规章规定的更正登记的要求，登记机构应当办理。

在房屋抵押监管实务中，《城市房地产抵押管理办法》第三条第四款规定，预购商品房贷款抵押，是指购房人在支付首期规定的房价款后，由贷款银行代其支付其余的购房款，将所购商品房抵押给贷款银行作为偿还贷款履行担保的行为。质言之，在预购商品房抵押中，抵押标的是购房人预购的商品房，换言之，购房人现购的商品房不得作预购商品房抵押的标的。据此可知，本问中，虽然商品房已经竣工并完成了所有权首次登记，但权利人申请的是对既有的以购房人预购的商品房为抵押标的的预购商品房抵押预告登记的更正登记，不是购房人以其现购的商品房作预购商品房抵押标的，并因此而申请预购商品房抵押预告登记设立登记，换言之，在商品房已经竣工并完成了所有权首次登记的情形下，抵押权人申请的预购商品房抵押预告登记的更正登记，不受商品房已经完成所有权首次登记的限制，登记机构应当办理。如果当事人申请以现购的商品房作预购商品房抵押标的，由此申请的预购商品房抵押预告登记设立登记，登记机构应当不予办理。

第 106 问　当事人申请的抵押土地上新建房屋的预购商品房预告登记，登记机构可否受理

某房地产开发公司将其用于房地产开发的土地使用权抵押并办理了

土地抵押权登记，之后，该房地产开发公司将在此土地上修建的商品房进行了预售。现买卖双方持经过备案的商品房预售合同等材料共同向登记机构申请预购商品房预告登记，但提交的申请材料中，没有土地抵押权人同意预售的证明。问：土地抵押后，在该地上新建的商品房，登记机构可否受理申请人申请的预购商品房预告登记？

笔者认为，土地抵押后，在该地上新建的商品房，未经土地抵押权人同意预售的情形下，登记机构也可以受理申请人申请的预购商品房预告登记。

一、笔者曾经的认为

《物权法》第二百条规定，建设用地使用权抵押后，该土地上新增的建筑物不属于抵押财产。质言之，土地使用权抵押后，在抵押土地上新建的房屋不属于抵押物，权利人对其新修建的房屋有处分权。据此可知，本问中，某房地产开发公司可以预售其在土地抵押后新建的商品房。该法第一百四十七条规定，建筑物、构筑物及其附属设施转让、互换、出资或者赠与的，该建筑物、构筑物及其附属设施占用范围内的建设用地使用权一并处分。质言之，地上房屋转让时，该房屋占用范围的土地使用权随之转让。本问中，某房地产开发公司预售商品房时，该商品房应当分摊的土地使用权也随之被转让。但是，该法第一百九十一条第二款规定，抵押期间，抵押人未经抵押权人同意，不得转让抵押财产。质言之，已经抵押的标的物，未经抵押权人同意，不得转让。据此可知，本问中，未经土地抵押权人的书面同意，被预售的商品房应当分摊的土地使用权不能因预售而随之转让。概言之，本问中，抵押土地上的商品房预售时，此商品房应当分摊的土地使用权份额随之转让，但该部分土地使用权份额属于抵押物，欲随商品房被预售而转让，则应当经过土地抵押权人的书面同意，否则，商品房应当分摊的土地使用权份额不能随该商品房被预售而转让。《不动产登记暂行条例》第十七条第（三）项规定，申请人提交的登记材料不全属于登记机构不予受理的情形。据此可知，本问中，如前所述，商品房应当分摊的土地使用权份额欲随商品房被预售而转让，应当经过土地抵押权人的书面同意，故土地抵押权人出具的同意商品房应当分摊的土地使用权份额随商品房被预售而转让的证明，即土地抵押权人同意预售的证明，是申请人申请抵押土地上新建的房屋预告登记时应当提交的材料。因此，土地抵押后，在该地上新建的商品房，未经土地抵押权人同意预售的情形下，登记机构不可以受理申请人申请的预购商品房预告登记。

二、笔者现时的认为

《民法典》第二百二十一条第一款规定，当事人签订买卖房屋的协议或者签订其他不动产物权的协议，为保障将来实现物权，按照约定可以向登记机构申请预告登记。预告登记后，未经预告登记的权利人同意，处分该不动产的，不发生物权效力。据此可知，预告登记的完成并不发生不动产物权效力，预告登记的功用是限制登记簿上记载的预告登记的义务人再处分该不动产，以保障预告登记的权利人在将来基于不动产物权的协议确定地取得相应的不动产物权，换言之，登记簿上记载的被预告登记保障的是以取得不动产物权为目的合同或协议债权。因此，本问中，申请人申请抵押土地上新建的房屋预告登记，被记载在登记簿上的是以取得预购房屋所有权为目的商品房预售合同债权，并不产生预购房屋所有权转移登记的效果，也就不产生该房屋应当分摊的现时处于抵押状态的土地使用权随之转移的效果。《民法典》第四百零六条第一款规定，抵押期间，抵押人可以转让抵押财产。当事人另有约定的，按照其约定。抵押财产转让的，抵押权不受影响。据此可知，在有抵押权存在的情形下，抵押人也可以转让抵押物，但抵押权不受影响，抵押物上既有的抵押权负担由抵押物的受让人承接。因此，本问中，即使产生抵押土地随房屋转移的后果，土地抵押权也不受影响，即不损害土地抵押权人的权益，故申请人无须提交土地抵押权人同意预售的证明。换言之，土地抵押后，在该地上新建的商品房，未经土地抵押权人同意预售的情形下，登记机构也可以受理申请人申请的预购商品房预告登记。

第 107 问　有在建建筑物的土地被查封前的预售行为不受查封的限制

一宗有在建建筑物的土地被查封了，但查封前已经有部分商品房被预售，买卖双方签订了商品预售合同并在房管局备了案，现买卖双方持经过备案的商品房预售合同向登记机构申请预购商品房预告登记。问：有在建建筑物的土地被查封前预售的商品房，登记机构可否为当事人办理预购商品房预告登记？

笔者认为，有在建建筑物的土地被查封前预售的商品房，登记机构可以为当事人办理预购商品房预告登记。

一、有在建建筑物的土地被查封前预售的商品房不属于查封范围

《最高人民法院关于人民法院民事执行中查封、扣押、冻结财产的规定》(法释〔2004〕15号)第二十三条第一款规定，查封地上建筑物的效力及于该地上建筑物使用范围内的土地使用权，查封土地使用权的效力及于地上建筑物，但土地使用权与地上建筑物的所有权分属被执行人与他人的除外。该规定第二十六条规定，被执行人就已经查封、扣押、冻结的财产所作的移转、设定权利负担或者其他有碍执行的行为，不得对抗申请执行人。据此可知，本问中，虽然被查封的是土地，但土地被查封时地上已经有在建建筑物，因此，地上的在建建筑物也属于被查封的对象，但在查封实施之前已经实施的商品预售行为可以对抗查封申请人，即不受查封的限制，当事人签订的商品房预售合同具有法律效力，换言之，当事人在查封前基于商品房预售合同建立的以取得预售房屋所有权为目的的合同债权合法、有效。

第八部分 预告登记

二、查封登记限制办理的是使被查封的土地使用权、房屋所有权权利主体变动产生的转移登记

《最高人民法院、国土资源部、建设部关于依法规范人民法院执行和国土资源房地产管理部门协助执行若干问题的通知》(法发〔2004〕5号)第二十二条第一款规定,国土资源、房地产管理部门对被人民法院依法查封、预查封的土地使用权、房屋,在查封、预查封期间不得办理抵押、转让等权属变更、转移登记手续。据此可知,登记簿上记载的查封登记,限制办理的是使被查封的土地使用权、房屋所有权权利主体变动产生的转移登记。

三、预购商品房预告登记保全的是以取得预购房屋所有权为目的的债权,不发生房屋所有权转移的效力

《民法典》第二百二十一条第一款规定,当事人签订买卖房屋的协议或者签订其他不动产物权的协议,为保障将来实现物权,按照约定可以向登记机构申请预告登记。预告登记后,未经预告登记的权利人同意,处分该不动产的,不发生物权效力。在不动产登记实务中,按《不动产登记暂行条例实施细则》第八十五条和第八十六条规定,预售商品房属于当事人可以申请预购商品房预告登记的情形。据此可知,当事人申请记载在登记簿上的预购商品房预告登记,只是一项限制预售人再出售该商品房,以确保预告登记的权利人在将来取得预售房屋所有权的保全措施,预售商品房尚未竣工,不具有所有权,预购商品房预告登记更不发生使预售房屋所有权转移的法律效果,换言之,预购商品房预告登记不是使被查封的土地使用权、房屋所有权权利主体变动产生的转移登记,登记机构可以应当事人的申请为其办理预购商品房预告登记。因此,本问中,如前所述,当事人基于查封实施前签订的商品房预售合同建立的以取得预售房屋所有权为目的的合同债权合法、有效,当事人据此申请的预购商品房预告登记,登记机构应当办理。当然,如果房屋竣工后,

其上的查封登记未因人民法院的解除而注销，或未因查封期限届满未续封而自动失效的，则限制当事人申请的使被查封的土地使用权、房屋所有权权利主体变动产生的转移登记的办理，即房屋竣工后，其上仍然存续的查封登记，对当事人基于预购商品房预告登记申请的土地使用权、房屋所有权转移登记有限制作用，登记机构不得办理。购房人的权益损失向卖方主张。

第九部分　协助执行

第 108 问　登记机构是否在法院的送达回证上注明其为轮候查封

2021 年 1 月 8 日，甲人民法院向登记机构送达查封裁定书和协助执行通知书，要求查封乙房产，但乙房产上已经有丙人民法院的查封登记，查封时间：2021 年 1 月 7 日，查封期间：2021 年 1 月 7 日—2023 年 1 月 6 日。甲人民法院的该次查封属于轮候查封。问：登记机构是否在甲人民法院的送达回证上注明该次查封属于轮候查封？

笔者认为，登记机构如果不用另外的方式将乙房产上存在查封登记的情况告知甲人民法院的，就应当在甲人民法院的送达回证上注明乙房产上存在查封登记的情况。

《最高人民法院、国土资源部、建设部关于依法规范人民法院执行和国土资源房地产管理部门协助执行若干问题的通知》（法发〔2004〕5 号）第十九条规定，两个以上人民法院对同一宗土地使用权、房屋进行查封的，国土资源、房地产管理部门为首先送达协助执行通知书的人民法院办理查封登记手续后，对后来办理查封登记的人民法院作轮候查封登记，并书面告知该土地使用权、房屋已被其他人民法院查封的事实及查封的有关情况。据此可知，两个以上的人民法院对同一宗土地、房屋进行查封的，登记机构按签收人民法院送达执行文书的顺序在登记簿上作查封登记，记载在第一位的为查封登记，之后的为轮候查封登记，即为第一位送达执行文书的人民法院作查封登记，对第二位及之后送达执行文书的人民法院作轮候查封登记。但将土地、房屋上已经存在查封登记的情况书面告知第二位及之后送达执行文书的人民法院是登记机构的义务，登记机构履行此义务的方式，可以用专门的文书告知，也可以在人民法院送达执行文书的送达回证上作注记，如本问中，登记机构的承办人员可以在甲人民法院的送达回证上签名后，注明"该房屋已经被丙人民法院查封，查封时间：2021年1月7日，查封期间：2021年1月7日—2023年1月6日。"

第 109 问　执行文书只载明查封期限，而无查封期间的，查封期间如何记载

某人民法院于 2020 年 12 月 22 日作出对某房屋的查封裁定，查封期限 3 年，却于 2021 年 1 月 4 日向登记机构送达协助执行通知书，要求查封该房屋，协助执行通知书上没有载明查封期间。问：该查封登记中查封期间如何记载？如果查封裁定书或协助执行通知书载明查封期间是 2020 年 12 月 22 日—2023 年 12 月 21 日，登记机构如何记载查封期间？如果登记机构在 2020 年 12 月 22 日—2021 年 1 月 3 日间为此被查封房屋办理了抵押权登记，登记机构是否有过错？

笔者认为，本问中，如果人民法院送达的执行文书中只载明查封期限，没有载明查封期间的，查封登记中查封期间的记载以登记机构签收执行文书之日为始日，从始日起计算满三年。如果人民法院送达的执行文书中明确载明查封期间的，则查封登记中查封期间的记载以执行文书的记载为准。若登记机构在人民法院的执行文书载明的查封期间内，但在该执行文书送达前为被查封房屋办理了抵押权登记的，登记机构无过错，也无须承担责任。

一、执行文书上只载明查封期限没有载明查封期间的，其查封期间在登记簿上的记载

《最高人民法院、国土资源部、建设部关于依法规范人民法院执行和国土资源房地产管理部门协助执行若干问题的通知》（法发〔2004〕5号）第二条第三款规定，人民法院执行人员到国土资源、房地产管理部门办理土地使用权或者房屋查封、预查封登记手续时，应当出示本人工作证和执行公务证，并出具查封、预查封裁定书和协助执行通知书。该通知

第三条第一款规定，对人民法院查封或者预查封的土地使用权、房屋，国土资源、房地产管理部门应当及时办理查封或者预查封登记。据此可知，登记机构须签收人民法院送达的查封裁定书和协助执行通知书后，才能及时据此在登记簿上作查封或预查封记载。就本问而言，如果人民法院送达登记机构的查封裁定书和协助执行通知书只载明查封期限为3年，而没有载明查封期间的，登记机构可据此确定登记簿上记载的查封期间，即以登记机构签收协助执行通知书的2021年1月4日为始期，从2021年1月4日起计算满3年，从而确定登记簿上记载的查封期间为2021年1月4日—2024年1月3日。

二、一般情形下，执行文书上载明查封期间的，登记机构应当如实记载

《民法典》第二百一十二条第一款第（三）项规定，如实、及时登记有关事项是登记机构的法定职责。据此可知，如果人民法院送达登记机构的查封裁定书或协助执行通知书载明查封期间的，登记机构应当将查封裁定书或协助执行通知书载明的查封期间记载在登记簿上，即本问中，如果人民法院送达登记机构的查封裁定书或协助执行通知书载明查封期间为2020年12月22日—2023年12月21日的，尽管登记机构是在2021年1月4日签收的执行文书，但登记簿上记载的查封期间仍然为2020年12月22日—2023年12月21日。若查封裁定书与协助执行通知书上载明的查封期间不一致的，登记机构应当要求人民法院修正为一致后再在登记簿上作记载。如果人民法院不予修正的，出于慎重考虑，宜将执行文书上最长的查封期间记载在登记簿上。

三、登记机构在执行文书载明的查封期间内，但在执行文书送达登记机构前为他人办理抵押权登记的，无过错

《最高人民法院关于人民法院民事执行中查封、扣押、冻结财产的规定》（法释〔2004〕15号）第二十六条第三款规定，人民法院的查封、扣

押、冻结没有公示的，其效力不得对抗善意第三人。质言之，人民法院对不动产的查封没有记载在登记簿上予以公示的，此查封对善意的与被查封的不动产发生交易的第三人没有对抗效力。据此可知，本问中，查封裁定书虽然已经作出，且载明查封期间为 2020 年 12 月 22 日—2023 年 12 月 21 日，但人民法院没有通过协助执行途径将该查封裁定书送达登记机构并要求登记机构将查封信息记载在登记簿上予以公示，则对处分房屋产生的登记的办理，没有限制效力。因此，基于此查封裁定书产生的效力不及于抵押当事人和为抵押当事人办理抵押权登记的登记机构，即本问中，如果登记机构在 2020 年 12 月 22 日—2021 年 1 月 3 日间为被查封房屋办理了抵押权登记的，登记机构没有过错。

第 110 问　轮候查封转查封后查封期间如何记载

某查封的查封期间是 2019 年 1 月 7 日—2021 年 1 月 6 日，该查封之后的第一个轮候查封的协助执行通知书载明的查封期间：2019 年 1 月 8 日—2022 年 1 月 7 日。问：若查封期间届满未续封时，此轮候查封转为查封后，登记簿上的查封期间该怎样记载？

笔者认为，该问中，若查封期间届满未续封的，顺位在先的轮候查封转为查封后，登记簿上的查封期间应当记载为 2021 年 1 月 7 日—2024 年 1 月 6 日。

一、轮候查封没有查封期间

《最高人民法院关于人民法院民事执行中查封、扣押、冻结财产的规定》（法释〔2004〕15 号）第二十八条第一款规定，查封、扣押、冻结解除的，登记在先的轮候查封、扣押、冻结即自动生效。《最高人民法院、国土资源部、建设部关于依法规范人民法院执行和国土资源房地产管理机关协助执行若干问题的通知》（法发〔2004〕5 号）第二十二条第一款规定，国土资源、房地产管理机关对被人民法院依法查封、预查封的土地使用权、房屋，在查封、预查封期间不得办理抵押、转让等权属变更、转移登记手续。据此可知，查封是限制登记机构为登记簿上记载的权利人办理处分承载有查封负担的房地产产生的转移登记、抵押权登记的措施，以保障生效的法律文书载明的权利实现。轮候查封不是查封，不具有查封的效力，轮候查封只有转为查封后，才能发生限制登记机构为登记簿上记载的权利人办理处分承载有查封负担的房地产产生的转移登记、抵押权登记的效力，因此，轮候查封既然没有查封效力，也就没有查封期间。

二、查封效力因查封期间届满且未续封而消灭后，顺位在先的轮候查封自动转为查封

笔者查阅现时的法律和司法解释，只规定了查封解除的情形下，登记在先的轮候查封自动转为查封。但是，《最高人民法院、国土资源部、建设部关于依法规范人民法院执行和国土资源房地产管理机关协助执行若干问题的通知》（法发〔2004〕5号）第十一条第二款规定，查封期限届满，人民法院未办理继续查封手续的，查封的效力消灭。笔者据此认为，查封期限届满，执行查封的人民法院未办理继续查封手续的，属于查封效力消灭的情形。执行查封的人民法院解除查封也属于消灭查封效力的情形。申言之，查封效力消灭之时，登记于其后但排位在先的轮候查封即自动转为查封。本问中，若登记簿上记载的查封的查封期间于2021年1月6日届满且不再续封的，则排位于其后的第一个轮候查封自2021年1月7日转为查封。

三、轮候查封转为查封后，查封期间的记载

《最高人民法院、国土资源部、建设部关于依法规范人民法院执行和国土资源房地产管理机关协助执行若干问题的通知（法发〔2004〕5号）第三条第一款规定，对人民法院查封或者预查封的土地使用权、房屋，国土资源、房地产管理机关应当及时办理查封或者预查封登记。《最高人民法院关于审理房屋登记案件若干问题的规定》（法释〔2010〕15号）第

二条规定，房屋登记机构根据人民法院、仲裁委员会的法律文书或者有权机关的协助执行通知书以及人民政府的征收决定办理的房屋登记行为，公民、法人或者其他组织不服提起行政诉讼的，人民法院不予受理，但公民、法人或者其他组织认为登记与有关文书内容不一致的除外。据此可知，登记机构应当按人民法院送达的执行文书在登记簿上记载查封期间，否则，将会成为利益受到损害的当事人提起行政诉讼的被告，并可能承担由此产生的不利后果。本问中，转为查封的轮候查封的协助执行通知书载明的查封期间为 2019 年 1 月 8 日—2022 年 1 月 7 日，登记机构可以据此确定查封期限为 3 年，笔者认为，如前所述，轮候查封自 2021 年 1 月 7 日转为查封，而非其协助执行通知书载明的 2019 年 1 月 8 日，因此，登记簿记载的查封期间应当自该轮候查封转为查封的始期 2021 年 1 月 7 日起计算满 3 年，则终期为 2024 年 1 月 6 日，即登记簿上应当记载的该轮候查封转为查封后的查封期间为 2021 年 1 月 7 日—2024 年 1 月 6 日。若如此，登记簿上记载的查封期间形式上虽然与人民法院送达的协助执行通知书上载明的不一致，但实质上与基于协助执行通知书载明的查封期间确定为 3 年的查封期限一致，此情形也是登记机构基于前述司法解释的规定所为，于"法"有据，应当视为登记机构按人民法院送达的执行文书在登记簿上记载的查封期间，若当事人因此以登记机构为被告提起行政诉讼时，人民法院也应当作不予受理处理，或受理后驳回起诉。

第 111 问　人民法院要求登记机构办理相关登记的执行文书是否必须由执行员送达

问：人民法院要求登记机构协助执行相关登记的裁定书和协助执行通知书，是否一定由执行员送达？送达的执行人员必须是两名以上吗？

笔者认为，人民法院要求登记机构协助执行相关登记的裁定书和协助执行通知书必须由执行员送达，但送达的执行员没有人数上的规定。

第九部分　协助执行

一、要求登记机构办理相关不动产登记的执行文书须由执行员送达

《民事诉讼法》第二百二十八条第一款规定，执行工作由执行员进行。据此可知，向相关单位或人员送达协助执行通知书等执行文书只是执行工作中的一个环节，应当由人民法院的执行员完成，换言之，人民法院要求登记机构协助办理相关登记的裁定书和协助执行通知书必须由执行员送达，不能通过邮寄、特快专递等其他方式送达。该法第二百三十六条第一款规定，发生法律效力的民事判决、裁定，当事人必须履行。一方拒绝履行的，对方当事人可以向人民法院申请执行，也可以由审判员移送执行员执行。在司法实务中，《最高人民法院关于人民法院执行工作若干问题的规定（试行）》第八条规定，执行人员执行公务时，应向有关人员出示工作证和执行公务证。据此可知，人民法院的审判员不同于执行员，即审判员不能履行执行职责，登记机构在签收执行文书时，应当查验送达人的工作证和执行公务证，如果工作证和执行公务证载明的送达人的工作身份不是执行员的，登记机构应当不予签收。

二、法律和司法解释对送达执行文书的执行员数量没有作规定

《民事诉讼法》第二百二十八条第一款规定，执行工作由执行员进行。质言之，《民事诉讼法》只对执行工作必须由执行员执行做了规定，没有对实施执行工作的执行员的人数作规定。在司法实务中，《最高人民法院关于人民法院执行工作若干问题的规定（试行）》第五条规定，执行程序中重大事项的办理，应由三名以上执行员讨论，并报经院长批准。质言之，执行程序中的重大事项需要讨论解决的，司法解释也只对参与讨论的执行员的人数做了规定，没有对实施执行工作的执行员的人数作规定。概言之，既然法律和司法解释没有对实施执行工作的执行员的人数作规定，则一名以上的执行员送达的执行文书，登记机构就应当签收并执行。

第 112 问　人民法院是否以不动产单元为基础实施查封

问：人民法院查封房屋时，是以不动产单元为基础实施查封，还是可以查封一个不动产单元中的一部分？如果人民法院不以不动产单元为基础实施查封的，登记机构可否向人民法院提出审查建议？

笔者认为，一般情形下，人民法院查封房屋时，是以不动产单元为查封对象。如果人民法院不以不动产单元为基础实施查封的，登记机构不能向人民法院提出审查建议

一、人民法院是否按不动产单元实施查封，不是登记机构提出审查建议的事由

《最高人民法院、国土资源部、建设部关于依法规范人民法院执行和国土资源房地产管理机关协助执行若干问题的通知》（法发〔2004〕5号）第三条规定，对人民法院查封或者预查封的土地使用权、房屋，国土资源、房地产管理机关应当及时办理查封或者预查封登记。国土资源、房地产管理机关在协助人民法院执行土地使用权、房屋时，不对生效法律文书和协助执行通知书进行实体审查。国土资源、房地产管理机关认为人民法院查封、预查封或者处理的土地、房屋权属错误的，可以向人民法院提出审查建议，但不应当停止办理协助执行事项。据此可知，不动产登记机构无权也无须对人民法院的查封文书或预查封文书作实体审查，只能按查封文书、预查封文书载明的事项及时办理查封登记、预查封登记。即使不动产登记机构认为被查封或被预查封的土地、房屋存在权属错误时，也须在及时办理查封登记、预查封登记的前提下，向人民法院提出审查建议。简言之，被查封房屋存在权属错误才是登记机构向实施查封的人民法院提出审查建议的事由。本问中，人民法院是否以不动产单元为基础实施查封，与被查封的房屋权属是否错误无关，即人民法院是否按不动产单元实施查封，不是登记机构提出审查建议的事由。

二、一般情形下，人民法院应当以不动产单元为基础实施查封

《不动产登记暂行条例》第八条第一款规定，不动产以不动产单元为基本单位进行登记。在不动产登记实务中，《不动产登记暂行条例实施细则》第五条第三款和第四款规定，"有房屋等建筑物、构筑物以及森林、林木定着物的，以该房屋等建筑物、构筑物以及森林、林木定着物与土地、海域权属界线封闭的空间为不动产单元。前款所称房屋，包括独立成幢、权属界线封闭的空间，以及区分套、层、间等可以独立使用、权属界线封闭的空间。"据此可知，房屋是以幢、层、套、间为不动产单元进行登记的。《最高人民法院、国土资源部、建设部关于依法规范人民法院执行和国土资源房地产管理机关协助执行若干问题的通知》（法发〔2004〕5号）第五条第一款规定，人民法院查封时，土地、房屋权属的确认以国土资源、房地产管理机关的登记或者出具的权属证明为准。质言之，人民法院查封房屋时，以登记簿的记载为准。笔者综合行政法规、司法解释和行政规章的规定认为，人民法院查封房屋时既然以不动产登记机构的登记为准，不动产登记机构登记房屋时，以幢、层、套、间为不动产单元进行登记，则人民法院查封房屋时也应当以登记簿上记载的不动产单元为基础实施。申言之，一般情形下，人民法院查封房屋时，应当以登记簿上记载的房屋的幢、层、套、间等不动产单元为基础实施。

三、其他

在不动产登记实务中，因房屋是以幢、层、套、间为不动产单元进行登记的，如果人民法院的查封文书载明以一个不动产单元中的一部分房屋为查封对象的，登记机构应当在承载查封对象的不动产单元上作查封记载，即将承载查封对象的整个不动产单元作为查封登记的对象处理，但须按查封文书载明的内容注明该不动产单元中的被查封的房屋部分，如张三、张四按份共有一房屋，张三占30%份额，张四占70%份额，人民法院查封张四所占的70%份额，则登记机构应当在此共有房屋上作查

封登记，同时在张四享有的 70% 份额处加注"已查封"。

第 113 问　受上级法院指定的法院可否裁定解除其他法院的查封

受上级法院指定的法院向登记机构送达裁定书和协助执行通知书，要求登记机构解除其他法院的查封（该上级法院对查封法院有管辖权），登记机构可否办理？

笔者认为，受上级法院指定的法院向登记机构送达裁定书和协助执行通知书，要求登记机构解除其他法院的查封的，登记机构应当区分情形办理。

一、作为财产保全措施的情形

《民事诉讼法》第一百条规定，人民法院对于可能因当事人一方的行为或者其他原因，使判决难以执行或者造成当事人其他损害的案件，根据对方当事人的申请，可以裁定对其财产进行保全、责令其作出一定行为或者禁止其作出一定行为；当事人没有提出申请的，人民法院在必要时也可以裁定采取保全措施。该法第一百零三条规定，财产保全采取查封、扣押、冻结或者法律规定的其他方法。据此可知，财产保全是人民法院在诉讼程序中为了使生效判决得以履行而采取的限制诉讼当事人处分财产的强制措施，查封为保全措施之一。《民事诉讼法》第三十七条规定，有管辖权的人民法院由于特殊原因，不能行使管辖权的，由上级人民法院指定管辖。人民法院之间因管辖权发生争议，由争议双方协商解决；协商解决不了的，报请它们的共同上级人民法院指定管辖。在司法实务中，《民事诉讼法司法解释》第四十一条规定，人民法院依照民事诉讼法第三十七条第二款规定指定管辖的，应当作出裁定。对报请上级人民法院指定管辖的案件，下级人民法院应当中止审理。指定管辖裁定作出前，下级人民法院对案件作出判决、裁定的，上级人民法院应当在裁定指定管辖的同时，一并撤销下级人民法院的判决、裁定。据此可知，对诉讼案件，上级人民法院指定下级人民法院管辖时，以裁定书的形式确定管辖法院,对不被指定管辖的法院已经作出的查封裁定等保全措施,上级人民法院在指定管辖法院的裁定书中,同时裁定撤销此查封裁定等保全措施。因此,作为财产保全措施的查封,登记机构应当凭载明撤销查封的上级人民法院的指定管辖裁定书和受指定管辖的人民法院的协助执行通知书办理解除查封(查封登记注销登记)手续。

二、作为执行措施的情形

《民事诉讼法》第二百四十四条规定,被执行人未按执行通知履行法律文书确定的义务,人民法院有权查封、扣押、冻结、拍卖、变卖被执行人应当履行义务部分的财产。据此可知,查封也是人民法院在执行生效的法律文书中采取的限制义务人处分其财产的措施之一。在司法实务中,《最高人民法院关于人民法院执行工作若干问题的规定(试行)》第九条规定,上级人民法院执行机构负责本院对下级人民法院执行工作的监督、指导和协调。该规定第十六条规定,人民法院之间因执行管辖权发生争议的,由双方协商解决;协商不成的,报请双方共同的上级人民法院指定管辖。据此可知,一般情形下,上级人民法院对下级人民法院的执行工作只能是监督、指导和协调,申言之,一般情形下,上级人民法院不裁定撤销下级人民法院的执行文书。但如果上级人民法院因执行管辖问题指定下级人民法院管辖的,则原采取查封措施的人民法院失去执行管辖权,受上级人民法院指定管辖的人民法院有权裁定解除登记簿上记载的相应的查封。因此,作为执行措施的查封,登记机构应当凭上级人民法院的指定管辖裁定书和受指定管辖的人民法院的解除查封裁定书、协助执行通知书办理解除查封(查封登记注销登记)手续。

第 114 问　轮候查封法院是否应当向登记机构送达不载明查封期间的裁定书和协助执行通知书

在不动产登记实务中,轮候查封的人民法院送达的裁定书和协助执行通知书载明了查封期间,登记机构如果将此查封期间记载在登记簿上,但轮候查封转为查封时，登记机构须根据执行文书上载明的原查封期间，重新确定对应的应当在登记簿上记载的查封期间，若如此，则重新在登记簿上记载的查封期间的始期、终期均与登记簿上原来记载的不一致。问：登记机构可否要求轮候查封的人民法院送达不载明查封期间的轮候查封裁定书和协助执行通知书？

笔者认为，登记机构不得要求轮候查封的人民法院送达不载明查封期间的轮候查封裁定书和协助执行通知书。

一、轮候查封法院不专门向登记机构送达不载明查封期间的执行文书

《最高人民法院、国土资源部、建设部关于依法规范人民法院执行和国土资源房地产管理机关协助执行若干问题的通知》（法发〔2004〕5号）第二条第三款规定，人民法院执行人员到国土资源、房地产管理机关办理土地使用权或者房屋查封登记手续时，应当出示本人工作证和执行公务证，并出具查封裁定书和协助执行通知书。该通知第十九条规定，两个以上人民法院对同一宗土地使用权、房屋进行查封的，国土资源、房地产管理机关为首先送达协助执行通知书的人民法院办理查封登记手续后，对后来办理查封登记的人民法院作轮候查封登记，并书面告知该土地使用权、房屋已被其他人民法院查封的事实及查封的有关情况。据此可知，对登记机构而言，无论是查封法院，还是轮候查封法院，都是查封法院，查封法院要求登记机构协助执行的都是查封登记，向登记机构送达的都是查封裁定书和协助执行通知书。至于是查封，还是轮候查封，由人民法院送达查封裁定书和协助执行通知书的先后和登记簿上记载的查封的次序决定，记载在第一位的是查封，之后的是轮候查封。因此，排位为轮候查封的人民法院不向登记机构专门送达不载明查封期间的轮候查封裁定书和协助执行通知书，换言之，登记机构不得要求轮候查封的人民法院送达不载明查封期间的轮候查封裁定书和协助执行通知书。

二、查封期限是执行文书应当载明的内容

按《民事诉讼法司法解释》第四百八十七条规定和《最高人民法院、国土资源部、建设部关于依法规范人民法院执行和国土资源房地产管理机关协助执行若干问题的通知》(法发〔2004〕5号)第十一规定,人民法院对土地使用权、房屋的查封期限不得超过三年。期限届满可以续封一次,续封时应当重新制作查封裁定书和协助执行通知书,续封的期限不得超过三年。查封期限届满,人民法院未办理继续查封手续的,查封的效力消灭。据此可知,查封裁定书和协助执行通知书上载明的查封期限是表明查封效力有无的时间界限,换言之,查封期限是查封裁定书和协助执行通知书应当载明的内容,即使是轮候查封法院送达的查封裁定书和协助执行通知书也应当载明查封期限。如果实施查封的人民法院送达的查封裁定书和协助执行通知书没有载明查封期限的,登记机构应当建议执行员补正,执行员不采纳建议的,登记机构也应当及时在登记簿上作查封或轮候查封记载,同时加注"查封期限不明确",但应当及时向实施查封的人民法院送达书面建议,请求明确查封期间。如果实施查封的人民法院仍然不明确查封期间的,则自该查封被记载于登记簿上之日起,计算满三年且未续封的,自动失效。

三、轮候查封登记转为查封登记后的实务处理

《最高人民法院、国土资源部、建设部关于依法规范人民法院执行和国土资源房地产管理机关协助执行若干问题的通知》(法发〔2004〕5号)第二十条第一款规定,查封法院依法解除查封的,排列在先的轮候查封自动转为查封。据此可知,轮候查封转为查封后,才对被查封的房屋有限制处分的效力,才能限制登记机构为登记簿上记载的权利人办理处分房屋产生的转移登记、抵押权登记。换言之,查封期限自轮候查封转为查封之日起计算,轮候查封转为查封之日为查封期限的始期,因此,轮候查封转为查封时,登记机构应当在登记簿上将轮候查封转为查封之日加注为查封的始期,以此为基点结合查封裁定书和协助执行通知书载明

的查封期限，确定查封期间的终期，并在登记簿上记载。

第 115 问 登记机构办理基于执行文书产生的转移登记时，有无告知执行法院该房屋上有轮候查封存在的义务

查封法院将一套房屋拍卖变现 50 万元后，查封法院执行了 20 万元，第二轮候查封法院执行了 30 万元，第一轮候查封法院则没有执行到房屋的变现款。第一轮候查封的申请人要求变现房屋的执行法院赔偿，变现房屋的执行法院则认为登记机构在协助执行变现房屋产生的转移登记时，没有告知其该房屋上有轮候查封，而致使其没有为第一轮候查封法院预留剩余的变现款，赔偿责任应该由登记机构承担。问：登记机构办理基于执行文书产生的转移登记时，有无告知执行法院该房屋上有轮候查封的义务？

笔者认为，登记机构办理基于执行文书产生的转移登记时，无告知执行法院该房屋上有轮候查封存在的义务。但是，基于慎重原则，登记机构还是告知为宜。

一、登记机构按执行法院送达的执行文书办理转移登记时，无告知其该房屋上有轮候查封登记的义务

《最高人民法院、国土资源部、建设部关于依法规范人民法院执行和国土资源房地产管理部门协助执行若干问题的通知》（法发〔2004〕5 号）第五条第二款规定，在执行人民法院确认土地、房屋权属的生效法律文书时，应当按照人民法院生效法律文书所确认的权利人办理土地、房屋权属变更、转移登记手续。该通知第十九条规定，两个以上人民法院对同一宗土地使用权、房屋进行查封的，国土资源、房地产管理部门为首先送达协助执行通知书的人民法院办理查封登记手续后，对后来办理查封登记的人民法院作轮候查封登记，并书面告知该土地使用权、房屋已被其他人民法院查封的事实及查封的有关情况。据此可知，登记机构只在办理查封登记、轮候查封登记时，才对实施轮候查封的人民法院有告知其查封对象上有查封登记存在的义务。办理基于执行文书产生的转移登记时，只需按执行法院送

达的执行文书办理即可,无告知其该房屋上有轮候查封存在的义务。

二、如何安排处分被查封房屋的变现款是执行法院的职责,与登记机构无关

《最高人民法院关于人民法院执行工作若干问题的规定(试行)》(法释〔1998〕15号)第四十九条规定,拍卖、变卖被执行人的财产成交后,必须即时钱物两清。委托拍卖、组织变卖被执行人财产所发生的实际费用,从所得价款中优先扣除。所得价款超出执行标的数额和执行费用的部分,应当退还被执行人。质言之,对变现被执行人财产的价款,人民法院在提取执行标的数额和执行费用后,剩余的数额应当退还被执行人。申言之,如何安排处分被查封房屋的变现款,是执行法院的职责,与协助其办理处分房屋产生的转移登记的登记机构无关。

三、本问的实务处理

最高人民法院等部门联合发布实施的《关于建立和完善执行联动机制若干问题的意见》(法发〔2010〕15号)第二十三条规定,执行联动机制工作领导小组由各级政法委员会牵头,定期、不定期召开会议,通报情况,研究解决执行联动机制运行中出现的问题,确保执行联动机制顺利运行。据此可知,各级政法委员会是当地执行联动机制工作领导小组的牵头单位,负责协调、处理执行联动中出现的问题。本问中,如果执行法院认为登记机构在协助执行变现房屋产生的转移登记时,没有告知其该房屋上有轮候查封,而致使其没有为第一轮候查封法院预留剩余的变现款,赔偿责任应该由登记机构承担,而课以登记机构承担赔偿责任,此即是执行联动中出现的问题,登记机构应当及时就其无义务告知查封法院变现房屋上有轮候查封存在的理由和依据,书面向课以登记机构赔偿责任的人民法院所在地政法委员会汇报,同时向登记机构所在地政法委员会报送该书面汇报,请求各政法委员会客观、公正、公平地协调、解决不该由登记机构承担责任的问题。

但是,《关于建立和完善执行联动机制若干问题的意见》(法发〔2010〕15号)第十二条规定,住房和城乡建设管理机关应当协助人民法院及时查询有关房屋权属登记、变更、抵押等情况,协助人民法院及时办理房屋查封、预查封和轮候查封及转移登记手续,并将有关情况及时告知人民法院。其中要求登记机构"将办理转移登记手续的有关情况及时告知人民法院",毕竟是笼统性的、原则性的规定,且裁量权在人民法院,因此,如前所述,尽管登记机构没有告知变现房屋的执行法院该房屋上有轮候查封的义务,但为慎重起见,避免不必要的麻烦,登记机构在签收执行法院送达的执行文书时,将被变现房屋上有轮候查封登记的情况在送达回证上加注为宜。

第 116 问 人民法院向登记机构送达解除查封的执行文书后又送达继续查封的执行文书的,登记机构该如何处理

问:甲人民法院向登记机构送达要求解除查封的协助执行通知书后,基于种种原因,随后又向登记机构送达要求继续查封的裁定书和协助执行通知书,并要求继续保留原有查封顺位(该查封登记之后有若干轮候查封),登记机构该如何处理?

笔者认为,如果登记机构已经按甲人民法院送达的协助执行通知书注销查封登记的,不能再按其后送达的裁定书和协助执行通知书为该人民法院办理继续查封登记。如果登记机构尚未办理查封登记注销登记的,可以按甲人民法院送达的裁定书和协助执行通知书,在登记簿上作继续查封登记。

一、如果登记机构已经按甲人民法院送达的协助执行通知书注销查封登记的,不能再为其办理继续查封登记

《最高人民法院、国土资源部、建设部关于依法规范人民法院执行和国土资源房地产管理部门协助执行若干问题的通知》(法发〔2004〕5号)第一条第一款规定,人民法院在办理案件时,需要国土资源、房地产管理部门协助执行的,国土资源、房地产管理部门应当按照人民法院的生效法律文书和协助执行通知书办理协助执行事项。该通知第二十条第一款规定，轮候查封登记的顺序按照人民法院送达协助执行通知书的时间先后进行排列。查封法院依法解除查封的，排列在先的轮候查封自动转为查封。据此可知，人民法院送达解除查封的执行文书后，登记机构应当及时在登记簿上作注销查封登记记载，此后，登记簿上记载的第一顺位的轮候查封自动转为查封登记。因此，本问中，如果登记机构在甲人民法院送达解除查封的协助执行文书后，立即注销了登记簿上的查封登记的，则甲人民法院的查封登记已经失去效力，之后的第一个轮候查封登记已经自动转为查封登记，故登记机构不能再凭甲人民法院送达的裁定书和协助执行通知书为其办理继续查封登记手续。此情形下，如果甲人民坚持要求登记机构凭此裁定书和协助执行通知书为其办理继续查封登记手续的，登记机构应当告知其只能作轮候查封处理。

二、如果登记机构尚未按甲人民法院送达的协助执行通知书注销查封登记的，可以再为其办理继续查封登记

《民事诉讼法司法解释》第四百八十七条规定，人民法院查封不动产、冻结其他财产权的期限不得超过三年。申请执行人申请延长期限的，人民法院应当在查封、扣押、冻结期限届满前办理续行查封、扣押、冻结手续，续行期限不得超过前款规定的期限。人民法院也可以依职权办理续行查封、扣押、冻结手续。据此可知，在查封期限届满前，即查封的效力消灭前，实施查封的人民法院有权延长查封期限，对被查封的财产实施继续查封。因此，本问中，虽然甲人民法院已经向登记机构送达了解除查封的协助执行通知书，但登记机构尚未按甲人民法院送达的协助执行通知书注销查封登记的，则登记簿上记载的查封登记就没有失效，甲人民法院凭执行文书将协助执行事项由解除查封变更为继续查封的，登记机构应当支持，凭甲人民法院送达的继续查封裁定书和协助执行通知书为其办理继续查封登记，尔后，将要求解除查封的裁定书和协助执行通知书退还甲人民法院。

第十部分 其 他

第 117 问 离婚协议已经约定归属的预购商品房是否还是遗产

夫妻共同签订预购商品房买卖合同后离婚，离婚协议中约定预购商品房归女方。但离婚后房屋竣工交付前，男方意外死亡。现在房屋已经交付给女方。问：离婚协议已经约定归属的预购商品房是否还是男方的遗产？登记机构可否将房屋从房地产开发公司名下转移登记为离婚协议上的权利人单独所有？

笔者认为，离婚协议已经约定归属的预购商品房不再是男方的遗产，登记机构可以将房屋从房地产开发公司名下转移登记为离婚协议上的权利人单独所有。

一、约定预购商品房归属的离婚协议与原商品房预售合同组合，构成女方单独享有房屋所有权的原因证明

夫妻共同签订的预购商品房买卖合同，是以取得房屋所有权为目的债权，也是一种有价值的财产性权利，属于夫妻二人的共同财产。《民法典》第一千零八十七条第一款规定，离婚时，夫妻的共同财产由双方协议处理；协议不成的，由人民法院根据财产的具体情况，按照照顾子女、女方和无过错方权益的原则判决。据此可知，一般情形下，离婚时，共有财产可以由夫妻协议处理。本问中，作为夫妻共同财产的以取得房屋所有权为目的预购商品房买卖合同债权，夫妻离婚时，以离婚协议的方式明确其归属，即是原夫妻对此债权的协议处理，换言之，离婚协议约定预购商品房归女方于法有据，离婚协议与原夫妻共同签订的预购商品房买卖合同组合，构成女方单独享有预购房屋所有权的原因证明。

第十部分 其 他

二、商品房预售合同债权自离婚协议生效时起转移给女方，不再是男方的遗产

《民法典》第一千一百二十二条第一款规定，遗产是自然人死亡时遗留的个人合法财产。质言之，一般情形下，自然人遗留的合法财产，都可以被其继承人继承。本问中，以取得房屋所有权为目的预购商品房买卖合同债权，也可以作为遗产被继承人继承。但是，《民法典》第五百零二条第一款规定，依法成立的合同，自成立时生效，但是法律另有规定或者当事人另有约定的除外。按该法第四百九十条第一款规定，当事人采用合同书形式订立合同的，自当事人均签名、盖章或者按指印时合同成立。按该法第五百四十五条第一款规定，一般情形下，债权人可以将债权的全部或者部分转让给第三人。据此可知，一般情形下，债权人可以将其享有的债权转让给他人，且转让合同自双方当事人签字或按指印时起生效。换言之，一般情形下，自双方当事人在债权转让合同上签字或按指印时起，债权的转让生效。因此，本问中，自夫妻在离婚协议上签字或按指印时起，男方享有的以取得房屋所有权为目的预购商品房买卖合同债权已经转移给女方。男方在债权转移完成后意外死亡，已经转移给女方的债权不再是男方的遗留财产，不能供其继承人继承。

三、本问的实务处理

由于合同的债权债务是相生相随的，在转让债权的同时，往往也有债务随之转移。《民法典》第五百五十一条第一款规定，债务人将债务的全部或者部分转移给第三人的，应当经债权人同意。据此可知，本问中，男方享有的以取得房屋所有权为目的预购商品房买卖合同债权转移给女方，相应的债务如支付房屋余款等也转移给女方，但债务的转移应当得到原预购商品房买卖合同的债权人即房地产开发公司的同意，房地产开发公司同意的方式，可以是夫妻与房地产开发公司签订的预购商品房买卖合同变更协议，也可以是房地产开发公司出具同意债务转移的说明，还可以是房地产开发公司以在转移登记申请书上签章的行为表示。房地产开发公司以在转移登记申请书上签章的行为表示同意债务转移是最普遍采用的方式，若如此，登记机构可以应女方和房地产开发公司的申请将房屋从房地产开发公司名下转移登记为离婚协议上的权利人单独所有。

四、其他

《民法典》第二百一十四条规定，不动产物权的设立、变更、转让和消灭，依照法律规定应当登记的，自记载于不动产登记簿时发生效力。质言之，一般情形下，基于法律行为取得的不动产物权非经登记不生效力。据此可知，本问中，如果房屋所有权已经登记在夫妻双方名下，即使离婚协议中约定了房屋归女方所有，但没有完成房屋所有权的离婚转移登记的，在法律意义上，就不是女方单独所有的财产，男方享有部分应当作为遗产供其继承人继承。当然，女方也可以凭离婚协议起诉男方的全部继承人，请求法院判决房屋归其单独所有。

第 118 问 增加共有人的登记时间，是否是共有人取得房屋所有权的时间

在房屋转让中，由于纳税与房屋所有权的取得时间相关联，为此，房屋所有权的取得时间被权利人关注。问：增加共有人产生的登记完成后，此登记时间是否是共有人取得房屋所有权的时间？

笔者认为，增加共有人的登记时间，是否是共有人取得房屋所有权的时间，应当区分以下情形考虑。

一、隐名共有人显名的情形

隐名共有人显名，是指房屋所有权应该是两个以上的人共有的，但登记簿上只记载了一个共有人或部分共有人，登记簿上记载的共有人与登记簿上没有记载的共有人共同持证明材料，申请将登记簿上没有记载的共有人记载在登记簿上，使其显名而成为登记簿上记载的共有人的情形。《民法典》第二百二十条第一款规定，权利人、利害关系人认为不动产登记簿记载的事项错误的，可以申请更正登记。不动产登记簿记载的权利人书面同意更正或者有证据证明登记确有错误的，登记机构应当予以更正。质言之，更正登记是纠正登记簿上记载的内容错误的不动产登记类型。据此可知，本情形中，共有的房屋，本来应该由全部共有人申请登记，将全部共有人记载在登记簿上，却由于种种原因，登记簿上只记载了一个共有人或部分共有人，即登记簿上记载的权利人与实际情况不一致而导致登记簿记载的内容错误，因此，登记机构应当适用更正登记，将全部共有人记载在登记簿上，以纠正登记簿上只有一个共有人或部分共有人的错误记载，换言之，全部共有人被记载在登记簿上后，登记簿上原来错误记载的内容更正为正确的状态。此情形下，全部共有人取得房屋的时间不是更正登记记载在登记簿上的时间，应该是之前错误登记记载的时间（基于合同、协议等法律行为取得房屋的），或者是取得房屋所有权的事实行为成就的时间（基于生效的法律文书、继承、合法建造并竣工等非法律行为取得房屋的）。

二、基于转让、赠与等法律行为增加共有人的情形

基于转让、赠与等法律行为增加共有人，是指他人基于转让、赠与等法律行为，取得他人房屋所有权的部分份额而与既有的共有人共同成为房屋的共有人的情形。《民法典》第二百一十四条规定，不动产物权的设立、变更、转让和消灭，依照法律规定应当登记的，自记载于不动产登记簿时发生效力。质言之，当事人基于转让、赠与等法律行为取得的不动产物权，自记载于登记簿上时起发生效力。在不动产登记实务中，按《不动产登记暂行条例实施细则》第二十七条第（一）项规定，基于转让、赠与等法律行为导致不动产物权转移的，当事人应当申请转移登记。因此，基于转让、赠与等法律行为增加共有人的，登记机构适用转

移登记在登记簿上作记载。据此可知，基于转让、赠与等法律行为增加共有人的，增加的共有人取得的房屋所有权份额须在登记簿上转移登记到其名下后才生效。换言之，原权利人享有的房屋所有权份额的取得时间不发生变化，增加的共有人享有的房屋所有权份额的取得时间系转移登记记载于登记簿上的时间。

第 119 问 当地公开发行的报刊中的"当地"和"公开"如何界定

《不动产登记暂行条例》第二十三条规定，因不动产权利灭失等情形，不动产登记机构需要收回不动产权属证书或者不动产登记证明的，应当在不动产登记簿上将收回不动产权属证书或者不动产登记证明的事项予以注明；确实无法收回的，应当在不动产登记机构门户网站或者当地公开发行的报刊上公告作废。问：当地公开发行的报刊中的"当地"和"公开"如何界定？

笔者认为，当地公开发行的报刊中的"当地"和"公开"应当从以下几个方面把握：

一、刊发作废公告的目的

如前所述，按《不动产登记暂行条例》第二十三条规定，登记机构办理因不动产权利灭失等情形产生的登记时，对应当收回而不能收回的不动产权属证书或者不动产登记证明，须在自己的门户网站或当地公开发行的报刊上刊登作废公告，旨在通过公告告知不特定的社会公众，此不动产权属证书或者不动产登记证明因其表征的权利已经消灭而作废，提醒、警示欲与持有该不动产权属证书或者不动产登记证明的人为交易的社会公众慎重为之，以杜绝或减轻其流失社会造成的负面影响。

二、当地公开发行的报刊中，"当地"的判定标准

《不动产登记暂行条例》第七条第一款规定，不动产登记由不动产所在地的县级人民政府不动产登记机构办理；直辖市、设区的市人民政府可以确定本级不动产登记机构统一办理所属各区的不动产登记。据此规

定,具体履行不动产登记职责的登记机构有两类,一是设区的市的登记机构。市辖区的登记机构本身没有不动产登记职责,即使开展登记业务,也是受市登记机构的委托并以市登记机构的名义进行;二是县、县级市、自治县的登记机构。笔者据此认为,登记机构刊登作废不动产权属证书或不动产登记证明的当地公开发行的报刊中的"当地",原则上应当以登记机构履行登记职责的行政区域范围为准。例外情况处理:

1. 如果县、县级市、自治县区域内没有公开发行的报刊的,应当以对其行使管辖权的市、地区、自治州人民政府或专员公署所在地公开发行的报刊为准。相邻的县、县级市、自治县区域内公开发行的报刊不应当是"当地"公开发行的报刊。

2. 如果市、地区、自治州区域内没有公开发行的报刊的,应当以对其行使管辖权的省、自治区、直辖市人民政府所在地公开发行的报刊为准。相邻的市、地区、自治州区域内公开发行的报刊不应当是"当地"公开发行的报刊。

三、当地公开发行的报刊中,"公开"的判定标准

公开发行的报刊,不是特指党报党刊或政报、政刊,凡是有新闻出版主管机关批准的刊号的报刊,就是公开发行的报刊,登记机构就可以在当地的该类报刊上刊登作废公告。公开发行的报刊的刊号一般以英文字母"CN"打头。

第 120 问　离婚协议变更协议是否须加盖婚姻登记专用章

离婚时,盖有婚姻登记专用章的离婚协议载明房屋归女方所有,后来,原夫妻又签订离婚协议变更协议约定房屋归男方所有,且此离婚协议变更协议上无婚姻登记专用章。问:无婚姻登记专用章的离婚协议变更协议,登记机构可否用作登记材料?

笔者认为,无婚姻登记专用章的离婚协议变更协议,登记机构可以用作登记材料。

一、当事人经过协商可以变更已经生效的离婚协议中关于财产分配的内容

《民法典》第四百六十四条第一款规定，合同是民事主体之间设立、变更、终止民事法律关系的协议。据此可知，本问中，原夫妻离婚时签订的分配财产的协议，是将原来的夫妻共有财产变更为其中一方单独所有的合同。《民法典》第五百四十三条规定，当事人协商一致，可以变更合同。质言之，合同的当事人协商一致后，在不变更合同主体的前提下，可以对已经生效的合同内容作变更。据此可知，本问中，原夫妻以离婚协议变更协议的方式，将原离婚协议中房屋归女方所有的内容变更为归男方所有，是合同变更行为的具体体现，由此产生的离婚协议变更协议于法有据。

二、离婚协议上加盖的婚姻登记专用章不影响该协议的内容

《民法典》第一千零八十七条第一款规定，离婚时，夫妻的共同财产由双方协议处理；协议不成的，由人民法院根据财产的具体情况，按照照顾子女、女方和无过错方权益的原则判决。据此可知，一般情形下，离婚时，共有财产可以由夫妻协议处理。本问中，原夫妻离婚时以离婚协议的方式共同行使对其共有财产的处分权，完全由原夫妻依自己的意思决定，与其他人或组织无关，此举于法有据。按《婚姻登记条例》第十一条规定，离婚协议是申请离婚登记时申请人应当向婚姻登记机关提交的材料。在婚姻登记实务中，婚姻登记机关一般要求申请人准备三份离婚协议，一份由婚姻登记机关收取归档，另二份加盖婚姻登记专用章后分别由申请离婚的男女方收执。据此可知，婚姻登记机关在离婚协议上加盖婚姻登记专用章，只表明此离婚协议与婚姻登记机关收执的一致，对离婚协议的权利义务无任何影响，更不是此离婚协议生效的前提。

第十部分 其 他

三、登记机构无须要求申请人提交加盖婚姻登记专用章的离婚协议变更协议

《民法典》第五百零二条第一款规定，依法成立的合同，自成立时生效，但是法律另有规定或者当事人另有约定的除外。按该法第四百九十条第一款规定，当事人采用合同书形式订立合同的，自当事人均签名、盖章或者按指印时合同成立。据此可知，一般情形下，书面合同中没有约定生效条件、生效期限的，该书面合同自当事人均签名、盖章或者按指印时生效。本问中，离婚协议及基于此产生的离婚协议变更协议，均是原夫妻以合同书形式订立的合同，若其中没有约定生效条件、生效期限，则此离婚协议变更协议自离婚的夫妻双方签名或按指印时起，就是已经生效的协议，登记机构应当用作登记材料，无须要求申请人提交加盖婚姻登记专用章的离婚协议变更协议。若其中约定了生效条件、生效期限的，则自约定的条件成就、期间届至后，登记机构才可以用作登记材料。

同理，经过公证的离婚协议，当事人也可以在协商一致的前提下予以变更，当事人提交变更协议作为登记材料时，登记机构也无须再要求申请人将其予以公证后再提交。

第 121 问 未成年人的父亲或母亲可否放弃监护资格

问：未成年人的父亲或母亲可否放弃监护资格归对方？

笔者认为，未成年人的父亲或母亲不可以放弃监护资格归对方。

一、未成年人的父亲或母亲不可以放弃监护资格

按《民法典》第三十四条规定，监护人的职责是代理被监护人实施民事法律行为，保护被监护人的人身权利、财产权利以及其他合法权益等。监护人依法履行监护职责产生的权利，受法律保护。监护人不履行监护职责或者侵害被监护人合法权益的，应当承担法律责任。该法第三十五条第一款规定，监护人应当按照最有利于被监护人的原则履行监护

职责。监护人除为维护被监护人利益外，不得处分被监护人的财产。按该法第三十六条第一款规定，监护人怠于履行监护职责，或者无法履行监护职责且拒绝将监护职责部分或者全部委托给他人，导致被监护人处于危困状态，以及实施严重侵害被监护人合法权益的其他行为的，人民法院根据有关个人或者组织的申请，撤销其监护人资格。据此可知，监护是法律的规定课以监护人的一种必须履行的职责，监护人依法履行监护职责的，受法律保护，否则，将承担相应的法律责任，甚至被人民法院判决撤销监护资格。换言之，监护人不可以放弃监护资格，但出现撤销其监护资格的事由时，人民法院可以判决撤销其监护资格。

二、未成年人的父亲或母亲可以委托对方或他人代为履行监护职责

《民法典》第一千一百八十九条规定，无民事行为能力人、限制民事行为能力人造成他人损害，监护人将监护职责委托给他人的，监护人应当承担侵权责任；受托人有过错的，承担相应的责任。据此可知，监护是可以委托他人实施的行为，但受托人应当有代为履行监护职责的能力。委托手续可以是专门的监护委托书，也可以是离婚协议等合同、协议中的监护委托条款等。

三、未成年人的父亲或母亲的监护资格不因其婚姻关系的改变而改变

《民法典》第二十七条规定："父母是未成年子女的监护人。未成年人的父母已经死亡或者没有监护能力的，由下列有监护能力的人按顺序担任监护人：（一）祖父母、外祖父母；（二）兄、姐；（三）其他愿意担任监护人的个人或者组织，但是须经未成年人住所地的居民委员会、村民委员会或者民政部门同意。"据此可知，一般情形下，父母是未成年人的监护人，且是共同监护人，应当共同履行对未成年人的监护职责。未成年人的父母对其共同履行监护职责，不因其婚姻关系的改变而改变，

第十部分 其他

更不能以离婚时未成年人不随自己生活而不履行监护职责或所谓的放弃监护权,换言之,未成年人的父母是未成年人之当然监护人[①],父母担任监护人是权利也是义务,父母不能不负这个义务[②]。否则,属于不履行监护职责的情形,应当承担相应的法律责任。

第 122 问　祖父作未成年人的监护人时,登记机构该收取哪些监护材料

《不动产登记暂行条例实施细则》第十一条第二款规定,监护人代为申请登记的,应当提供监护人与被监护人的身份证或者户口簿、有关监护关系等材料。问:未成年人的祖父作其监护人,代其申请不动产登记时,登记机构该收取哪些监护材料?

笔者认为,未成年人的祖父作其监护人,代其申请不动产登记时,登记机构该收取的监护材料应该从以下方面把握。

一、收取未成年人的父母已经死亡的证明或失去监护能力的证明

按《民法典》第二十七条规定,未成年人的父母已经死亡或者没有监护能力的,祖父等未成年人的父母之外的有监护能力的人才可以担任其监护人。据此可知,本问中,祖父作为未成年人的监护人代其申请不动产登记时,登记机构应当同时收取未成年人的父母已经死亡的证明或失去监护能力的证明。

(一)未成年人的父母已经死亡的证明

《不动产登记操作规范(试行)》1.8.6.1 条之 2 规定,被继承人或遗赠人的死亡证明,包括医疗机构出具的死亡证明;公安机关出具的死亡证明或者注明了死亡日期的注销户口证明;人民法院宣告死亡的判决书;其他能够证明被继承人或受遗赠人死亡的材料等。笔者据此认为,登记机构应当参照此规定收取未成年人的父母已经死亡的证明。

---

① 梁慧星:《民法总论》,法律出版社 2001 年版,第 103 页。
② 谢怀栻:《民法总则讲要》,北京大学出版社 2007 年版,第 87 页。

（二）未成年人的父母没有监护能力的证明

笔者认为，在不动产登记实务中，证明未成年人的父母有监护能力，应当同时具备两个条件：一是未成年人的父母具有民事行为能力；二是未成年人的父母能够来登记机构或委托他人来登记机构代未成年人申请不动产登记。据此可知，未成年人父母没有监护能力的证明有人民法院宣告其为无民事行为能力或限制民事行为能力人的判决书、未成年人的父母承担刑事责任并被羁押的证明等。

二、收取祖父享有监护资格或监护权的证明

《民法典》第二十七条规定："父母是未成年子女的监护人。未成年人的父母已经死亡或者没有监护能力的，由下列有监护能力的人按顺序担任监护人：（一）祖父母、外祖父母；（二）兄、姐；（三）其他愿意担任监护人的个人或者组织，但是须经未成年人住所地的居民委员会、村民委员会或者民政部门同意。"据此可知，在未成年人的父母已经死亡或者没有监护能力的情形下，未成年人的有监护能力的祖父是其第一顺序的监护人。笔者据此认为，未成年人的祖父对其有监护资格或监护权的证明主要有：明确祖父与未成年人系祖孙关系的户口本、未成年人所在社区居民委员会或村民委员会出具的祖孙关系证明等。

三、其他

未成年人的父母已经死亡或者没有监护能力时，祖父以外的有监护资格的祖母、外祖父母、兄姐作未成年人的监护人代其申请不动产登记时，登记机构参照未成年人的祖父作其监护人时收取监护材料。祖父母、外祖父母、兄、姐之外的个人或者组织担任未成年人的监护人的，须提交经未成年人住所地的居民委员会、村民委员会或者民政部门同意的书面证明。

按《民法典》第三十一条第三款规定，被监护人住所地的居民委员会、村民委员会、法律规定的有关组织或者民政部门可以担任未成年人的临时监护人。据此可知，未成年人住所地的居民委员会、村民委员会

第十部分 其 他

或者民政机关作监护人时，收取的监护材料为未成年人的父母已经死亡的证明或没有监护能力的证明和居民委员会、村民委员会或者民政机关的身份证明。居民委员会、村民委员会的身份证明可以是其法人登记证明，或当地县级以上人民政府为其出具的身份证明。民政机关的身份证明为其设立的批文或县级以上人民政府机构编制机关出具的身份证明。

第 123 问 被查封或有抵押权登记的房屋，权利人可否申请遗失补证

问：某人的房屋已被人民法院查封或有抵押权登记，但不动产权属证书遗失。若该人向登记机构申请补发不动产权属证书，登记机构可否办理？

笔者认为，对被查封或有抵押权登记的房屋权利人申请的遗失补证，登记机构应当办理。

一、查封登记限制处分房屋产生的转移登记、抵押权登记的办理

在司法实务中，《最高人民法院、国土资源部、建设部关于依法规范人民法院执行和国土资源房地产管理机关协助执行若干问题的通知》（法发〔2004〕5 号）第二十二条第一款规定，国土资源、房地产管理机关对被人民法院依法查封、预查封的土地使用权、房屋，在查封、预查封期间不得办理抵押、转让等权属变更、转移登记手续。质言之，被人民法院查封或预查封的房屋，因转让、抵押等处分房屋申请的转移登记、抵押权登记，登记机构不得办理。概言之，被人民法院查封的房屋，因处分该房屋申请的转移登记、抵押权登记，登记机构不得办理，即查封登记限制因处分房屋产生的转移登记、抵押权登记的办理。

二、补发证书不是处分房屋产生的登记

不动产权属证书的补发，是指在不动产权属证书遗失或毁损的情形下，登记机构根据权利人的申请，基于登记簿的记载，向权利人颁发的与已经遗失或毁损的不动产权属证书记载内容同一的新的不动产权属证书。《不动产登记暂行条例》第三条规定，"不动产首次登记、变更登记、转移登记、注销登记、更正登记、异议登记、预告登记、查封登记等，适用本条例。"据此可知，补发不动产权属证书不是行政法规规定的不动产登记类型。申言之，补发不动产权属证书不是因处分不动产产生的转移登记或抵押权登记，因此，房屋已被人民法院查封的情形下，当事人因不动产权属证书遗失、毁损而向登记机构申请补发的，不受前述司法解释规定的限制。

《民法典》第四百零六条第一款规定，抵押期间，抵押人可以转让抵押财产。当事人另有约定的，按照其约定。抵押财产转让的，抵押权不受影响。据此可知，一般情形下，抵押人可以转让抵押财产，但抵押权不因抵押财产的转让而受影响，即抵押财产的受让人承接抵押财产上既有的抵押权负担。申言之，转让抵押不动产既然不影响抵押权，由此产生的转移登记，登记机构可以办理。那么，与处分抵押不动产产生的登记无关的补证，更应当不受限制，登记机构更应当办理。

在不动产登记实务中，《不动产登记操作规范（试行）》1.6.3.3条规定，不动产被查封、抵押或存在异议登记、预告登记的，不影响不动产权证书和不动产登记证明的换发或补发。据此可知，本问中，当事人在房屋被人民法院查封、有抵押权负担的情形下，因不动产权属证书遗失、毁损向登记机构申请补发的，登记机构应当办理。

三、为有查封登记或抵押权登记的房屋补发证书的实务处理

在不动产登记实务中，按《不动产登记操作规范（试行）》1.6.1条规定，不动产权证书和不动产登记证明应当一证一号，更换证书和证明应当更换号码。据此可知，登记机构向当事人补发的新的不动产权属证书应当重新编制新的号码。因此，如果登记机构办理查封登记或抵押权登记时，以房屋的不动产单元号为准的，办理遗失补证手续自无可言。若是以不动产权属证书编号为准的，则可能因补证影响查封登记或抵押权登记的效力，故在登记簿上完成补证事项记载时，应当及时在该补证

事项处加注查封登记或抵押权登记,确保查封登记或抵押权登记的效力。由于补证,导致抵押文件、不动产登记证明上载明的不动产权属证书号码变动的,若抵押权人申请因抵押房屋的不动产权属证书号码变更产生的抵押权变更登记的,登记机构应当办理。

第 124 问　律师查询不动产登记资料需要提交哪些材料

工作中,常常有律师请求查询相关不动产登记资料。问:律师请求查询不动产登记资料时,应当向登记机构提交哪些材料?

笔者认为,登记机构应当区分情形要求律师提交相应的材料。

一、律师以自身的名义请求查询的情形

《律师法》第三十五条第二款规定,律师自行调查取证的,凭律师执业证书和律师事务所证明,可以向有关单位或个人调查与承办法律事务相关的情况。质言之,律师享有与其承办的法律事务相关的调查取证权是法定的,相关单位或个人应当协助配合,但调查取证的律师应当向协助配合的单位或个人出示律师执业证书、律师事务所证明、经办的法律事务与调查对象相关的证明。据此可知,律师向不动产登记机构请求查询与其承办的法律事务相关的不动产登记资料,是律师行使法定的调查取证权的具体体现,不动产登记机构应当支持。按《不动产登记暂行条例实施细则》第九十八条规定,权利人、利害关系人查阅登记材料以申请书的方式启动,国家机关查阅登记材料以嘱托文书的方式启动。笔者据此认为,按《律师法》的规定,律师和律师事务所属于受委托或指定为当事人提供法律服务的人员和机构,不属于国家机关,因此,律师请求查询不动产登记资料,应该参照权利人、利害关系以申请书的方式启动,并提交查询目的说明。概言之,律师以自身名义请求查询时,应当向登记机构提交查询申请书、律师执业证书、律师事务所的查询证明、经办的法律事务与查询对象相关的证明。如果律师事务所的查询证明中没有载明查询目的的,还须提交查询目的说明。

二、律师代权利人、利害关系人查询的情形

《民法典》第二百一十八条规定,权利人、利害关系人可以申请查询、复制不动产登记资料,登记机构应当提供。质言之,只有登记簿记载的权利人,或登记簿记载的内容对其不动产物权有影响的利害关系人才可以查询不动产登记资料。《律师法》第二十五条规定,律师承办业务,由律师事务所统一接受委托,与委托人签订书面委托合同。在不动产登记实务中,《不动产登记暂行条例实施细则》第九十八条第一款和第二款规定:"权利人、利害关系人申请查询、复制不动产登记资料应当提交下列材料:(一)查询申请书;(二)查询目的的说明;(三)申请人的身份材料;(四)利害关系人查询的,提交证实存在利害关系的材料。权利人、利害关系人委托他人代为查询的,还应当提交代理人的身份证明材料、授权委托书。权利人查询其不动产登记资料无需提供查询目的的说明。"据此可知,律师代登记簿上记载的权利人向登记机构请求查询不动产登记资料时,应当提交查询申请书、律师执业证书、权利人与律师事务所签订的委托(代理)手续、权利人的身份证明等。律师代利害关系人向登记机构请求查询不动产登记资料时,应当提交查询申请书、查询目的说明、利害关系人与律师事务所签订的委托(代理)手续、律师执业证书、代理的案件中的不动产物权与查询内容有利害关系的证明、被代理人的身份证明等。

第125问 住宅小区内的一套房屋该如何分摊土地面积

在一住宅小区内,规划建造上百幢房屋,但这些房屋是分期分批建造的。问:如果第一批完成20幢房屋的建造,对这20幢房屋中各套房屋应当分摊的土地使用权面积,该怎样计算?

笔者认为,对第一批建造完成的20幢房屋中各套房屋应当分摊的土地使用权面积,应当从以下方面进行把握、计算。

一、小区内各套房屋应该分摊的是其所在幢占用范围内的土地

《民法典》第三百五十七条规定,建筑物、构筑物及其附属设施转让、

互换、出资或者赠与的，该建筑物、构筑物及其附属设施占用范围内的建设用地使用权一并处分。质言之，随建筑物、构筑物及其附属设施处分的是其占用范围内的土地使用权。申言之，各幢建筑物内各套房屋应当分摊的是该幢建筑物占用范围内的土地使用权，而非整个住宅小区的土地使用权。

二、小区内各套房屋应该分摊的土地面积计算规则

《国土资源部关于地下建筑物土地确权登记发证有关问题的复函》（国土资厅函〔2000〕171号）第一条规定，凡是与地上建筑物连为一体的地下建筑物，其土地权利可以确定为土地使用权。具体登记时，将地下建筑物的建筑面积计入整体建筑总面积，然后按权利人拥有的地下建筑面积占整体建筑面积的比例分摊地面上的土地面积。据此可知，各幢建筑物内各套房屋应当分摊的土地使用权面积，以该套房屋的建筑面积作为分摊基础。遗憾的是该政策已经停止使用，目前，在国家层面没有新的土地分摊面积计算政策发布实施。但该政策执行以来的十多年中，并无不良后果发生，据此计算的土地分摊面积也为社会各界所接受，为此，笔者建议，登记机构可将该政策确定的土地分摊面积计算规则向当地县级以上人民政府请示，得到批复后作为自己的实务操作依据，若如此，具体计算：

（1）该幢房屋占用范围内的土地使用权面积/该幢房屋的总建筑面积=该幢房屋每平方米建筑面积应当分摊土地使用权面积的系数。

（2）各套房屋登记簿上记载的建筑面积×该幢房屋每平方米建筑面积应当分摊土地使用权面积的系数=该套房屋应当分摊的土地使用权面积。

三、小区内各套房屋应该分摊的土地的具体组成成分

小区内各幢建筑物占用范围内的土地使用权具体包括哪些？笔者查阅现时的法律、法规、规章和政策，没有找到具体规定。笔者认为，应当包括：该幢建筑物底层外围面积范围内的土地、该幢建筑物的供水和

排水设施（排水沟、粪化池、供水管道等）占用的土地和该幢建筑物专用的供电设施、进出道路占用的土地等，概言之，各幢建筑物占用范围内的土地使用权包括该幢建筑物底层外围面积范围内的土地及其专用的设备、设施和进出道路用地。

《民法典》第二百七十四条规定，建筑区划内的道路，属于业主共有，但是属于城镇公共道路的除外。建筑区划内的绿地，属于业主共有，但是属于城镇公共绿地或者明示属于个人的除外。建筑区划内的其他公共场所、公用设施和物业服务用房，属于业主共有。据此可知，小区内，除各幢建筑物占用范围内的土地使用权外的绿地、道路、小区共用的设备设施用地等土地使用权，依法属于整个小区全体业主共有，无须具体分摊到各套房屋。

四、小区内各套房屋应该分摊的土地面积计算示例

示例：一住宅小区占地200 000平方米，计划建造房屋100幢，房屋占用范围内的土地使用权面积160 000平方米，小区绿地、道路、设备设施用地等占用土地面积40 000平方米。小区内第一批完工的一幢房屋占用范围内的土地面积1602平方米，该幢房屋总建筑面积43 560平方米，其中一套82平方米的房屋该分摊多少土地使用权面积？

（1）分摊系数计算：1602/43 560 = 3.68%。

（2）该套房屋应当分摊的土地使用权面积：82平方米 × 3.68% = 3.02（平方米）。

（3）小区绿地、道路、设备设施用地等占用土地面积40 000平方米，由小区全体业主共有，不具体分摊到各套房屋。

第126问　登记机构可否撤销自己记载的不动产登记

甲继承丙的遗产，凭继承权公证书和其他资料向登记机构申请继承转移登记，继承转移登记完成后，甲领取了不动产权属证书。不久，乙持公证机构出具的撤销甲持有的继承权公证书的证明和乙也是丙的继承人的证明,以甲瞒报为由,要求登记机构依职权撤销记载在甲名下的继承转移登记。问:登记机构可否依职权撤销记载在甲名下的继承转移登记?

笔者认为,登记机构不能依职权撤销记载在甲名下的继承转移登记。

一、登记机构无权撤销自己在登记簿上作的错误登记

依《行政诉讼法》第七十条规定,错误的行政行为,人民法院可以判决撤销或部分撤销。依《行政复议法》第二十八条规定,对错误的行政行为,行政复议机关可以以行政复议决定的形式予以撤销。按《不动产登记暂行条例》第六条规定,不动产登记属于行政行为。据此可知,错误的不动产登记行为,可以由人民法院判决撤销或行政复议机关以行政复议决定的形式予以撤销。笔者查阅现时的法律、行政法规和规章,没有关于登记机构可以撤销自己错误的不动产登记的规定,"法无授权不可为"。概言之,错误的不动产登记,只有人民法院和行政复议机关才有权撤销,登记机构无权撤销自己在登记簿上作的错误登记,故本问中,登记机构不能依职权撤销记载在甲名下的继承转移登记。

二、登记机构可以依职权对甲名下错误的继承转移登记作更正登记

《不动产登记暂行条例实施细则》第八十一条规定,不动产登记机构发现不动产登记簿记载的事项错误,应当通知当事人在 30 个工作日内办理更正登记。当事人逾期不办理的,不动产登记机构应当在公告 15 个工作日后,依法予以更正;但在错误登记之后已经办理了涉及不动产权利处分的登记、预告登记和查封登记的除外。质言之,一般情形下,登记机构发现登记簿记载内容有错误的,可以依职权按程序作更正登记。那么,本问中,登记机构可否依职权对错误记载在甲名下的继承转移登记作更正登记呢?《民法典》第十三条规定,自然人从出生时起到死亡时止,具有民

事权利能力，依法享有民事权利，承担民事义务。质言之，自然人自死亡时起，权利能力消灭；换言之，自然人自死亡时起，失去享有民事权利的资格，不能成为登记簿上新记载的权利人。但是，本问中，被继承人丙已经死亡，登记机构若将房屋所有权更正登记到其名下，以恢复到错误办理的继承转移登记前登记簿上记载的权利人情况，此举不是将丙作为新的权利人在登记簿上作记载，故不违反法律的规定。换言之，登记机构可以依职权对错误记载在甲名下的继承转移登记作更正登记。

三、本问的其他处理方式

按《民法典》第二百二十条规定，权利人、利害关系人认为不动产登记簿记载的事项错误的，可以申请更正登记。不动产登记簿记载的权利人书面同意更正或者有证据证明登记确有错误的，登记机构应当予以更正。不动产登记簿记载的权利人不同意更正的，利害关系人可以申请异议登记。登记机构予以异议登记，申请人自异议登记之日起十五日内不提起诉讼的，异议登记失效。据此可知，更正登记和异议登记都是解决登记簿记载内容错误的登记类型。如前所述，登记簿记载内容因继承人甲的瞒报而错误，但继承人甲、乙若达成房屋继承协议的，可以凭继承协议共同申请更正登记，将房屋所有权由甲名下更正登记到甲、乙名下。如果甲不同意更正登记，乙可以凭利害关系人的身份向登记机构申请异议登记，异议登记记载在登记簿上后，可以警示欲与甲为交易的人谨慎为之，乙再起诉甲，请求人民法院判决确认权属，之后，再凭人民法院生效的法律文书申请相关登记。

第 127 问　残疾人证书可否用作监护人资格证明

在不动产登记实务中，常常有《残疾人证书》上载明的监护人持该证书向登记机构请求代残疾人申请相关的不动产登记。问：残疾人证书可否用作监护人资格证明？

笔者认为，残疾人证书可以用作监护人资格证明。

第十部分 其 他

《残疾人权益保障法》第八条规定，中国残疾人联合会及其地方组织，代表残疾人的共同利益，维护残疾人的合法权益，团结教育残疾人，为残疾人服务。中国残疾人联合会及其地方组织依照法律、法规、章程或者接受政府委托，开展残疾人工作，动员社会力量，发展残疾人事业。《〈中华人民共和国残疾人证〉管理办法》第三条规定，残疾人证发放坚持申领自愿、属地管理原则。实行市、县两级管理发放制度。申请人本人（或法定监护人）向申请人户口所在地县级残联提出申请办理。该办法九条规定，未成年残疾人和智力残疾人、精神残疾人要填写法定监护人姓名和联系电话。据此可知，县级以上残疾人联合会不是普通的民间团体，而是受人民政府委托开展残疾人工作的具有公信力的特殊的民间团体，其颁发的残疾人证书是具有公信力的证书，残疾人证书上记载的信息是通过市、县残疾人联合会的查验后填写的，亦是具有公信力的信息。因此，在不动产登记实务中，记载有监护人信息的残疾人证书也可以用作监护人资格证明。

第 128 问　登记簿上现时记载的权利人把自己被人民法院拍卖的房屋买下后该申请什么登记

人民法院因执行案件需要，拍卖登记在甲名下的房屋，甲参与拍卖并最终买到了房屋，人民法院向甲出具了拍卖成交裁定书，该裁定书载明：房屋所有权自甲收到本裁定书时起转移。问：甲凭拍卖成交裁定书等材料，该向登记机构申请什么登记？

笔者认为，甲凭拍卖成交裁定书等材料，可以向登记机构申请房屋所有权转移登记，也可以向登记机构申请房屋所有权首次登记。

《最高人民法院关于人民法院民事执行中拍卖、变卖财产的规定》（法释〔2004〕16号）第二十九条第二款规定，不动产、有登记的特定动产或者其他财产权拍卖成交或者抵债后，该不动产、特定动产的所有权、其他财产权自拍卖成交或者抵债裁定送达买受人或者承受人时起转移。质言之，买受人自收到人民法院出具的拍卖成交裁定书时起，无须登记，原权利人的不动产所有权已经转移归买受人享有。换言之，拍卖成交裁定书是买受人享有不动产所有权的权利凭证，而非权源凭证。笔者据此认为，本问中，甲可以凭拍卖成交裁定书及其他相关材料：一是向登记机构申请房屋所有权转移登记，将房屋所有权从自己名下，再转移登记到自己名下。虽然都是登记给自己，但法律意义不同，登记簿上记载的前一个自己，是被执行人，是卖方，是房屋的原所有权人，转移登记完成后，登记簿上记载的第二个自己，是买方，是买受房屋的新的所有权人。二是基于人民法院出具的拍卖成交裁定书取得的物权属于原始取得，所谓原始取得，即在没有原来权利人或者存在原来的权利人，但是并不根据该权利人的意思而发生的权利取得[1]。据此可知，本问中，甲的房屋被人民法院主导拍卖，不是甲以自己的意思表示自由出卖，尽管甲通过拍卖买到的是自己的房屋，但自人民法院出具的拍卖成交裁定书生效之时，作为被执行人（卖方）的自己，其名下的房屋所有权已经消灭，申请注销登记的事由产生，反之，作为买受人的自己，其新取得的房屋所有权生效且是原始取得，申请首次登记的事由产生。在不动产登记实务中，《不动产登记操作规范（试行）》9.4.2条规定，申请国有建设用地使用权及房屋所有权注销登记的主体应当是不动产登记簿记载的权利人或者其他依法享有不动产权利的权利人。据此可知，"其他"依法享有不动产权利的权利人，也是申请国有建设用地使用权及房屋所有权注销登记的适格主体，因此，本问中，甲属于凭拍卖成交裁定书享有房屋所有权的"其他"依法享有不动产权利的权利人，可以凭该拍卖成交裁定书及其他材料，对自己原来记载在登记簿上的房屋所有权申请注销登记，注销登记完成后，再申请房屋所有权首次登记，通过首次登记将房屋所有权登记

---

[1] 孙宪忠：《中国物权法原理》，法律出版社2004年版，第188页。

在自己名下。笔者倾向甲凭拍卖成交裁定书等材料申请转移登记。

第 129 问　个人独资企业的投资人变动适用何种登记

某个人独资企业，只是营业执照上的投资人发生了变动，其他内容没有变动。问：当事人应当申请国有建设用地使用权及地上房屋所有权变更登记，还是转移登记？

笔者认为，应当根据登记簿是否记载投资人的信息来决定是否申请相关的登记。

一、从对内法律关系上看，个人独资企业的房屋属于其投资人

按《个人独资企业法》第二条和第十七条规定，个人独资企业由一个投资人全额投资，此投资人对企业的全部财产享有所有权。据此可知，个人独资企业的财产就是投资人的财产，包括企业的土地和房屋。

二、从对外法律关系上看，个人独资企业的房屋不属于其投资人

按《个人独资企业法》第十三条规定，个人独资企业以其营业执照签发日期为成立日期，并在营业执照核准的范围内以企业的名义开展活动。该法第二十四条规定，个人独资企业可以依法申请贷款、取得土地使用权，并享有法律、行政法规规定的其他权利。该法第二十七条规定，个人独资企业解散，须履行清算程序，了结法律关系。据此可知，个人独资企业与其投资人是平等的两个不同的民事主体，个人独资企业可以以自己的名义享有土地使用权。申言之，个人独资企业可以以自己的名义享有土地使用权及地上的房屋所有权。土地使用权及地上的房屋所有权属于不动产物权，物权属于对世权，任何物权都是一种公开性的权利[①]，即开放的权利，应当适用对外法律关系，换言之，从对外法律关系上看，登记在个人独资企业名下的房屋属于个人独资企业所有，而非投资人所有。

---

① 王利明：《物权法教程》，中国政法大学出版社 2003 年版，第 7 页。

三、应当根据登记簿是否记载投资人信息，确定个人独资企业投资人变更适用何种登记类型

如果登记簿上没有记载个人独资企业的投资人的身份信息，则个人独资企业的投资人变动时，登记簿上记载的信息无变动，当事人无须申请任何登记。如果登记簿上记载有个人独资企业的投资人的身份信息，则个人独资企业的投资人变动时，如前所述，登记在个人独资企业名下的房屋属于个人独资企业所有，而非投资人所有，当事人应当申请因投资人变动产生的国有建设用地使用权及地上房屋所有权变更登记，而非申请转移登记，相似于法人企业的法定代表人变动，但法人未变动的情形。

第130问　可以签订商品房预售合同的最后日期是什么时间

问：作为申请人申请预购商品房预告登记时应当提交的商品房预售合同，是应当签订于商品房竣工之日前，还是应当签订于商品房完成首次登记之日前，即可以签订商品房预售合同的最后日期是什么时间？

笔者认为，作为申请预购商品房预告登记时应当提交的商品房预售合同，可以签订的最后日期是商品房竣工之日的前一天。

一、可以签订商品房预售合同的最后日期是商品房竣工之日的前一天

按《房地产管理法》第四十五条第一款第（四）项和第三款规定，商品房预售是经县级以上人民政府房产管理机关许可，销售所得款项必须用于有关的工程建设的，正在建设中的商品房的预先销售行为。质言之，正在建设中的商品房才是预售对象。换言之，已经竣工的商品房不属于预售对象，房地产开发企业不得就此与当事人签订商品房预售合同。简言之，作为申请预购商品房预告登记时应当提交的商品房预售合同，其签订的最后日期应当是商品房竣工之日的前一天。

第十部分 其 他

二、已经竣工的商品房须申请首次登记并持有不动产权属证书后才可以现售

《民法典》第二百三十一条规定,因合法建造、拆除房屋等事实行为设立或者消灭物权的,自事实行为成就时发生效力。《房地产管理法》第三十八条第(六)项规定,未依法登记并领取权属证书的房地产不得转让。据此可知,合法建造并竣工的商品房,虽然自竣工时起,房地产开发企业无须登记即依法、即时享有该商品房的所有权,但房地产开发企业在申请首次登记并取得载明房屋所有权和国有建设用地使用权的不动产权属证书以前,不得转让此已竣工的商品房。换言之,房地产开发企业在申请首次登记并取得不动产权属证书以后,才可以现售商品房而与购买人签订商品房现售合同。法律做此规定,笔者认为,旨在督促房地产开发企业及时申请已竣工的商品房的首次登记并取得不动产权属证书,通过法定的方式明晰、宣示已竣工商品房的权属,以维护房地产登记的连续性、权威性,同时维护有序的房地产市场秩序。

三、登记机构判定商品房买卖合同是否是预售合同的标准

《房地产管理法》第四十五条第二款规定,商品房预售人应当按照国家有关规定将预售合同报县级以上人民政府房产管理机关和土地管理机关登记备案。质言之,向县级以上人民政府房产管理机关和土地管理机关申请商品房预售合同备案,是法律课以房地产开发企业的法定义务。换言之,商品房预售合同应当经过县级以上人民政府房产管理机关和土地管理机关备案。在不动产登记实务中,《不动产登记暂行条例实施细则》第八十六条第一款第(一)项规定,申请人申请预购商品房预告登记时,应当向登记机构提交经过备案的商品房买卖合同。据此可知,凡经过备案的商品房买卖合同,登记机构才可以用作办理预购商品房预告登记的材料。申言之,登记机构判断申请预购商品房预告登记的商品房买卖合同是否签订于商品房竣工之日前的标准，就是此商品房买卖合同的备案证明，或此商品房买卖合同上盖的备案章。至于商品房预售合同实际上是否签订于房屋竣工之日之前，登记机构无须探究。法律、行政法规没有关于商品房现售合同应当备案的规定。

主要参考书目

[1] 梁慧星. 中国民法典草案建议稿附理由·物权编[M]. 北京：法律出版社，2004.

[2] 梁慧星. 民法总论[M]. 北京：法律出版社，2001.

[3] 王利明. 民法学[M]. 上海：复旦大学出版社，2004.

[4] 王利明. 物权法教程[M]. 北京：中国政法大学出版社，2003.

[5] 王利民，尹飞，程啸. 中国物权法教程[M]. 北京：人民法院出版社，2007.

[6] 谢怀栻. 民法总则讲要[M]. 北京：北京大学出版社，2007.

[7] 陈华彬. 物权法[M]. 北京：法律出版社，2004.

[8] 郭明瑞. 担保法[M]. 北京：法律出版社，2004.

[9] 马怀德. 行政法学[M]. 北京：中国政法大学出版社，2007.

[10] 刘守君.《不动产登记暂行条例实施细则》条文理解与适用[M]. 成都：西南交通大学出版社，2016.

[11] 刘守君. 房屋登记收件实务[M]. 成都：西南交通大学出版社，2014.